新版 持続可能な開発と日豪関係

朝水宗彦

くんぷる

まえがき

　本書は、環境問題や持続可能な開発について概観し、身近な事例としてエコツーリズムやグリーンツーリズムなどを用いながら持続可能性について考えていく。特に日本とオーストラリアにおける観光の歴史を辿りながらマスツーリズムから持続可能な観光への転換をいくつか紹介する。「観光は平和へのパスポート」と呼ばれるようになってから久しい。なおかつ多文化主義が広まりつつある現在では、観光を通して異文化交流を図り、平和の構築を試みようとする動きも見られる。しかし、テロや疫病など、観光の発展に対する不安定要因は数多く存在し、なおかつ複雑な現代社会では観光政策を成功させること自体が容易なことではない。1980年代後半のバブル経済最盛期における日本では、国内だけでなく、オーストラリアやハワイなどでもまた大規模なリゾート開発を行った。バブル崩壊後の日本はウエルカムプラン21やビジット・ジャパン・キャンペーンを通してインバウンド観光の拡大を図っているが、道のりは平坦ではない。

　さて、本書は3部構成をとっている。第1部では各国における環境問題や持続化な観光事情について概論を述べる。第2部では日本における観光政策史、第3部ではオーストラリアにおける事例を挙げる。どちらかといえばオーストラリアをインバウンド観光の成功例として扱っているが、オイルショック後の景気低迷期に観光客の受入が低迷していた同国が南半球を代表する観光大国として発展するまでには紆余曲折があり、今なお困難に対して打開のための対応を続けている。オーストラリアは1970年代以降に英語圏諸国から日本へ観光客誘致のプロモーションの重点を移したが、バブル経済崩壊後の日本の景気低迷下ではゲストとなる国々の多角化を図っている。さらに、大規模リゾート開発からエコツーリズムやアボリジナル・ツーリズムへの変化に見られるように、ホスト側のオーストラリアでも社会状況に応じた柔軟な対応が見られる。

　なお、本書では最近執筆した記事や発表で用いた原稿を中心に、いくつかの拙稿を用いた。各章の初出は以下のとおりである。

第1章 書き下ろし

第2章 Ritsumeikan Asia Pacific Conference, 2003の発表原稿 "The Relations between Risk Management and Sustainable Tourism in Asia" に加筆

第3章 「限られた条件下における観光史教育」『日本観光ホスピタリティ教育学

会 全国大会研究発表論文集』No. 3, 2004 年から抜粋

第 4 章 書き下ろし

第 5 章 書き下ろし

第 6 章 「日本における持続可能な観光政策」『日本観光研究学会全国大会研究発表論文集』第 18 号, 2003 年に加筆

第 7 章 「地方自治体における国際交流旅行」『日本観光研究学会全国大会研究発表論文集』第 15 号, 2000 年に加筆

第 8 章 「地方における国際イベントの実践」『日本観光研究学会全国大会研究発表論文集』第 17 号, 2002 年に加筆

第 9 章 『多文化社会オーストラリアにおけるエスニック・ツーリズム形成過程に関する研究』くんぷる, 2001 年にて既出

第 10 章 『多文化社会オーストラリアにおけるエスニック・ツーリズム形成過程に関する研究』くんぷる, 2001 年にて既出

第 11 章 『多文化社会オーストラリアにおけるエスニック・ツーリズム形成過程に関する研究』くんぷる, 2001 年にて既出

第 12 章 第 25 回日豪合同セミナー, 2004 年の発表原稿「オーストラリアの観光と食文化」に加筆

第 13 章 「オーストラリアにおける短期研修旅行」『オーストラリア研究紀要』第 27 号, 追手門学院大学オーストラリア研究所, 2001 年から抜粋

第 14 章 「オーストラリアにおける観光客の多様化と教育観光」『日本国際観光学会論文集』第 19 号, 2012 年に加筆

　本書の旧版の作成にあたり、元勤務先の立命館アジア太平洋大学から 2004 年度学術研究助成を受けた。同大学の小方昌勝教授と畠田展行教授、マルコム・クーパー教授からは観光研究に関する貴重な助言を頂いた。末筆になるが、前作『北アメリカ・オセアニアのエスニシティと文化』の改訂に引き続き、くんぷるの浪川七五朗氏には本書の新版の完成までお世話になった。この場を借りて感謝の意を表したい。

2013 年 11 月 著者

新版 持続可能な開発と日豪関係

第1章	持続可能な開発の形成と発展 ················ 13
1.1	開発と環境保護 ································ 13
1.2	持続可能な開発と地球サミット ················ 15
1.3	第二回地球サミット後 ·························· 19

第2章	アジア太平洋地域における観光政策 ········ 25
2.1	旅から近代観光へ ······························ 25
2.2	マスツーリズムから多様な観光へ ············ 26
2.3	アジア太平洋地域と観光 ······················ 27
2.4	インドネシアとテロ事件 ······················ 29
2.5	香港とSARS ···································· 31
2.6	危機の克服と安定した観光の実現 ············ 32
2.7	現代観光の課題 ································ 34

第3章	第二次世界大戦以前の観光政策 ·············· 39
3.1	旅と日本人の結びつき ·························· 39
3.2	宿泊業とレジャー産業 ·························· 40
3.3	運輸業と観光地開発 ···························· 42
3.4	旅行業と観光政策 ······························ 44

第4章　第二次世界大戦後の観光政策 ……… 49

- 4.1　第二次世界大戦後における国内観光の復興 ……… 50
- 4.2　観光基本法と東京オリンピック ……… 52
- 4.3　バブル経済と大規模観光開発 ……… 57

第5章　インバウンド観光政策の整備 ……… 61

- 5.1　バブルの崩壊と国際観光政策 ……… 61
- 5.2　インバウンド政策の重視 ……… 65
- 5.3　観光政策の課題 ……… 68

第6章　日本における持続可能な観光政策 ……… 71

- 6.1　政策形成の背景 ……… 71
- 6.2　リゾート法の成立と破綻 ……… 71
- 6.3　第3セクターによる失敗例 ……… 73
- 6.4　第3セクターによる成功例 ……… 74
- 6.5　持続可能性と地域密着型開発 ……… 76
- 6.6　政策実現のための課題 ……… 80

第7章　地方自治体による市民派遣事業 ……… 83

- 7.1　本事例の概要 ……… 83
- 7.2　参加者の傾向 ……… 85
- 7.3　職場への影響 ……… 86
- 7.4　訪問予定先とスケジュール ……… 88
- 7.5　本事例の課題 ……… 90

第8章　ワールドゲームズと郷土資源の活用 ………… 93

- 8.1　イベントの背景 …………………………………… 93
- 8.2　ワールドゲームズの概要 ………………………… 94
- 8.3　大会運営と国際交流 ……………………………… 96
- 8.4　農村伝統の活躍と空洞化地域の再利用 ………… 98
- 8.5　地方における国際イベントの課題 ……………… 100

第9章　創生期の観光政策 ……………………………… 105

―観光・レクリエーション省の設立まで― …………… 105

- 9.1　創生期における観光背景 ………………………… 105
- 9.2　第二次世界大戦後の観光政策 …………………… 109
  - 9.2.1　全国的な観光政策 …………………………… 109
  - 9.2.2　メルボルン・オリンピック ………………… 111
  - 9.2.3　レジャーブームのなかの文化所産 ………… 113
- 9.3　連邦政府の観光行政 ……………………………… 115
  - 9.3.1　観光・レクリエーション省の設立 ………… 115
  - 9.3.2　観光・レクリエーション省の役割 ………… 117
  - 9.3.3　観光と先住民 ………………………………… 119

第10章　発展期における観光政策 …………………… 123

- 10.1　発展期における観光政策の諸背景 …………… 123
  - 10.1.1　太平洋国家への道 ………………………… 123
  - 10.1.2　多文化主義導入後の文化所産 …………… 131
- 10.2　継続から発展へ向かう観光政策 ……………… 132
  - 10.2.1　観光行政の部分的継続 …………………… 132
  - 10.2.2　観光省庁の変遷 …………………………… 135
  - 10.2.3　地方自治体の観光政策 …………………… 137

10.3　観光省の設立 ･････････････････････････････････････ 141
　　　　　　10.3.1　オーストラリア成長へのパスポート ････････ 141
　　　　　　10.3.2　環境に優しい観光開発 ･･････････････････････ 143

第11章　転換期におけるオーストラリア観光-1990年代を中心に- ･･･････････････････････････････････････ 149

　　　11.1　1990年代観光とその社会背景 ････････････････････ 149
　　　　　　11.1.1　世界のなかのオーストラリア観光 ･･････････ 149
　　　　　　11.1.2　アジアからの訪問者の動向 ････････････････ 154
　　　11.2　観光政策の転換 ･･････････････････････････････････ 157
　　　　　　11.2.1　観光省の再編 ･･･････････････････････････････ 157
　　　　　　11.2.2　情報化社会の観光政策 ･･････････････････････ 159
　　　　　　11.2.3　シドニー・オリンピックに向けた観光政策 ･･ 161
　　　11.3　自然と文化の架け橋 ･･････････････････････････････ 163
　　　　　　11.3.1　環境に優しい先住民文化 ････････････････････ 163
　　　　　　11.3.2　先住民観光政策 ････････････････････････････ 165

第12章　オーストラリア観光の現在 ･･････････････････ 169

　　　12.1　オーストラリアを訪れる人々 ････････････････････ 169
　　　12.2　出入国者数の差 ･･････････････････････････････････ 171
　　　12.3　観光による外貨収入 ･･････････････････････････････ 172
　　　12.4　輸出産業における観光の割合 ････････････････････ 174
　　　12.5　観光産業の経済規模 ･･････････････････････････････ 175

第13章　オーストラリアにおける短期研修旅行 ･････ 179

　　　13.1　オーストラリアにおける訪問者 ･･････････････････ 180
　　　13.2　研修旅行の日程 ･･････････････････････････････････ 182
　　　13.3　参加者の傾向 ････････････････････････････････････ 186

13.4　参加者の感想 ････････････････････････････････ 190

第14章　オーストラリアにおける教育観光 ･･･････ 197

　　14.1　本章における教育観光の概念 ････････････････ 198
　　14.2　本章に関する先行研究 ･･････････････････････ 198
　　14.3　オーストラリアにおける国際観光の変遷 ･･････ 200
　　14.4　オーストラリアにおける教育観光の特徴 ･･････ 201
　　　　　14.4.1　教育観光の日豪概要 ････････････････ 201
　　　　　14.4.2　オーストラリアにおける教育産業の概要 ･･･ 203
　　　　　14.4.3　オーストラリアにおける教育観光の重要性 ･･･ 206

　　観光立国推進基本法 ･･････････････････････････････ 215
　　エコツーリズム推進法 ････････････････････････････ 223
　　索引 ･･ 235

9

Part 1

概論

第1章

持続可能な開発の形成と発展

　第一部では持続可能な開発の形成とその多様性を概説し、その中でもエコツーリズムやグリーンツーリズムなど、近年人気が高まりつつある持続可能な観光に焦点を当てる。本章では主に開発と環境保護の歴史的変遷について述べ、次章では観光開発の歴史と持続可能な観光の諸形態について事例紹介を行う。

1.1　開発と環境保護

　現在、酸性雨やオゾン層の破壊、地球温暖化など、地球規模の環境問題が少なからず存在している。これらの問題は国境を越えるため、解決のためには多国間での協力が不可欠である。日本は中国から排出される微小粒子状物質、いわゆるPM2.5[注1]の問題では被害者である。他方、2011年3月11日の東日本大震災（いわゆる3.11）の津波で福島第一原子力発電所が壊滅状態になった後の汚染水問題では悪い意味で世界的に注目を浴びている。

　人間の活動に伴う環境破壊は森林の伐採に伴う砂漠化を含めば今に始まったわけではない。ただし、急激な環境破壊という点では産業革命時のロンドンのスモッグ問題にさかのぼることができるだろう。工業化に伴う大気汚染や水質汚濁はその後も続き、日本では1950年代から70年代にかけて水俣病、第二水俣病、四日市ぜんそく、イタイイタイ病など、各地で公害病が発生した。これらの公害に対応するため、日本では「公害対策基本法」が1967年に制定され、1971年には旧

注1　大気中に浮遊している 2.5 μm（1 μm は 1mm の千分の 1）以下の小さな粒子のことで、従来から環境基準を定めて対策を進めてきた浮遊粒子状物質（SPM:10 μm 以下の粒子）よりも小さな粒子。PM2.5 は非常に小さいため（髪の毛の太さの 1/30 程度）、肺の奥深くまで入りやすく、呼吸系への影響に加え、循環器系への影響が心配されている。以上、環境省 (n.d.)「微小粒子状物質 (PM2.5) とは」web

環境庁（現在の環境省の前身）が設立された。

アメリカ合衆国の場合、工業化に伴う公害に加え、カーソン（Rachel Carson）が 1962 年に出版した『沈黙の春』（Silent Spring）に見られるように農薬や化学物質による生態系の破壊も大きな問題として注目されるようになった。そのためアメリカでは 1969 年に「国家環境政策法」（National Environmental Policy Act: NEPA）が制定（翌 70 年施行）されている[注2]。

他方、1970 年代になると、一国だけの問題ではなく、国際的に環境や生態系の保護に関する取り組みが見られるようになった。まず、1971 年にイランのラムサールで「湿地に関する条約」（Convention on Wetlands）であるラムサール条約が採択（75 年発効）された。1973 年には「絶滅のおそれのある野生動植物の種の国際取引に関する条約」（Convention on International Trade in Endangered Species of Wild Fauna and Flora）、いわゆるワシントン条約が採択（75 年発効）された。

1972 年にはストックホルムにて国連人間環境会議（United Nations Conference on the Human Environment）が開催され、翌 73 年に国連環境計画（United Nations Environment Program:UNEP）が創設され、本部はケニアのナイロビに置かれた。同じく 1972 年には UNESCO 総会で「世界の文化的及び自然遺産の保護に関する条約」（Convention Concerning the Protection of the World Cultural and Natural Heritage）いわゆる世界遺産条約が採択（75 年発効）された[注3]。1978 年にはガラパゴス諸島が世界最初の自然遺産地域として登録されている[注4]。

国境を越える環境問題への対策もいくつか見られるようになった。たとえば酸性雨は 1960 年代からヨーロッパで顕在化していたが、1979 年に「長距離越境大気汚染条約」（Convention on Long-range Transboundary Air Pollution）がヨーロッパや北米地域を中心に締結された[注5]。酸性雨の主な原因の 1 つである自動車からのチッソ酸化物の問題は残ったものの、もう 1 つの主要原因である工場からの硫黄酸化物の排出が減少したため、酸性雨の問題はヨーロッパではある程度緩和された。他方、有害な紫外線を遮ってきたオゾン層はフロンガス等によって破壊されるが、これに対する対策としては 1985 年にオゾン層保護に関する「ウイー

注2　林智他 (1991)『サステイナブル・ディベロップメント』法律文化社,44 頁
注3　環境省 (n.d.)「エコツーリズムに関する国内外の取組みについて」19 頁
注4　同上 19 頁
注5　国立環境研究所 (n.d.)「酸性雨 2」web

ン条約」(Vienna Convention for the Protection of the Ozone Layer) が採択され、1987 年にはモントリオール議定書（Montreal Protocol）が採択[注6]（89 年発効）された。

1.2　持続可能な開発と地球サミット

　先進国が環境保護に力を入れるようになった一方、少なからぬ発展途上国は開発による経済発展を目指していた。UNEP の本部が先進国ではなくナイロビに置かれたのも政治的な配慮による。1984 年には国連に「環境と開発に関する世界委員会」(World Commission on Environment and Development:WCED)、通称ブルントラント委員会が設立され、1987 年には同委員会の報告書である『地球の未来を守るために』(Our Common Future) がまとめられた。このころから専門家の間で持続可能な開発の概念が広まりつつあった。

　他方、持続可能な開発の概念を一般的に広めたのは 1992 年にブラジルのリオデジャネイロで開催された国連環境開発会議（United Nations Conference on Environment and Development:UNCED)、いわゆる地球サミットの役割が大きい。地球サミットでは行動計画であるアジェンダ 21 が合意され、「国連気候変動枠組条約」(UN Framework Convention on Climate Change: UNFCCC) と「生物多様性条約」(Convention on Biological Diversity:CBD) が署名された[注7]。

　1992 年に採択された国連気候変動枠組条約であるが、1995 年から毎年条約締約国会議（Conference of the Parties:COP）が開催されている。酸性雨やオゾン層の破壊と異なり、地球温暖化はその原因が工場からの排気や工業生産物に限定されず、より複合的である。特に二酸化炭素に関しては農地の拡大や森林伐採など、工業と関連の少ない活動でも変動が起こりうる。1997 年に京都で開催された気候変動枠組条約第 3 回締約国会議（COP3）では、先進国に対して拘束力のある温暖化ガスの削減目標を明確に規定した取り決め、いわゆる「京都議定書」(Kyoto Protocol) を合意することに成功し、2005 年 2 月に同議定書が発効した[注8]。

　他方、生物多様性条約の第 1 回締約国会議（COP1）は 1994 年にバハマのナッ

注 6　国立環境研究所 (n.d.) 「オゾン層破壊の防止策」web
注 7　MOFA (n.d.) "The United Nations Conference on Sustainable Development (Rio+20)", web
注 8　環境省 (n.d.) 「気候変動枠組条約・京都議定書」web

ソーにおいて開催された。第2回締約国会議（COP2）は1995年にインドネシアのジャカルタ、第3回締約国会議（COP3）は1996年にアルゼンチンのブエノスアイレスにおいて開催された。第10回条約国会議（COP10）は2010年に愛知県名古屋市にて開催され、SATOYAMAイニシアティブ（後述）を含む持続可能な生物資源の利用が検討された[注9]。

　地球サミットが開催された1990年代前半には日本でも環境や開発に関する政策の転換がいくつか見られる。1992年に日本はUNESCOの世界遺産条約に加盟し、翌93年に世界自然遺産として屋久島と白神山地が選ばれた。1993年には「環境基本法」が制定され、旧公害対策基本法が大幅に改定された。1994年には「農山漁村滞在型余暇活動のための基盤整備の促進に関する法律」（いわゆるグリーンツーリズム法）が制定され、翌95年に施行された（詳しくは6章）。

　日本では個々の政策だけでなく、全国総合開発計画もまた大きく変化した。第1次全国総合開発計画（1962年策定）から第4次全国総合開発計画（1987年策定）までは手法は異なるが、地方における定住人口の増加、または維持を目指してきた。しかし、第5次の全国総合開発計画に相当する「21世紀の国土のグランドデザイン」（1998年策定）では定住人口だけでなく、都市と農村部の間の交流人口の拡大もまた注目されるようになった（資料1-1）。

資料1-1 21世紀の国土のグランドデザイン

第5次の全国総合開発計画
21世紀の国土のグランドデザイン
-地域の自立の促進と美しい国土の創造-
　　　　　　　　　　　　　　　　　　平成10年（1998）3月

　全国総合開発計画は、国土総合開発法に基づく国土づくりの指針となる計画であり、今回で5回目の策定となります。第5次の全国総合 開発計画は、3年以上にわたる国土審議会の調査審議等を経て、平成10年

注9　外務省(2013)「生物多様性条約」web

> （1998）3月31日に閣議決定されました。
>   地球時代、人口減少・高齢化時代、高度情報化時代の到来など、大きな時代の転換期を迎える中で、今回の全国総合開発計画においては、現在の一極一軸型の国土構造から多軸型の国土構造への転換を長期構想とする「21世紀の国土のグランドデザイン」を提示しています。また、2010-15年までの計画期間中に「自立の促進」をはじめとする5つの基本的課題を設定し、基本的課題の達成に向け、「多自然居住地域の創造」「地域連携軸の展開」など4つの戦略を推進していくこととしています。
>   この「21世紀の国土のグランドデザイン-地域の自立の促進と美しい国土の創造-」について、できるだけ多くの方にご理解いただくとともに、多くの方々のご協力を得て、夢と希望のもてる美しい国土づくりに向け取り組んでいきたいと考えております。

出典:国土交通省（n.d.）「第5次の全国総合開発計画」web

　先述のように、現在はオゾン層の破壊や地球温暖化など地球規模の環境問題が少なからず存在しており、日本も無縁では無い。工場からの排水や排気だけでなく、日常生活で排出されるチッソ酸化物やフロン、二酸化炭素なども環境に大きな影響を及ぼすようになってきた。日本では2001年に環境省が設立され、リサイクルや生態系の保全など、旧環境庁の時代よりも業務が拡大していった（図1-1）。

第 1 章 持続可能な開発の形成と発展

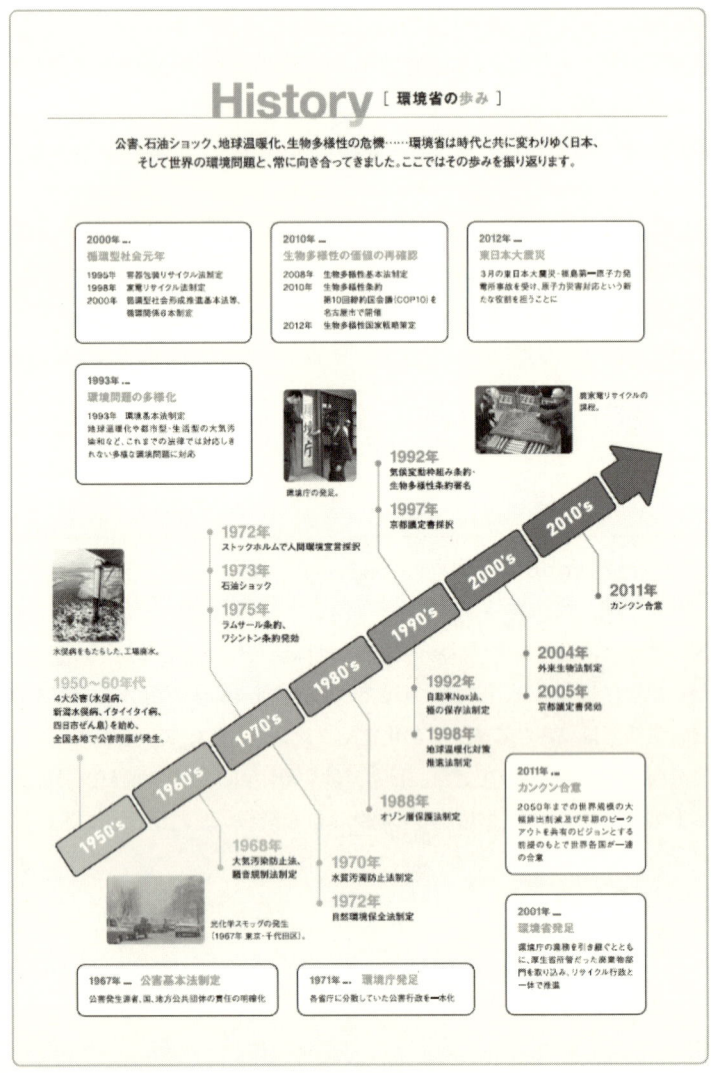

出典：環境省（n.d）「環境省のあゆみ」web
図 1-1　環境省の歩み

1.3　第二回地球サミット後

　第一回地球サミットの 10 年後にあたる 2002 年には南アフリカのヨハネスブルクで第二回地球サミット（World Summit on Sustainable Development:WSSD）が開催された（資料 1-2）。同年は国連の国際エコツーリズム年にあたり、ケベックで世界エコツーリズム・サミット、沖縄でエコツーリズム国際大会が実施された[注10]。第一回地球サミットから 10 年の年月を経たため、専門家や政府関係者だけでなく、第二回地球サミットの頃には更に多くの一般市民の間にも持続可能性がより身近な話題になった。

資料 1-2 第二回地球サミットの主なデータ

```
1. 参加国数:191 ヶ国
2. 参加首脳数:104 人
3. 参加人数:21,000 人以上
              内訳:政府関係者:9,101 人
                   NGO 関係者:8,227 人
                   プレス関係者:4,012 人
```

出典:外務省（2002）「持続可能な開発に関する世界首脳会議（ヨハネスブルグ・サミット）-参加国数等-」web

　なお、第二回地球サミットの翌年（2003 年）には日本にて環境省のエコツーリズム推進会議が開催されている[注11]。さらに、環境省の強い後押しにより、日本では 2007 年に「エコツーリズム推進法」が制定（2008 年施行）されている[注12]。
　さらに、先述の「21 世紀の国土のグランドデザイン」に見られるように、人口減少と高齢化が現在の日本にとって大きな課題であり、地方においてこの問題は

注10　環境省 (n.d.)「エコツーリズムに関する国内外の取組みについて」21 頁
注11　環境省 (n.d.)「エコツーリズムの歴史」web
注12　環境省 (n.d.)「エコツーリズム推進法」web

著しい。特に日本の森林は人工的に植林した二次林が多いため、中山間地域における森林の保全も重要である。林野庁は 2003 年から「緑の雇用」を実施し、新規の労働者に林業に関する基礎的なスキルと知識を教えている（図 1-2）。2011 年になると、「緑の雇用」では「林野労働者」から「林野マネージャ」や「林野リーダー」へ少しずつ成長させていくシステムを導入している[注13]。同様に総務省もまた地域おこし協力隊を 2009 年に設立しており、中山間地域における新規就農者や起業家等を主に都市部から募っている（図 1-3）。

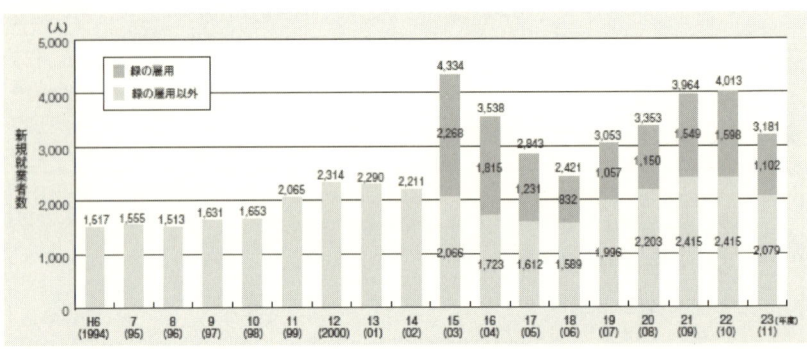

出典：林野庁（2013）：139頁

図 1-2　緑の雇用

	地域おこし協力隊人数	受け入れ団体数
2009	89	32
2010	257	90
2011	413	147
2012	617	207

出典：総務省(2013)「地域おこし協力隊」web

図 1-3　地域おこし協力隊

環境問題への意識の高まりは一般向けのイベントからも見られる。2005 年には「地球の叡智」というテーマで、環境問題に特化した愛知万博が開催されている。

注 13　The Forestry Agency (2013) *Annual Report on Forest and Forestry in Japan 2012*, p.22

のべ 2200 万人以上の訪問者が愛知万博に入場し、日本国内だけでなく、台湾や韓国、アメリカ合衆国、中国などからも来場者が見られた（資料 1-3）。

資料 1-3 愛知万博の主なデータ

```
■総入場者数：22,049,544 人（3 月 25 日～9 月 25 日、185 日間）
■一日入場者数：最高入場者数：281,441 人（9 月 18 日）
          :最低入場者数: 43,023 人（3 月 25 日）
■入場者の来場回数：初回来場者が 6 割以上、リピータ 4 割弱
■国内入場者の地域分布：愛知県が約 44% 地域別上位：中部圏、関東圏、関西圏
■外国人入場者の割合：4.6% 国別上位：台湾、韓国、アメリカ、中国
```

出典：財団法人 2005 年日本国際博覧会協会（2005）「環境レポート」7 頁

更に、日本では 2008 年に神戸にて G8 環境大臣会合（G8 Kobe Environment Ministers Meeting）が実施され、気候変動や生物多様性が重要なテーマになった[注14]。2010 年に名古屋で開催された先述の生物多様性条約第 10 回条約国会議（CBD/COP10）では SATOYAMA イニシアティブにより、里山における生物多様性が重要視されるようになった。農地や人工林などの二次的な自然地域を対象とした生物多様性の保全と持続可能な利用を促進するための取組は G8 環境大臣会合でも議題に挙がっていたが、CBD/COP10 でより注目されるようになった。特に日本やヨーロッパ諸国には手つかずの自然があまり残っていないため、二次的な自然や生態系の保護、人間によって伝統的に管理されてきた景観の維持などは重要な課題である。

持続可能な開発は更に新しいステージに進みつつある。2012 年になると、第一回地球サミットの 20 周年記念として、リオデジャネイロで第三回地球サミット（Rio+20）が実施された[注15]。188 の国連加盟国に加え、3 つのオブザーバー

注 14 G8 Kobe Environment Ministers Meeting (2008) "Outline of the G8 Environment Ministers Meeting" web

注 15 MOFA (n.d.) "The United Nations Conference on Sustainable Development (Rio+20)", web

(EU、パレスチナ、バチカン)が参加した第三回地球サミットでは、97名の首脳に加え、各国政府関係者や国会議員、地方自治体、国際機関、企業及び市民社会が約3万人参加した[注16]。日本の場合、2011年の東日本大震災後の復興が重要な課題であったため、グリーン・イノベーションもまた重要な課題であった。

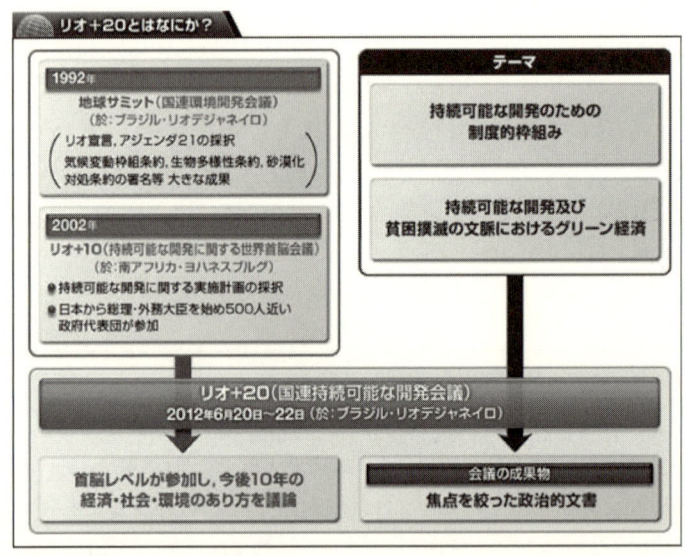

図1-4 第一回地球サミットからRio+20への変遷

　以上のように開発と環境保護の関係は時代と共に変化を遂げてきた。現代の環境問題は必ずしも開発と対立するものではなく、持続可能な開発のためには新たな技術革新に伴う環境の保全も想定されている。冒頭で述べたPM2.5や放射性汚染水など現時点で未解決の問題もあるが、酸性雨やオゾン層の破壊、地球温暖化などの諸問題の解決に長年取り組んできたように、今後の対策に期待したい。

注16 外務省(2012)「リオ+20」web

【参考文献】

Forest Agency (2013) *Annual Report on Forest and Forestry in Japan 2012*, Forest Agency

G8 Kobe Environment Ministers Meeting (2008) "Outline of the G8 Environment Ministers Meeting", https://www.env.go.jp/earth/g8/en/index.html, Accessed December 10, 2013

外務省 (2013)「生物多様性条約」http://www.mofa.go.jp/mofaj/gaiko/kankyo/jyoyaku/bio.html, 閲覧日 2013 年 12 月 14 日

外務省 (2012)「リオ+20」http://www.mofa.go.jp/mofaj/press/pr/wakaru/topics/vol91/index.html, 閲覧日 2013 年 12 月 17 日

外務省 (2002)「持続可能な開発に関する世界首脳会議 (ヨハネスブルグ・サミット)-参加国数等-」http://www.mofa.go.jp/mofaj/gaiko/kankyo/wssd/sankakoku.html, 閲覧日 2013 年 12 月 16 日

林智他 (1991)『サステイナブル・ディベロップメント』法律文化社

Japan Association for the 2005 World Exposition (2005) "Environmental Report", Japan Association for the 2005 World Exposition

環境省 (n.d.)「微小粒子状物質 (PM2.5) とは」http://www.env.go.jp/air/osen/pm/info.html, 閲覧日 2013 年 12 月 14 日

環境省 (n.d.)「気候変動枠組条約・京都議定書」http://www.env.go.jp/earth/ondanka/cop.html, 閲覧日 2013 年 12 月 10 日

環境省 (n.d.)「環境省のあゆみ」http://www.env.go.jp/guide/gyomu_pdf/pdf/18.pdf, 閲覧日 2013 年 12 月 10 日

環境省 (n.d.)「エコツーリズム推進法」http://www.env.go.jp/nature/ecotourism/try-ecotourism/law/law.html, 閲覧日 2013 年 12 月 9 日

環境省 (n.d.)「エコツーリズムの歴史」http://www.env.go.jp/nature/ecotourism/try-ecotourism/about/history.html, 閲覧日 2013 年 12 月 9 日

環境省 (n.d.)「エコツーリズムに関する国内外の取組みについて」http://www.env.go.jp/council/22eco/y220-01/mat_03.pdf, 閲覧日 2013 年 12 月 9 日

国土交通省 (n.d.)「第 5 次の全国総合開発計画」http://www.mlit.go.jp/kokudokeikaku/zs5/index.html, 閲覧日 2013 年 12 月 8 日

国立環境研究所 (n.d.)「酸性雨 2」http://www.nies.go.jp/kanko/kankyogi/12/06.html, 閲覧日 2013 年 12 月 17 日

国立環境研究所 (n.d.)「オゾン層破壊の防止策」http://www.nies.go.jp/escience/ozone/ozone_03.html#montori, 閲覧日 2013 年 12 月 17 日

Ministry of Foreign Affairs / MOFA (n.d.) "The United Nations Conference on Sustainable Development (Rio+20)", http://www.mofa.go.jp/policy/environment/warm/cop/rio_20/, Accessed December 18, 2013

Ministry of Land, Infrastructure and Transport / MLIT (n.d.) "The 5th Comprehensive National Development Plan", http://www.mlit.go.jp/kokudokeikaku/zs5-e/, Accessed December 8, 2013

林野庁 (2013)『平成 24 年度 森林・林業白書』林野庁

総務省 (2013)「地域おこし協力隊」http://www.soumu.go.jp/main_sosiki/jichi_gyousei/c-gyousei/02gyosei08_03000066.html, 2013 年 12 月 10 日閲覧

財団法人 2005 年日本国際博覧会協会 (2005)「環境レポート」財団法人 2005 年日本国際博覧会協会

第2章

アジア太平洋地域における観光政策

2.1　旅から近代観光へ

　普段人々が何気なく親しんでいる観光であるが、社会環境の変化に伴い、形態を大きく変えてきた。「観光」とは狭義には交通業、宿泊業、旅行業の総体であるが、ここで述べる広義の考えは人口移動に関する各国の政策やホスト・コミュニティとゲストの人間関係など、移住を伴わない旅行形態とそれが引き起こす社会現象全般を意味する。

　旅自体の歴史は古く、狩猟採集や交易などが盛んに行われてきたが、これらは生活手段のための旅であり、現在余暇活動の一環として親しんでいる観光とは異なっている。巡礼のように精神的な充足のための旅や伊勢参りのように宗教的な行事が後に世俗化した大規模な旅行形態もあったが、現在普及している観光と比べるとはるかに危険を伴うものであった。

　初期の観光産業の発展は、産業革命後の輸送手段の発達が大きな要因になっている。トーマス・クックが19世紀にイギリスで鉄道を用いた団体旅行を普及させて以来、世界的にマスツーリズムが広まっていったことは良く知られているだろう。さらに、植民地政策の一環として、欧米諸国が交通網の整備に力を入れたことは、世界各地に近代的な観光地を形成する上で大きな役割を演じた[注1]。

　近代観光はアジア太平洋地域でも急速に広まった。明治期の日本は欧米諸国との経済的な格差から、欧米主要国からの短期訪日者数は日本から同地域への観光客数を上回っていた。他方、欧米列強と政治的に肩を並べるため、あるいは近隣諸国へ「文明化」を誇示するため、当時の日本ではデモンストレーション的な海

注1　朝水宗彦(2003)「文明の発展と観光形態の変遷」比較文明学会第21回大会発表資料。

外旅行の実施やディスプレー的な宿泊施設の建設が意図的に行われた。これらの見せるための政治的な観光は時として採算性が度外視され、経済的には背伸びをしたものであった。

現代ではしばしば「観光は平和へのパスポート」という言葉を耳にする。しかし、欧米列強や日本が植民地獲得に躍起になっていた頃、観光はしばしば支配や統治のために用いられた。「文明化」を誇示するための観光政策は日本のみが行っていたのではない。イギリスを代表とする欧米諸国やその植民地もまた見せるための政治的な観光政策を行っていた。ロンドンやパリで行われた万博には列強の先進技術や植民地の産物が展示され、主催国を筆頭とする各国の国力を誇示していた。

政治支配のための観光は植民地や自治領でも行われた。植民地における交通網の整備は支配地域の隅々にまで開発と搾取の網をめぐらせ、巨大な宿泊施設は実務的な役割と同時に統治者の力を視覚的に示した。日本は朝鮮半島や満州に官営のホテル網を展開していったが、これも本国と同様にディスプレー的な目的があった。つまり、諸外国からの来訪者に国力を誇示するだけでなく、非支配者を心理的に圧倒することや本国からの移住者を促すことも意図されていた。むろん植民地における活発な観光政策は日本だけではない。たとえば旧イギリス植民地であったオーストラリアでは、交通網の整備と同時に、将来移住者になる可能性のある人々にアピールするために様々なイベントが催されていた[注2]。

2.2　マスツーリズムから多様な観光へ

20世紀はアメリカ合衆国が超大国として台頭したが、アメリカ人による国際観光は世界経済に大きな影響を与えるまで発展した。航空産業の発達と共に観光の大規模化はさらに進み、日本などそれまで主流でなかった地域でもまた観光客数が急増した。同時に世界各地で観光形態の多様化も起こり、エコツーリズムやグリーン・ツーリズムのように、それまでの大規模な開発を伴うマスツーリズムと対峙する環境に優しい新たな観光形態も普及していった。

注2　朝水宗彦 (2004)「日本における文明開化と観光政策」比較文明学会第22回大会発表資料。

産業革命後、大規模な輸送システムが世界中に張り巡らされたが、このことは今日の世界的なマスツーリズムを可能にしている。ヨーロッパ諸国のみならず、世界各地で国際観光は享受されている。アジア諸国はかつて欧米諸国の人々にとって単なる奇妙な訪問先であったかもしれない。しかしながら、伝統文化と近代的な観光産業の結びつきはアジアを巨大な観光マーケットに発展させた。

　アジア観光のダイナミズムは域内および域外に及ぶ。ヨーロッパと北アメリカの両地域は現在も最大の国際観光客数を誇っているが、日本や韓国、中国などにおける観光はアジアで注目すべき存在になっている。日本は1964年の東京オリンピック以降主要なアウトバウンド観光国になり、バブル経済期には日本から出国する旅行者がさらに急増した。韓国は1988年のソウル・オリンピック後に日本と同じ道を辿っただけでなく、賢明にもインバウンド観光を同時に振興した。中国の巨大な人口と世界的な人的ネットワークは改革開放経済によって巨大な観光マーケットを生み出した。

　しかし、アジア地域における急速な観光の発展に対し、様々な危機が直面している。アジア諸国の多くは観光産業におけるリスクマネージメントを早急に考慮に入れなければならない。一般的に、テロや疫病などの不安定要素は観光発展に対して大きな障害になると言われている。インドネシアのテロ事件や香港のSARS騒動はまさに典型的な例であると言えよう。特に、有名な観光地が危機に巻き込まれたら、その国や地域の観光政策に大きなダメージを与える。

　次に、観光の危機管理に関する対策を、持続可能な要素を含んだいくつかの事例を中心に概説していきたい。

2.3　アジア太平洋地域と観光

　アジア太平洋地域は広義に考えればアジア全体と太平洋に面した地域をすべて指すが、本論では主にアジアとオセアニアについて述べる。なお、アジア自身も巨大な地域であり、東は日本から、西はトルコまで広がるため、ここでは主に東北アジアと東南アジアについて述べる。東北アジアと東南アジアには伝統的な社会が存在するが、いくつかの地域には欧米諸国がプランテーションとモノカルチャー経済をもたらした。プランテーションの拡大だけでなく、特に日本による商業的

な木材の伐採もまた森林破壊をもたらした。さらに、急速な近代化や都市化の影で、インナーシティ問題がいくつかの発展途上国で見られる。むろんこれらの問題は自然環境や生活環境に悪い影響を及ぼす。

　観光は工場と違い、汚水や煤煙をもたらさないクリーンな産業であると考えられてきた。タイやシンガポールなどいくつかの国では観光行政機関が設立され、観光振興のための有効な政策が採られている。たとえば、タイでは TAT（Tourism Authority of Thailand）が 1960 年に設立され、積極的な観光プロモーションを続けてきた。1965 年にニューヨークに TAT のオフィスが設立され、2003 年までにさらに 15 の海外オフィスが作られた。TAT は対外的な広報活動のみならず、1968 年に作られたチェンマイのオフィスを筆頭に、2003 年には 22 もの国内オフィスを通して観光客を支援している[注3]。

　インドネシアやタイ、フィリピン、マレーシアは国策のみならず、国際的な大企業によってリゾート開発が行われてきた。たとえば日本の開発業者は特に 1980 年代に国内外のリゾート開発を積極的に行った。しかし、観光産業が急速に拡大したため、アジア地域では様々な社会問題が起こるようになった。マスツーリズムは時として自然環境や伝統的なコミュニティを破壊するため、保護活動が必要になったのである。

　1992 年のリオデジャネイロにおける地球サミット以降、持続可能な開発（sustainable development）の考えが世界的に普及していった。持続可能な観光形態としてエコツーリズムやヘリテージ・ツーリズムが挙げられるが、これらの観光はヨーロッパや北アメリカ、オセアニアなどでよく知られている。持続可能な観光は大規模開発に対するアンチテーゼとして位置づけられるが、環境への不必要な介入はいまだにアジア各地で見られる。さらに、いくつかの国の経済は観光に大きく依存しており、インバウンド観光による外貨収入は国政に大きな影響を及ぼす。次に、インドネシアや香港、シンガポールにおける観光政策の事例を述べる。

[注3] TAT *ed*.(2003)"AboutTAT",*Tourism Thailand Home Page*,http://www tourismthailand.org/about_tat.php

2.4 インドネシアとテロ事件

インドネシアは西のスマトラ島から東のイリアンジャヤ（ニューギニア島の西半分）までの広大な領域を有する島国である。2億人の国民の9割近くはイスラム教徒であるが、バリ島のヒンドゥ文化に見られるように多様な文化背景の人々が国内に住んでいる。インドネシアは国土や人口の規模で東南アジアを代表するだけでなく、シンガポールやタイに匹敵する同地域有数の観光大国である。インドネシアにおける観光産業は同国の重要な外貨収入源になっており、特にバリ島観光の重要性は大きい。ケチャやバロンダンスのように、地元のヒンドゥ文化から生まれた舞踊とオランダ植民地時代から培われてきたショーとしてのパフォーミング・アートの融合はバリ島に訪れる人々を魅了する。クタビーチやサヌールビーチのように国際的に知られたマリン・リゾートもまた発展しており、インドネシアにとってバリ島はいわば金の卵を生み出す鶏である。

しかし、世界各地から豊かな観光客が集まるこの島は、テロリストにとって自らの存在を誇示できる絶好の場所でもある。バリ島や首都ジャカルタでの高級ホテルを襲ったテロ事件はインドネシア政府の高官だけでなく、各国の裕福な層に大きな衝撃を与えた。バリ爆破の主要な要因の一つに、経済的なダメージを狙ったことが挙げられる。2001年にバリは54億米ドルもの外貨を稼ぎ、インドネシア観光の外貨収入の40%を占めていたとされる[注4]。インドネシア観光全体におけるバリの一極集中のみならず、バリにおけるインバウンド観光への高い依存度もまたリスクに対するダメージを大きくした。

一般的にモノカルチャー的な経済構造はリスクに弱いことが良く知られているが、多極化はリスクの分散に有効と考えられている。事件後、インドネシア政府はエコツーリズムなどの地元密着型の観光を進めているが、これは地元経済への経済的な貢献だけではなく、裕福な外国人観光客が集う高級リゾートを狙ったテロ対策にも有効であろう[注5]。

エコツーリズムなどの持続可能な観光は、時に乱開発を伴う従来型のマスツー

注4　Sherlock,Stephen(2002) *The Bali Bombing: what it Means for Indonesia*,The Department of the Parliamentary Library,Canberra,pp5-6

注5　じやかるた新聞編 (2003)「バリ観光は回復基調」『じやかるた新聞』1月11日,http://www.jakartashimbun.com/pages/tourism.html

リズムとは異なり、自然環境に優しいことが最大の特徴である。さらに、持続可能な観光には地元民が持っている生活の知恵の活用や地元地域における新たな雇用の創出なども特徴として挙げられる。貧困はテロの温床になると言われているが、持続可能な観光を用いた地域活性策は経済的な面から貧困の軽減が期待される。このように、持続可能な観光は政府側からすると外貨収入源を増やすだけでなく、地域の活性化やテロの封じ込めも含めた総合的に有意義な存在であろう。

しかし、インドネシアで地元住民と観光の開発を結び付ける際には細心の注意を払わなくてはならない。多民族国家であるインドネシアでは、宗教的な行事以外にも、日常的な文化の多様性が優良な観光資源になることがある。たとえば食文化について述べると、異なった民族はそれぞれの伝統料理を持っており、ナシゴレンやミーゴレンは日本でもよく知られている。ただし、バリ島の作られた「伝統舞踊」のように、インドネシアには伝統文化と近代文明をうまく融合させる柔軟性も備えている。現在のインドネシア料理の調理方法は必ずしも伝統的とは言えず、日本生まれの合成調味料である味の素の普及とその大量使用が注目される。

食文化の変容は平和的な文化交流と考えることもできるが、食文化の違いは時に激しい民族対立を引き起こす。イスラム教は食生活の戒律が厳しいことで有名であるが、そのなかに豚肉の食用の禁止がある。日本で発明され東南アジアで幅広く使われている味の素は豚肉を原料としていないが、かつて精製過程で豚から作った触媒を使用したことがあった。このことは2000年末から2001年初頭にかけてインドネシア国内で大問題になり、味の素のみならず日本製品の不買運動や日本への嫌悪感へと広まっていった。インドでマクドナルドが問題になったり、ソウル・オリンピックで犬食が問題になったりするように、身近な食生活の違いはインドネシア以外でも時として大きな対立を生む危険性をはらんでいる[注6]。

インドネシアにおける持続可能な観光を活用したテロ対策は確かに興味深いアイディアである。しかし、しばしば民族対立が生じているこの国で地元密着型の観光を成功させるためには、先に述べてきたように、政治的な問題から日常的な生活習慣の違いまで地元文化の多様性を幅広く考慮に入れる必要がある。

注6　株式会社味の素 (2001)「インドネシアにおけるハラール問題について」『味の素ホームページ』http://www.ajinomoto.co.jp/ajinomoto/press/2001_01_06.html

2.5　香港とSARS

　次に挙げるのはSARSの問題である。香港は1997年の中国返還時の観光に対する社会変動がようやく落ち着き、これからさらなる観光発展が期待されていた時にSARSの騒動に巻き込まれた。2003年6月23日に香港のSARS感染地指定は解除されたが、香港当局の熱心な広報活動にも関わらず、観光客減少の痛手はさらに2カ月以上続いた[注7]。

　中国返還後に香港と中国本土の人の往来は活発になったが、中国政府から見ると観光産業が盛んである香港は貴重な外貨収入源であり、さらに香港経由の観光客を含めると中国は東アジア最大の訪問者受入国の地位を揺るぎ無いものにした。中国にとって観光客を引き寄せる香港はまさに龍の玉のように貴重なものであろう。しかし、この活発な人の往来は香港で深刻になったSARS問題を中国本土まで広める結果になった。2003年上半期（1-6月）はSARSの影響を受け、中国全土における国際観光収入は40億ドル減少し、国内観光では840億元の減少となり全般に大きなダメージを受けたとされる[注8]。

　SARSは香港で発見され、中国本土やベトナム、台湾、シンガポールなどの周辺国に広まり、さらに遠く離れたカナダやイギリスにも被害が広まっていった。SRASの原因はいまだに良くわかっていないが、発症にはある傾向がある。SARSは香港を含んだ中国や中国系の人々と交流の深い国や地域から被害者が続出し、韓国や日本などの近隣諸国ではさほど大きな被害が生じなかった。そのため、中国系の人々特有の病気であるという意見もあったが、ベトナムでの被害を考えるとこれは当てはまらないだろう。ただし、SARS発見の場となった香港では興味深い報告が行われている。被害の大きかった地区ではハクビシンという野生動物を頻繁に食べていたという[注9]。

　中華料理では「飛行機以外の翼のあるものと椅子以外の足のあるものは何でも食べる」と言われるほど実に様々な食材を使用する。そのため、日本では動物園

注7　香港政府観光局編 (2003)「SARSの現在の状況 (8.12)」『香港政府観光局ホームページ』
　　http://www.discoverhongkong.com/jpn/news/aboutsars.html

注8　中国情報局編 (2003)「中国:観光業損失2768億元、脱SARSへ動く」『中国情勢24』7月
　　18日,http://news.searchina.nejp/2003/0718/business_0718_002.shtml

注9　People,s Daily ed (2003) "Civet Link with SARS Virus Still Ambiguous", *People,s Daily Online*,June 22,http://english.peopledaily.com.cn/200306/22/eng20030622_118693.shtml

31

に行かなければお目にかかれないような珍しい動物まで日常的に生きたまま市場で販売されている。香港では食材用の野生動物が流通しているが、サブサハラ地域でエボラ出血熱やエイズなどの未知のウイルスが発見されていることからわかるように、交通網の発達した現在では伝統的な郷土料理さえ時として世界的なウイルス媒介を引き起こす可能性を有している。

もちろん大規模な観光開発だけが自然破壊ではない。むしろ多くの発展途上国では農地や工場誘致のための森林伐採の方が大きな問題になるだろう。持続可能な観光のコンセプトになった持続可能な開発もまた、これらの自然破壊のアンチテーゼとして生まれた。マスツーリズムのアンチテーゼとして生まれた近年の様々な観光形態もまた環境問題には十分考慮している。しかし、それでもなおヒトの国際的な大規模移動を考慮に入れると、野生動物のグルメツアーでさえ世界的に疫病を広める危険性を否定できない。かつて心無い人々のセックスツアーがタイの子供たちにエイズを広めたように、観光は疫病の2次感染、3次感染を引き起こす可能性を有している。

2.6 危機の克服と安定した観光の実現

テロや疫病のような危機に対する解決は困難であり、時に根気強い長期の対策が重要になる。インドネシアや香港に見られるように、新たな危機に対する対策は進行中であるが、処方箋の作成には過去の歴史がいくつか参考になると思われる。例えば、アジア地域を代表する国際的な観光地のシンガポールであるが、同国は1965年8月にマレーシアと切り離された時点では水さえも自給できない資源に乏しい島国であった。人口が少なく、国土も狭い同国では、国内市場を当てにした産業の育成は困難であり、独立初期の段階から積極的に海外市場に進出する必要性に迫られていた。

シンガポールは観光の視点から言っても、元来資源に乏しい国であった。そのため、人工的なマーライオンの建設や安心してショッピングを楽しめるクリーンな都市国家のイメージ戦略、数少ない歴史的な文化遺産であるショップハウスの再開発など、観光資源の創出を地道に試みた注10。

注10 杉谷滋編著(1999)『シンガポール清廉な政府・巧妙な政策』お茶の水書房,3-10頁

シンガポールの観光事情を反映した典型的なものにシンガポール航空がある。同社が1972年にマレーシアン・エアウェイズから独立した時はシンガポール政府からの経済的な支援をほとんど期待できない状況であった。しかしながら、シンガポール航空は綿密な運行計画を立て、有効荷重の多いジャンボジェット機を積極的に導入し、同時にコストをぎりぎりまで削減することによって、創業初年度から利益を計上する優良企業になった。創設も重要であるが、組織を維持して発展させることもまた重要である。他の企業と同様に、シンガポール航空もオイルショック時に危機を迎えたが、燃費の良い新型機への切り替えによって運営コストを切り下げ、さらに質の良いサービスを提供することによって、今では世界的に最も人気の高い航空会社の一つにまで発展した注11。

シンガポールにもSARSの影響があったが、患者の隔離を徹底したベトナムと同様に、政府のすばやい対応によって観光に対するダメージは最小限に押さえられたと思われる。長年培ってきたクリーンなイメージもまた、疫病のイメージを払拭するのに役立ったことだろう。さらに、東南アジアのハブ空港の一つであるチャンギ国際空港を有するシンガポールでは隣国のテロ事件の影響を無視することはできない。しかし、海外への展開が多角的に進んでいるシンガポールではモノカルチャー的な危険を避けるための分散化も十分なため、危機がもたらすダメージも最小限に薄めることができた。

長期的に予測される事態とは異なり、SARSのような緊急の被害を政府がすべて取り除くことは困難である。しかし、シンガポール政府は2003年に政府観光局STB（Singapore Tourism Board）や民間航空部門の政府機関CAAS（Civil Aviation Authority of Singapore）などと協力し、観光分野の諸産業に対して2億3000万シンガポールドルの有効な包括救済策を投入した。この緊急的な救済策と同時に、より広い分野での復興策のためにモニタリングも考慮されていた注12。

シンガポール政府やシンガポール航空の対応は一見斬新であるが、良く見れば非常に基礎に忠実である。独立時やオイルショック時は新規事業への進出によって危機を乗り越えているが、これとて経営学の基礎的な対処法であろう。好景気

注11　チャン・ジェフユン他(1999)『シンガポール航空・TQM戦略のすべて』実務教育出版,26-34頁。

注12　Media Relations Division *ed.*(2003)*COVERNMENT UNVEILS $230 MILION SARS RELIEF*, Ministry of Infomation,Singapore, http://applO.internet.gov.sg/data/sprinter/pr/2003041701.htm

では既存の生産方法を拡大し、不景気では新開発や新技術の導入によって生産性を向上させることが組織を維持するための基礎的な対応策である。インドネシアや香港の観光は危機に直面したが、シンガポールのように危機を克服できれば、将来的に安定した観光政策を実現できるチャンスでもある。

2.7 現代観光の課題

インドネシアではバリ島以降もジャカルタでテロ事件が起き、SARSは台湾や香港系移民の多いカナダにまで被害が拡大した。特に香港におけるSARSの風評被害は深刻であり、観光客数の回復には長い月日が必要になった。教科書的な解釈になるが、先述のようにテロ対策にはその温床となっている貧困問題の解決が根本的に必要であり、SARS対策にはその病原の究明と効果的な治療法の開発が必要である。SARSを引き起こした原因の一つとして、野生動物の不十分な加熱調理が挙げられているが、もし本当だとすればエイズの時のように人間による自然環境への過度な介入が未知なる病原体を文明社会に広めた新たな例として位置づけることができるのではなかろうか。観光は複合的な産業であるため、観光に対する被害やその対処法もまた複合的にならざるを得ない。

バリ島のテロ事件や香港でのSARSは確かに不幸な出来事であったが、危機は最大のチャンスでもある。先程述べたように、もちろんこれらの不幸な出来事に対して、一方では長期的で根本的な対策を取っていかなければならない。しかし、それと同時にバリ島一極集中的なインドネシア観光の多角化や、渡航の自由化や検疫の強化を含めた中国観光における更なる近代化もまた、今後のアジア太平洋の観光を発展させるうえで大きな課題になるであろう。個人的な見解ではあるが、伝統的な観光大国であるフランスのように、マスツーリズムのみに傾斜しない、幅広い層の観光客をまんべんなく受け入れることのできる代替的な観光政策の構築が将来的には安定した観光産業の発展になると思われる。

【参考文献】

石毛直道 (1995)『食の文化地理』朝日新聞社
徳久球雄編 (1995)『食文化の地理学』学文社
チャン・ジェフユン他 (1999)『シンガポール航空・TQM 戦略のすべて』実務教育出版
加納敏幸 (1997)『交通天国シンガポール』成山堂書店
杉谷滋編著 (1999)『シンガポール清廉な政府・巧妙な政策』お茶の水書房

Part2
日本編

第3章

第二次世界大戦以前の観光政策

　本章は、世界的な近代化に伴う国際関係の変化を考慮に入れながら、日本における観光形態の通史的な変遷についてまとめたものである[注1]。たとえば、観光には各時代の社会情勢が映し出されているため、幕末から明治にかけての交通手段の急激な近代化は観光形態の劇的な転換として現れている。さらに、社交施設である鹿鳴館や宿泊施設である帝国ホテルは「欧米列強」に追いつくため、「世界の一等国」の威信として建築された。現在では気軽に行われている海外旅行もまた、帝国主義の時代には政治的な国威掲揚の意味合いが強かったのである。

3.1　旅と日本人の結びつき

　近代的な観光産業が発展する前から日本では様々な形態の旅があった。しかし、交通手段や旅の目的は時代によって異なっていた。古代から近世までは徒歩や馬、船など、交通手段が限られていた。さらに、江戸幕府による防衛や治安のための交通の制限は街道や船舶の効率化を意図的に妨げていた。

　古代の旅は朝廷や貴族達による政治支配の目的や中央政府と地方の往来、納税や貢ぎ物の運搬などのために行われた。中世になると商業の活性化と物流の活発化が顕著になり、公用の旅と商用の旅が共に盛んになった。近世における宿場町の多くは交通の意図的な制限によりかえって発達したが、大名に対する強制的な移動もまた宿泊業の発展をもたらしたと考えられる。参勤交代によって、人、情報、物の流通が活発になり、街道や宿場の発達が見られると共に、中央文化の地

注1　観光の世界史は以下の文献を参照されたい。徳久球雄他（2001）『地域・観光・文化』嵯峨野書院，53 − 72 頁。

方への伝播もまた著しくなった[注2]。

　旅行の発展には、為政者による上からの発展と、庶民による下からの発展がある。イギリスでグランド・ツアーが貴族中心からその他の富裕層に移り、さらに産業革命後に一般の市民がパッケージ・ツアーを楽しむようになったが、日本でも同様に寺社参拝は貴族（古代）や武士（中世）から一部の庶民（近世）へ対象が移っていった。伊勢神宮は室町時代の伊勢御師による宣教活動が行われていたが、近世になると世俗化し、伊勢参詣に名所旧跡巡りが加わった。経済的にさほど余裕の無い農民は「講」を取り組み、順番で旅が行われた[注3]。1718（享保3）年の伊勢山田奉行の報告によると、同年の1月から4月までの間に約42万7500人の参宮があったとされる。当時の人口は2000万人と推計されるため、いかに伊勢参りの人気が高かったのか想像できよう[注4]。伊勢の他にも、出羽三山（山形・秋田）や善光寺（長野）、熊野（和歌山）、宮島（広島）金毘羅（香川）などでも寺社詣でが行われた[注5]。

　療養が本来の目的である湯治もまた、本来宗教的な目的であった巡礼と同様に黙認されたため、江戸時代になると貴族や武士からそれ以外の人々へ大衆化していった[注6]。江戸の町人文化として普及した、寄席や芝居見物、花見、紅葉狩りなどもまた当時の観光資源として挙げられる。これらの旅行熱が原動力となり、欧米諸国とは異なった形態であるが、江戸時代にはすでに独自の宿泊業、運輸業、旅行代理業などの発展が見られた。

3.2　宿泊業とレジャー産業

　観光とは教科書的に言えば宿泊業や運輸業、旅行業などが複合的に結びついたものである。洋の東西を問わず、観光形態の変遷は通史的にある社会の背景を映し出してきた。観光研究の歴史を学ぶうえで基礎的な事項であるグランド・ツアーは18世紀後半のイギリスとヨーロッパ諸国の国際関係をあらわしており、マス

注2　同上，75頁。
注3　同上，76頁。
注4　今井誠則，山内義治（1999）『大衆観光の生態史』洪水社，183頁。
注5　同上，184頁。
注6　同上，193頁。

ツーリズムの発展も産業革命による近代化とともに進んでいった。

近代的な観光産業が発展する前から日本では様々な形態の旅があった。しかし、交通手段や旅の目的は時代によって異なっていた。古代から近世までは徒歩や馬、船など、交通手段が限られていた。さらに、江戸幕府による防衛や治安のための交通の制限は街道や船舶の効率化を意図的に妨げていたが、このことが結果として宿場町の発展につながった。つまり、江戸時代における宿場町の多くは交通の意図的な制限によりかえって発達し、大名に対する強制的な移動もまた宿泊業の発展をもたらしたと考えられる。参勤交代によって、人、情報、物の流通が活発になり、宿場の発達が見られると共に、中央文化の地方への伝播もまた著しくなった（徳久 2001：75）。

日本における旅は江戸時代にすでに大衆化が進んでいたが、幕末から明治にかけての開国とともに転機を迎えた。それまで長崎だけであった外国人居留地は横浜や函館などにも広がり、やがて日本に滞在する外国人の数も増加していった。そのため、日本国内に外国人を対象とした宿泊施設やレジャー施設が発展していった。欧米起源のスポーツは幕末の開国によって外国人居留地に導入された。1866（慶応 2）年に横浜の根岸に競馬場が整備され、1879（明治 12）年に馬術が学習院の正規科目になった（佐藤 2003：599）。ヨットも幕末に長崎でレースを行われていたとされるが、1859（安政 6）年に開港された横浜にもヨットが導入され、後に 1936（昭和 11）年に日本人向けの湘南ヨット倶楽部が葉山に結成されるまで同港はマリン・レジャーの中心地になった（佐藤 2003：607）。

幕末から外国人向けの宿はいくつかあったとされる。横浜では小規模なホテルの建設ブームが起こり、一説では 1860（万延元）年から 10 年間に 40 軒はどのホテルが誕生したとされる（富田 2003：18）。それらの中からグランドホテルやオリエンタルホテルなどのより本格的なホテルが生まれていった。時が明治に移ると海外からの来賓客用にホテルの建設が急務になったが、さらに横浜や神戸では公務や商務のため長期滞在する裕福な外国人の数も増加した。日本に滞在する外国人向けのリゾートホテルが京都や日光に建設され、箱根では 1878（明治 11）年 7 月に富士屋ホテルが開業した（永井 1998：157）。なお、富士屋ホテルは民間の経営であるが、単なる営利目的というよりむしろ外貨を獲得して国益のために役立つことを強く意識していたようである（富田 2003：156）。同ホテルは貴重な外貨の収入源であっただけでなく、日本のリゾート・ビジネスにおいてパイオニア

的な存在でもあった。富士屋ホテルは後に 1917（大正 6）年にゴルフコースを完成させ、1919（大正 8）年には観光バスの運行を開始した（永井 1998：159）。同ホテルは 1934（昭和 9）年に"We Japanese"と題した 400 頁もの英文書を発行し、日本文化を詳細に紹介するサービスを行うことにより、知識階級の外国人を顧客に取り込むことに成功した（富田 2003：152）。

　今でこそレジャー施設やホテルは娯楽のために作られるが、明治初期ではこれらの施設が政治の舞台として位置付けられていた。舞踏会外交で良く知られている鹿鳴館が 1883（明治 16）年 11 月に開館したが、小規模ながら宿泊施設が敷設されていた（永井 1998：186）。さらに、外国からの国賓の滞在先として、1890（明治 23）年に帝国ホテルが開業した（永井 1998：186）。これらの外国人向けの宿泊施設やリゾートはいわば国策的な色彩が強く、日本の近代化を外交的にアピールするために採算性を度外視して建設された（富田 2003：76 − 79）。西洋式のホテルは交通網の発達に伴って各地に増加したが、日本人の大衆層は旅館での宿泊が多数を占めていたため、初期の段階での主な利用者は外国人と一部の裕福な階級の日本人に限られていたとされる。

　他方、朝鮮半島や満州など、日本の植民地となった地域では、ホテルが植民地活動の一環として活用された。欧米列強が日本の鎖国を解く過程で実務的な理由からホテルを活用したが、植民地ホテルは権威の象徴としてモニュメント的に建設された。さらに、1912（明治 45）年に建設された釜山鉄道ホテルを皮切りに、朝鮮総督府鉄道局が直営するホテル網が広まっていった（富田 2003：207 − 208）。満鉄もまた 1908（明治 41）年開業の旅順ヤマトホテルや長春（1908 ＝明治 41 年）、奉天（1910 ＝明治 43 年）などにホテル網を展開していった（富田 2003：189 − 190）。

3.3　運輸業と観光地開発

　宿泊と同様に、交通網の整備もまた観光産業発展の上で欠かせない要素である。幕末から明治時代にかけて、日本における交通事情は大きく変化した。海運はペリー来航の 1853（嘉永 6）年に大船建造の禁が廃止され、軍事目的や貨物輸送の需要が増えた。外国から馬車が導入されたため、1869（明治 2）年に日本人によ

る馬車会社が設立され、さらにそれを模した人力車の営業が 1870（明治 3）年に開始された。1872（明治 5）年の鉄道の開業や 1903（明治 36）年のバスの開業に見られるように、動力装置を積んだ乗り物も交通手段として用いられるようになった（徳久 2001：77 － 78）。

　さらに、交通網の発展は日本各地に興味深い産品を生み出した。日本発の鉄道は横浜－新橋の区間で開通したが、明治の中期以降にさらに鉄道がひらけてくると、一般の日本人の間にも避暑旅行や温泉旅行などが身近になってきた。たとえば、1906（明治 39）年 7 月の『万朝報』紙面には松島や日光などの列車旅行の広告が掲載されていたとされる（有山 2002：21）。

　鉄道網の発達とともに旅客が増加し、明治 10 年代ごろから長距離を旅する人々の必要性から各地で駅弁が誕生した。駅弁の誕生には諸説あるが、上野駅（東京：1883 ＝明治 16 年）、宇都宮駅（栃木：1885 ＝明治 18 年）、横川駅（長野：1885 ＝明治 18 年）、高崎駅（群馬：1886 ＝明治 19 年）などが初期の駅弁発祥の地として知られている（徳久 1995：241）。

　現在では人気弁当として、ますのすし（富山駅）、イカ飯（森駅）、峠の釜飯（横川駅）、だるま弁当（高崎駅）、えぞわっぱめし（旭川駅）などが駅構内だけでなく、各地の物産展などで扱われるようになった。駅弁の食材は地域によって特徴がある。北海道や東北の太平洋側では鮭、貝、蟹などが多く使われるとされる。東北の日本海側では鶏、牛、豚など、東北南部では山菜の使用が多い。北陸や山陰などは赤海老やズワイ蟹、鯛などに特徴がある。本州太平洋側は鯛やアジ、ウナギ、瀬戸内海沿岸はアナゴ、九州は鶏といったように、各地で独自の食材の特徴が挙げられる（徳久 1995：257 － 259）。

　明治から昭和にかけての観光開発は、鉄道会社による役割が大きい。阪急グループの創始者である小林十三氏は 1907（明治 40）年の鉄道事業設立を皮切りに、その沿線に住宅地開発や余暇事業などを複合的に加える経営手法を確立した。さらに阪急は 1913（大正 2）年に宝塚で歌劇団の初公演を行なった。阪神もまた 1905（明治 38）年に三宮－出入橋沿線に海水浴場を設け、1907（明治 40）年に遊園地を開演した（永井 1998：21 － 22）。西武もまた沿線の総合開発を行ない、広大な用地の中にホテルやリゾート施設を複合的に作る手法である、いわゆる「ゾーン開発」を後に発展させるようになった（永井 1998：20）。五島慶太氏によって規模が拡大した東急もまた 1931（昭和 6）年 6 月に玉川ゴルフコースをオープ

し、1934（昭和9）年11月に田園テニス倶楽部を開業した（永井1998：45）。これらの私鉄による開発手法は戦後の観光開発でもしばしば見られる。

　日本における航空の歴史は意外と古く、1903（明治36）年のライト兄弟の初飛行からさほど年月が経っていない1910（明治43）年に外国製飛行機による日本初の飛行が行われ、翌1911（明治44）年には国産飛行機の開発[注7]さえ行われた。初期の航空機による運輸は現在とは異なっていた。空港の整備が不十分だったため、港湾を使った水上飛行機使用による定期航空路の開設が行われた。さらに、民間による市場が十分ではなかったため、政府の補助金や軍の協力が行われむしろ軍事目的のための急速な技術開発が進んだ[注8]。航空産業の民間利用が盛んになったのは戦後のことである。

　なお、交通網の整備と平行して、国家による優良な観光地の開発も重要視されるようになった。日本では、アメリカのイエローストーン国立公園（1872＝明治5年制定）をモデルに、1931（昭和6）年に「国立公園法」が成立した。1934（昭和9）年3月に3ヵ所（雲仙・霧島・瀬戸内海）、12月に5ヵ所（阿蘇・中部山岳・日光・阿寒・大雪山）の国立公園が指定された（加藤2000：47）。1936（昭和11）年にさらに4ヵ所（十和田・富士箱根・吉野熊野・大山）が加わり、第二次世界大戦の予算不足や人手不足にも関わらず、終戦直前の1944（昭和19）年まで国立公園業務が行われた（加藤2000：48）。

3.4　旅行業と観光政策

　幕末から明治時代にかけての観光開発が外国人向けに発展したように、日本における初期の国際観光はインバウンド中心に発展した。1893（明治26）年に喜賓会（WelcomeSociety）が設立され、外国人旅行者を迎える「漫遊」機関に位置付けられた。1912（明治45）年には喜賓会よりジャパン・ツーリスト・ビューローが編成され、JTBの前身になった。ジャパン・ツーリスト・ビューローはさらに組織変更され、1927（昭和2）年に（社）日本旅行協会が設立された。同協会は外国人旅行者のあっ旋業務を主に行ない、後に東亜交通公社、日本交通公社と変遷

注7　徳久（2001）『前掲書』77－79頁。
注8　同上、79－81頁。

した（進藤 1999：1 − 3）。1930（昭和5）年には鉄道省国際観光局が創設され、日本初の観光関連の中央行政機関になった。さらに、国際観光局の実施機関として 1931（昭和6）年に（財）国際観光協会が設立され、海外で観光宣伝を行った。しかし、戦時体制の強化とともに 1942（昭和 17）年に国際観光局が廃止され、国際観光協会も 1943（昭和 18）年に活動を停止した（進藤 1999：3 − 4）。

他方、戦前におけるアウトバウンド観光の発展は遅れた。1902（明治 35）年の海外旅券発券者数はのべ3万 2900 人であったが、そのうち仕事を伴わない「遊歴」はわずか 120 人（0.4％）に過ぎなかった（有山 2002：22）。先述の喜賓会に見られるように、政府による外国からの観光客誘致策は重点的に計画されていたが、日本人の大規模なアウトバウンド観光は当初想定されていなかったと思われる。しかし、国力の増加とともに日本人の海外旅行熱が高まっていった。

なお、明治期の国際観光の発展には経済的な要因とともに政治的な画策も指摘されている。現在では「観光は平和へのパスポート」と呼ばれるが、帝国主義の時代では戦争と観光が結びついていた。日清・日露戦争の結果、日本の版図が広がったが、これを契機にして 1906（明治 39）年6月 22 日に『大阪朝日新聞』と『東京朝日新聞』に韓国・満州旅行の募集広告が出された。第一面の半分を使った大型の社告によれば、この旅行の日数は 30 日であり、費用はランク別の最高 60 円から最低 15 円であった。当時の巡査の初任給は月俸 12 円とされたが、この企画は大反響であり、発表から5日のうちに 374 人の応募があったため早くも募集締め切りの社告を出した（有山 2002：1 − 2）。

マスコミの発達に伴い、明治中期ごろから各新聞社は博覧会や美術展などのイベントを人為的に作り出してきた。同時に、各新聞社は日清・日露戦争を通して韓国や満州の地名を頻繁に報道してきたため、朝日新聞社の企画旅行先は読者にとって馴染みのある地名だった（有山 2002：14）。朝日新聞社の海外旅行の企画では旅順や大連などの戦争と関係の深い場所をふんだんに取りいれ、「国民」意識に強く訴えることで参加者を募るとともに陸海軍のお墨付きも得たのである（有山 2002：44）。朝日新聞社の依頼により現地に詳しい軍人が随行され、「総指揮官」や「連隊長」など、旅行参加者の移動や宿泊に関する規律や用語は軍隊から借用された（有山 2002：66 − 67）。日清・日露の戦跡を同行した海軍軍人や現地駐在の陸軍軍人が地形を指しながら説明したため、旅行者達は大日本帝国の拡大のイメージを再認識することになった（有山 2002：75）。

朝日新聞社による満韓旅行のインパクトは大きく、加えて『東京朝日新聞』が同1906年6月27日に鹿児島中学の満韓旅行の記事を掲載したことにより、学生を対象とした海外団体旅行がブームになった。たとえば、大阪府では文部省通達を受けて、7月8日まで府下の満韓修学旅行希望を受けたが、その時点での希望校は15校、生徒367人、添乗の職員50人、医師が5名に膨れ上がったとされる（有山2002：35－37）。朝日新聞社の満韓旅行は7月25日に出発だったため、それに先駆けて東京高等師範学校や東京府立師範学校の学生が7月13日に満韓修学旅行に出発した。東海道線や1901（明治34）年に馬関まで直通した山陽線は日露戦争中兵員や物資輸送の大動脈であったが、以降満韓への修学旅行生を大量に運ぶことになった（有山2002：1－2）。

　帝国主義による領土拡大が旅行先を広げたのは日本に限ったことではない。むしろ海外に広大な植民地を築きあげたイギリスや他の欧米諸国の後を日本が追ったとも考えられる。トーマス・クックが作り出した近代的なパッケージ・ツアーの対象も、息子のジョンの世代になるとイギリス国内からアフリカ、インドへと広がり、最後には世界一周にまで至った（有山2002：15）。牧師出身で慈善的なトーマスと異なり、商才に長けたジョンは新たに得た植民地や植民地争奪に伴う戦跡を観光目的地として最大限に利用し、イギリス政府との関係を強めながら海外事業の拡大に努めたのである（蛭川1998：179）。

　満韓旅行の成功に続き、朝日新聞社は1908（明治41）年の元旦にトーマス・クック社との提携で世界一周旅行の企画を発表した（有山2002：90）。ガイド付き団体観光旅行の先駆者であるトーマス・クック社はすでに1872（明治5）年に世界一周旅行を組織しており、十分な実績があった。朝日新聞社はロンドン・タイムズと電報送受の契約を結び、その記念に大規模なイベントを開催し、欧米の大新聞と肩を並べたことを大々的にアピールすることを画策したのである（蛭川1998：196）。

　朝日新聞社の世界一周旅行にはハワイ経由の航路、アメリカ合衆国の横断、イギリスを初めとしたヨーロッパ各国の訪問、シベリア鉄道による帰路などが含まれていた。旅行期間が3カ月もかかり、総費用が2100円であったため、1906（明治39）年の警察官初任給が12円であることを考えると満韓旅行よりもさらに高額の旅行であった（有山2002：97）。この世界旅行が企画されるまで、日本は海外からの訪問者受け入れが顕著であったが、「欧米列強」と対等の「世界の一等

国」として日本を誇示したいという一種のナショナリズムを用いて参加を促した。54人の参加者は名所を見て回っただけでなく、旅行の服装にフロックコートや燕尾服が携帯されており、あらかじめ欧米の要人との面会の場面を想定されていた（有山2002：98）。

　しかしながら、日本の戦前の国際観光はインバウンド、アウトバウンド共に成熟していたわけではない。朝日新聞社主催の世界一周旅行が行われた翌年の1909（明治42）年の12月にアメリカから650人もの大規模な観光団が訪日したが、東京を含めた日本各地のホテル不足から、観光団をいくつかのグループに分け、日程をずらして日本国内を旅行させることになった（有山2002：144）。同1909（明治42）年にトーマス・クック社が単独で日本人対象の世界一周旅行を行おうとしたが十分参加者が集まらなかった。（有山2002：176－177）。つまり、当時は朝日新聞社の世界一周旅行のようにマスコミが大義名分をうたい、なおかつ料金を安く押さえなければアウトバウンドの日本人観光客が十分集まらなかったのである。「欧米列強」との張り合いは当時の日本にとって背伸びをしたものであったが、他方では韓国や靖国から有識者を呼び寄せ、他のアジア諸国よりは近代化が進んでいた日本の国力を見せ付けるための政治的な観光団も組まれていた（有山2002：156）。

【参考文献】

アエラムック（2002）『観光学がわかる』朝日新聞社
有山輝雄（2002）『海外観光旅行の誕生』吉川弘文館
ASAMIZU, Munehiko (2002) *Introduction to Multicultual Tourism*, Shinpusha, Tokyo
ASAMIZU, Munehiko (2003) *Introductory Reading for Tourism Research*, APU, Beppu
ASAMIZU, Munehiko (2004) *Introductory Reading for Contemporay Tourism*, APU, Beppu
今井誠則，山内義治（1999）『大衆観光の生態史』渓水社
蛭川久康（1998）『トーマス・クックの肖像』丸善
加藤則芳（2000）『日本の国立公園』平凡社
永井弘（1998）『戦後観光開発史』技報堂出版
岡本仲之編（2001）『観光学入門』有斐閣
佐藤大祐（2003）「明治・大正期におけるヨットの伝播と需要基盤」『地理学評論』76（8）：599 − 615
進藤敦丸（1999）『観光行政と政策』明現社
徳久球雄編著（1995）『食文化の地理学』学文社
徳久球雄他（2001）『地域・観光・文化』嵯峨野書院
富田昭次（2003）『ホテルと日本近代』育弓社

第4章

第二次世界大戦後の観光政策

　本章は現代の日本における国際的な観光政策を導いた観光関連の政策変遷を示すものである。日本における観光政策は頻繁に変わり、それぞれの政策間の一貫性に乏しい。観光政策は社会の状況によって変わるだけでなく、政府組織の改編や縦割り行政もまた継続した政策に対して弊害になっている。むろん社会の変化に対応した政策変更は望ましいことであるが、国民を十分考慮に入れない政治的なパワーゲームは観光客や観光産業にとって時に悪影響を及ぼす。

　日本人の渡航自由化にとって1964（昭和39）年の東京オリンピックは大きな転機であった。オリンピックに先駆け、1963（昭和38）年に「観光基本法」が制定された。第二次世界大戦直後、日本のアウトバウンド渡航は規制が強く、外貨持ち出しが制限され、許可される渡航目的も貿易や留学など日本経済に利益があるものであった。しかしながら、高度経済成長と先進国としての政府の面子が日本人の渡航自由化への規制緩和をもたらした。

　東京オリンピック後の渡航自由化はアウトバウンド観光のみを意図していたわけではない。自由化はインバウンドとアウトバウンドの平等な扱いを目指していた。しかしながら、円高は経済的に日本人をアウトバウンド観光に引きつけた。さらに、国内の観光産業に対する政府の規制や競争原理の少ない国内交通が日本人向けの国内観光を割高なものにした。

　日本には、高度経済成長期のうち、特に1960年代から70年代にかけて、国内観光大国化を促す、あるいは観光客の国際相互交流を行なえる機会があった。旧国鉄はオリンピックや1970年の大阪万博のために効果的な交通システムを整備していた。万博終了直後に旧国鉄はディスカバー・ジャパン・キャンペーンを行い、国内観光客の増加をもたらすうえで大きな成功を収めていた。国内観光のための新たなチャンスはバブル経済期の1980年代後半から1990年代初めに訪れ

た。1987（昭和62）年の「リゾート法」は日本各地に高価なリゾート施設をもたらしたが、官民共同の第3セクター方式で作られた高価な施設は国際競争力に欠けており、なおかつ不安定なバブル経済に支えられていた。

4.1　第二次世界大戦後における国内観光の復興

　日本における多くの産業は観光を含め、第二次世界大戦の戦火とともに大きなダメージを受けた。さらに、1945（昭和20）年9月に財閥解体が行われ、各地の有力ホテルもGHQの宿舎として接収された。しかし、旧体制の解体は新たな社会体制を生み出し、さらなる観光発展のための土壌となった。1946（昭和21）年のGHQによる皇族の財産上の特権剥奪により、旧皇族の多くは土地を手放したが、民間企業のホテルやリゾート開発にとって有利に働いた[注1]。たとえば、西武グループは大正時代から軽井沢の開発を進めていたが、1947（昭和22）年8月に取得した元朝香宮家の別荘は後にプリンスホテルになった[注2]。

　なお、政府が重化学工業を代表とする基幹産業の復興に力を入れていたため、第二次世界大戦後しばらくの間観光開発は民間主導で行われた。そのため、戦前の観光開発に鉄道会社が力を入れたのと同様に、戦後もまた東急や西武などの民間企業が宿泊業や旅行業の大規模な開発を行った。やがて池田内閣が1960（昭和35）年に閣議決定をした所得倍増計画を経て、同時に賃金の平準化も進んだことにより、レジャー需要の大衆化が進んだ[注3]。1960（昭和35）年1月に伊東ー下田間の鉄道建設が東急グループによって開始され、同時にホテルや別荘、ゴルフコースなどが作られた[注4]。1945（昭和20）年度に30カ所であったゴルフ場は1960（昭和35）年度には195カ所、1975（昭和50）年度には1093カ所に急増した[注5]。1911（明治44）年にオーストリアのレルヒ少佐によって紹介されたスキーもまた、戦後の進駐軍による登坂機導入により普及が進み、交通機関の整備

注1　永井弘(1998)『戦後観光開発史』技報堂出版,84頁。
注2　同上,70頁。
注3　同上,6頁。
注4　同上,67頁。
注5　同上,75頁。

にあいまって大量利用者の時代を迎えるようになった[注6]。

　観光の発展のためには交通網の整備が欠かせないが、第二次世界大戦後は航空産業の発展が著しかった。戦前に鉄道が国内観光の発展に寄与したように、航空技術の発展は国内外の観光発展に大きく貢献した。1951（昭和26）年に日本航空が設立され、占領軍であるアメリカ軍から民間へ空港の利用が変わった。さらに、プロペラ機からジェット機の時代へ変わり、大型ジェット機の登場と路線の拡大によって物理的には国内外の旅行を気軽に行なえる時代になった[注7]。外国人観光客によるインバウンド観光と日本人による国内観光は復興したが、アウトバウンド観光の発展のためには政府による観光政策の転換が必要であった。たとえば、日本交通公社は1948（昭和23）年11月にIATA（国際航空運送協会）の代理店として承認を受けたが、日本人の海外旅行がごく限られていたので、翌年度の取引件数はわずか15件だったとされる[注8]。

　戦後日本の復興のため、外貨、特にドルは貴重であった。そのため、海外への外貨持ち出しは政府によって厳しく制限されていた。海外旅行に必要な外貨を得るためには政府手持ちの「一般外貨」、あるいは輸出実績に応じた「特別外貨」の手続きを渡航審査連絡会に行なわなければならなかった[注9]。戦後の復興期に日本交通公社で海外添乗員を勤めた秋山和歩氏によると、当時の日本人海外旅行者には興味深いエピソードが挙げられている。たとえば、外貨申請は単身で行なうことになっていたため、5人以上の団体旅行を行なう時は出発まで別々に行動しているふりをすることがあったとされる[注10]。持ち出せる外貨が少なかったため、旅行者がレートの悪い闇ドルを集めたり、現地で換金が可能な金製品を身につけたりすることもあったという[注11]。さらに、余暇目的の旅ではなく、ビジネスや留学など日本にとって有益であると思われる渡航目的でなければならなかった。

注6　同上,76頁。
注7　德久球雄他(2001)『地域・観光・文化』嵯峨野書院,79-81頁。
注8　秋山和歩(1995)『戦後日本人海外旅行物語』実業之日本社,27頁。
注9　同上,47頁。
注10　同上,47頁。
注11　同上,72頁。

4.2 観光基本法と東京オリンピック

　第二次世界大戦直後の日本の観光政策は現在とは異なり、明治時代のようにインバウンド観光が中心であった。1945（昭和20）年に東亜交通公社から日本交通公社が編成されたが、上記のようにアウトバウンド業務は少なく、主な業務内容は外国人観光客の誘致であった。1946（昭和21）年に運輸省鉄道総局観光課が設置され、その後1949（昭和24）年に運輸省観光部になった[注12]。

資料4-1 通訳案内業法
（昭和24年6月15日法律第210号, 最近改正:平成14年12月18日法律第181号）

（目的）
第一条 この法律は、通訳案内業の健全な発達を図り、外客接遇の向上に資することを目的とする。
（定義）
第二条 この法律で「通訳案内業」とは、報酬を受けて、外国人に附き添い、外国語を用いて、旅行に関する案内をする業をいう。
（免許）
第三条 通訳案内業を営もうとする者は、国土交通大臣の行う試験に合格し、都道府県知事の免許を受けなければならない。

出典:総務省(2004)『法令データ提供システム』http://1aw.e-gov.go.jp.cgi-bin/idxsearch.cgi.

　観光関連法規もまた整備され、1948（昭和23）年には、主に国内観光向けに「旅館業法」や「温泉法」などが制定された。さらに、外国人観光法規の整備が進められ、1949（昭和24）年には「通訳案内業法」、「国際観光ホテル整備法」、「国際観光事業の助成に関する法律」などが次々と制定された（資料4-1および資料4-2）。通訳案内業とはいわゆる通訳ガイドの業務であり、戦後復興期のホテルは

注12 進藤敦丸(1999)『観光行政と政策』明現社,4頁。

戦前のように一般の日本人による利用がさほど多くなかった[注13]。1949（昭和24）年には観光事業審議会が設置され、後に1963（昭和38）年の「観光基本法」の設立とともに観光政策審議会になった[注14]。

資料 4-2 国際観光ホテル整備法
(昭和24年12月24日法律第279号, 最近改正:平成15年6月18日法律第96号)

> （目的）
> 第一条　この法律は、ホテルその他の外客宿泊施設について登録制度を実施するとともに、これらの施設の整備を図り、あわせて外客に対する登録ホテル等に関する情報の提供を促進する等の措置を講ずることにより、外客に対する接遇を充実し、もって国際観光の振興に寄与することを目的とする。
> （定義）
> 第二条　この法律で「ホテル」とは、外客の宿泊に適するように、造られた施設であって洋式の構造及び設備を主とするものをいう。
> 2 この法律で「ホテル業」とは、ホテルにより人を宿泊及び飲食させる営業をいう。
> 3 この法律で「旅館」とは、外客の宿泊に適するように造られた施設であってホテル以外のものをいう。
> 4 この法律で「旅館業」とは、旅館により人を宿泊及び飲食させる営業をいう。

出典:総務省(2004)『法令データ提供システム』http://1aw.e-gov.go.jp.cgi-bin/idxsearch.cgi.

　観光産業が発展するのに伴い、観光法規もさらに発展していった。観光法規の多様化として、1952（昭和27）年の「旅行あっ旋業法」(1971（昭和46）年に「旅行業法」へ変更）や同年の「航空法」などが挙げられる。1955（昭和30）年には

注13　富田昭次(2003)『ホテルと日本近代』青弓社,238頁。
注14　進藤(1999)『前掲書』4頁。

(財) 国際観光協会が設立され[注15]、後に（特）国際観光振興会（JNTO）になった[注16]。戦前は公的な役割が多かった日本交通公社はさらに組織改革を断行し、時代の推移に対応した業務展開を可能にするため、1963（昭和38）年11月に旅行業務の部門を株式会社にした[注17]。

資料4-3　観光基本法
（昭和38年6月20日法律第107号,最近改正:平成11年12月22日法律第160号）

> 前文:観光は、国際平和と国民生活の安定を象徴するものであって、その発達は、恒久の平和と国際社会の相互理解の増進を念願し、健康で文化的な生活を享受しようとするわれらの理想とするところである。
>
> 　また、観光は、国際親善の増進のみならず、国際収支の改善、国民生活の緊張の緩和等国民経済の発展と国民生活の安定向上に寄与するものである。
>
> 　われらは、このような観光の使命が今後においても変わることなく、民主的で文化的な国家の建設と国際社会における名誉ある地位の保持にとってきわめて重要な意義を持ち続けると確信する。
>
> 　しかるに、現状をみるに、観光がその使命を達成できるような基盤の整備及び環境の形成はきわめて不十分な状態である。
>
> 　これに加え、近時、所得水準の向上と生活の複雑化を背景とする観光旅行者の著しい増加は、観光に関する国際競争の激化等の事情と相まって、観光の経済的社会的存立基盤を大きく変化させようとしている。
>
> 　このような事態に対処して、特に観光旅行者の利便の増進について適切な配慮を加えつつ、観光に関する諸条件の不備を補正するとともに、わが国の観光の国際競争力を強化することは、国際親善の増進、国民経

注15　同上,4頁。(財)国際観光協会は戦前における鉄道省国際観光局の対外観光宣伝機関と同名であるが、戦後の組織は日本交通公社の海外宣伝部門が独立したものである。
注16　進藤 (1999)『前掲書』4頁。
注17　秋山 (1995)『前掲書』161頁。

> 済の発展及び国民生活の安定向上を図ろうとするわれら国民の解決しなければならない課題である。
> 　ここに、観光の向かうべき新たなみちを明らかにし、観光に関する政策の目標を示すため、この法律を制定する。
> 第一章　総則
> 第二章　国際観光の振興
> 第三章　観光旅行者の保護及び観光旅行に関する施設の整備等
> 第四孝　行政機関及び観光関係団体
> 第五章　観光行政審議会

出典:徳久球雄編（2002）『観光関連法規集』学文社,9頁。

　第二次世界大戦後の観光政策の大きな転換点として、東京オリンピックが挙げられる1959（昭和34）年4月に着工された東海道新幹線は、オリンピックの開催に合わせて1964（昭和39）年10月に開業した[注18]。戦前のみならず、高度経済成長を迎えるまでの日本は経済的に貧しく、海外旅行は外交やビジネスなどの「公」の旅であった。しかし、明治時代に「世界の一等国」を誇示するために国際観光を活用したように、オリンピックも国家の威信をかけたものであった。オリンピックにあわせて1963（昭和38）年に「観光基本法」が制定された。「観光基本法」とは、いわゆる観光行政の「憲法」的な法律である（資料4-3）。1964（昭和39）年に海外渡航の自由化が起こり、一人年間500ドル以内の外貨制限はあったが、ようやく名実ともに誰でも気軽に海外旅行を楽しめるようになった。

　東京オリンピックは国内観光の発展にもプラスに働いた。都内を中心にホテル・ブームが起こり、ホテルオークラ、ホテルニューオータニ、東京ヒルトンホテルなどの大型施設が次々と開業した。ただし、先述のように、戦後の観光開発は東京オリンピックまで政府にはさほど重視されてこなかった。政府は基幹産業の建て直しを重視していたため、交通業以外の観光部門は後回しにされたのである。東京オリンピックを視野に入れて建設されたホテルオークラは1962（昭和37）年5月に完成した[注19]。同ホテルは東京オリンピックが開かれた1964（昭和39）

注18　永井(1998)『前掲書』8頁。
注19　同上,212頁

年には、103カ国が参加したIMF（国際通貨基金）東京総会のメイン会場になった[20]。オリンピック開催直前の1964（昭和39）年9月にホテルニューオータニがオープンした[21]。スケールメリットと省力化を追求し、さらに各地にチェーン化を展開していった[22]。

なお、「観光基本法」の前文に見られるように、政府はインバウンド観光主体から国際理解のための相互交流へ観光政策を転換した。ただし、東京オリンピック後の日本人によるアウトバウンド観光客数は、後に述べるように急激に伸びることになる（表4-1）。

表4-1　訪日外国人旅行者数及び日本人海外旅行者数の推移

	訪日外国人旅行者数(千人)	日本人海外旅行者数(千人)
1965年	367	159
1970年	854	663
1975年	812	2,336
1980年	1,317	3,909
1985年	2,327	4,948
1990年	3,236	10,997
1991年	3,533	10,634
1992年	3,582	11,791
1993年	3,410	11,934
1994年	3,468	13,579
1995年	3,345	15,298
1996年	3,837	16,695
1997年	4,218	16,803
1998年	4,106	15,806
1999年	4,438	16,358
2000年	4,757	17,819
2001年	4,772	16,216

出典：国際観光振興会(2002)『日本の国際観光統計』
http://www.jnto.go.jp/info/html/h.html

注20　同上,213頁
注21　同上,221頁
注22　同上,228頁

4.3　バブル経済と大規模観光開発

　東京オリンピックだけでなく、1970（昭和45）年3月に開会式が行われた大阪万博やその後の国鉄によるディスカバー・ジャパン・キャンペーンも観光熱に刺激を与えた[注23]。整備が進んだ交通網と急増する観光客を基に、観光開発が進んでいった。1972（昭和47）年に田中角栄元首相が発表した日本列島改造論は土地投資に拍車をかけ、これがゴルフの大衆化とあいまってゴルフ場開発ラッシュが全国各地に起こった。1973（昭和48）年に104、1974（昭和49）年に154、1975（昭和50）年に166ものゴルフ場が開業した[注24]。なお、全国的な観光開発を行なうためには大都市圏と観光地との間の交通の確保が大切である。戦前の観光地開発では私鉄系のグループが自らの沿線を軸に開発を行なってきたが、戦後はより規模の大きい全国展開のために高速交通体系が重視された。そのため、東急グループは航空路を拠点に積極的な業務拡大を行ない、西武グループは新幹線の路線を重視して堅実で複合的な観光開発を行なった[注25]。さらに、1972（昭和47）年7月に対外不動産投資が自由化されたことは日本企業の海外観光開発の推進力になった[注26]。

　1973（昭和48）年10月のオイルショックは日本の高度経済成長に水を差したが、結果として重厚長大の産業からサービス産業への転換を早めることになった。さらに、1985（昭和60）年のプラザ合意は観光を含めた日本のサービス産業化を加速化した。プラザ合意時は日米間の貿易摩擦が激しかったため、日本は輸出抑制策として円高ドル安化と内需拡大に迫られた。しかし、円高ドル安は日本人のアウトバウンド観光客にとって割安感を生んだ。他方、内需拡大策の一環として金融緩和策が行われたが、リゾート・マンションやゴルフ会員権への投機を含む株や不動産への投資活動が活発になった。

　同時に、1987（昭和62）年6月に「総合保養地域整備法」（通称リゾート法）が制定され、「国民の自由時間の増大に対応して、国民誰もが利用できる総合保養地域を全国的に整備する」ことが旗揚げされた（資料4-4）。リゾート・マンション

注23　秋山 (1995)『前掲書』97頁。
注24　永井 (1998)『前掲書』112頁。
注25　同上, 128頁
注26　同上, 6頁

は 1987（昭和 62）年に 2672 戸であったものが、1990（平成 2）年には 1 万 6273 戸に急増した[注27]。テーマパークもまたディズニーランドの成功（1983=昭和 58 年）に続き、グリュック王国（1989=平成元年）やスペースワールド（1990=平成 2 年）、サンリオピューロランド（1990=平成 2 年）、ハーモニーランド（1991=平成 3 年）、ハウステンボス（1992=平成 4 年）などが次々と作られた[注28]。

なお、「リゾート法」によるバブル期の大規模な観光開発では、民間事業者の能力を活用した官民共同の第 3 セクター方式が取られた。第 3 セクターとは国や地方公共団体と民間企業の共同出資によって設立された事業体である。公共セクターの信用と民間セクターのノウハウなど、両者の長所を活用することを目的としていた。しかし、効率性に欠くことや責任の所在が不明確になることなどの問題点も指摘されている[注29]。さらに、政府の立場から見ると、「リゾート法」は国土及び国民経済の均衡ある発展を目指し、東京の一極集中の打開策としての意味合いもあった。そのため、「リゾート法」の特徴として、課税の特例や国や地方自治体による助成、農地や国有林の活用なども挙げられる[注30]。

資料 4-4 総合保養地域整備法
（昭和 62 年 6 月 9 日法律第 71 号，最近改正:平成 11 年 12 月 22 日法律第 160 号）

（目的）
第一条　この法律は、良好な自然条件を有する土地を含む相当規模の地域である等の要件を備えた地域について、国民が余暇等を利用して滞在しつつ行うスポーツ、レクリエーション、教養文化活動、休養、集会等の多様な活動に資するための総合的な機能の整備を民間事業者の能力の活用に重点を置きつつ促進する措置を講ずることにより、ゆとりのある国民生活のための利便の増進並びに当該地域及びその周辺の地域の振興を図り、もって国民の福祉の向上並びに国土及び国民経済の均衡ある発

注 27　同上,241 頁。
注 28　同上,241-242 頁。
注 29　徳久球雄編 (2002)『観光関連法規集』学文社,13 頁。
注 30　同上,13 頁。

> 展に寄与することを目的とする。
>
> （定義）
>
> 第二条 この法律において「特定施設」とは、次に掲げる施設（政令で定める公共施設であるものを除く。）であって前条に規定する活動のために必要なものをいう。
>
> 一 スポーツ又はレクリエーション施設
>
> 二 教養文化施設
>
> 三 休養施設
>
> 四 集会施設
>
> 五 宿泊施設
>
> 六 交通施設（車両、船舶、航空機等の移動施設を含む。第五条第二項第四号において同じ。）
>
> 七 販売施設
>
> 八 熱供給施設、食品供給施設、汚水共同処理施設その他の滞在者の利便の増進に資する施設
>
> 2 この法律において「特定民間施設」とは、特定施設であって民間事業者が設置及び運営をするものをいう。

出典:徳久球雄編（2002）『観光関連法規集』学文社,13頁。

　施行当時は評判が高かった「リゾート法」であるが、バブル後社会情勢が経済的に困難になったため、失敗するリゾートが続出した。市場規模よりも大掛かりなリゾートの運営経費は予算をオーバーすることが多く、市場原理にあわない高い使用料による消費者離れは計画の中止にもつながった。計画当初から十分に調査を行なわず、他県の真似や政治的な力学関係で安易に大規模な施設を建設する「箱物」主体のリゾート開発を行なったことが失敗の大きな要因の一つであると考えられる。リゾート開発の構想自体が白紙に戻ったものも少なくなく、1997（平成9）年4月時点でバブル期に計画された開発のうち、完成まで至ったものは15.5%に過ぎなかったとされる[注31]。

注31　永井(1998)『前掲書』243頁。

【参考文献】

秋山和歩 (1995)『戦後日本人海外旅行物語』実業之日本社
有山伸雄 (2002)『海外観光旅行の誕生』吉川弘文館
Asamizu,Munehiko(2002)*Introduction to Multicultual Tourism*, Shinpusha, Tokyo
朝水宗彦 (2001)『多文化社会オーストラリアにおけるエスニック・ツーリズム形成 過程に関する研究』くんぷる
蛭川久康 (1998)『トーマス・クックの肖像』丸善
堀貞一朗 (2002)『メイド・イン・ジャパンからウェルカム・ツー・ジャパンへ』プレジデント社
池上俊雄編 (1996)『観光法規資料集』高文堂出版社
今井誠則, 山内義治 (1999)『大衆観光の生態史』渓水社
加藤則芳 (2000)『日本の国立公園』平凡社
永井弘 (1998)『戦後観光開発史』技報堂出版
進藤敦丸 (1999)『観光行政と政策』明現社
徳久球雄編 (2002)『観光関連法規集』学文社
徳久球雄他 (2001)『地域・観光・文化』嵯峨野書院
宮田昭次 (2003)『ホテルと日本近代』育弓社

第5章

インバウンド観光政策の整備

　日本人の海外渡航は1987（昭和62）年のテンミリオン計画によって促された。同計画は観光客による外貨の消費によって日米貿易摩擦の緩和を試みていた。しかしながら、バブル経済の崩壊は状況を大きく変えた。日本企業によって設立された国内および国際的な高級リゾートの多くは経営破綻に陥った。インバウンド観光客の誘致のため、1996（平成8）年にウェルカムプラン21が外貨獲得と市民の相互理解を目的として導入された。さらにインバウンド観光客の誘致を促進するために、2003（平成15）年にはビジット・ジャパン・キャンペーンが導入された。

5.1　バブルの崩壊と国際観光政策

　東京オリンピック後の日本の観光における一つの大きな特徴はアウトバウンド大国へ急速に邁進したことであろう。海外旅行の需要増大には外貨持ち出し制限の撤廃や国連の国際観光年（International Tourist Year）、大量輸送と運賃の引き下げ，マスメディアによる情報なども追い風となった[注1]。国連は1967（昭和42）年を国際観光年と定め、スローガンを観光は平和へのパスポート（Tourism, Passport to Peace）とした[注2]。

　1971（昭和46）年6月に持ち出し外貨枠が3000ドルに緩和された[注3]。1973（昭和48）年2月に1ドル360円の時代が終わり、変動相場制に移った[注4]。海

注1　徳久球雄他 (2001)『地域・観光・文化』嵯峨野書院,82頁。
注2　今井誠則,山内義治 (1999)『大衆観光の生態史』渓水社,11頁。
注3　秋山和歩 (1995)『戦後日本人海外旅行物語』実業之日本社,99頁。
注4　同上,101頁。

第 5 章 インバウンド観光政策の整備

外渡航の自由化は高度経済成長の追い風を受け、1973（昭和 48）年 10 月のオイルショック後の産業転換さえもサービス産業である海外旅行を推進していった。航空輸送力が増えたため、アウトバウンド観光の拡大も相対的な関係で増加するようになった。1965（昭和 40）年に発売された「ジャルパック」のように航空会社が主導していた海外旅行も、新たに参入した大手代理店によってパッケージ・ツアーの企画が多数行われるようになった。1972（昭和 47）年 2 月に札幌冬季オリンピックが開催されたが、同年には近畿日本ツーリストの「ホリデイ」や日本旅行の「マッハ」などの海外旅行企画が相次いで商品化された[注5]。

なお、1980 年代のプラザ合意時は敗戦直後と異なり、外貨が余るようになった。1987（昭和 62）年 4 月には日本の外貨準備高が世界一位になり、円の力も強くなった。ブレトン・ウッズ協定（1944＝昭和 19 年）による IMF の固定為替相場制度（1947＝昭和 22 年）では 1 ドル 360 円であったが、ニクソン・ショックとスミソニアン協定（1971＝昭和 46 年）によって金とドルの交換が停止になり、新レートでドルが交換されるようになった。主要国の変動為替相場制移行は 1973（昭和 48）年ごろ行われ、円高ドル安傾向が続くようになっていたが、プラザ合意によって新たな局面を迎えた。1 ドル 240 円台から 120 円台への急激な円高は日本から見ると海外旅行が割安に感じさせるが、海外から見ると訪日が割高になった。

さらに、バブル期の 1987（昭和 62）年には海外旅行倍増計画（通称テンミリオン計画）が制定された。この計画の背景であるが、日本人の所得水準の向上や自由時間の増大、円高などに伴い、計画当時には 500 万人台の日本人による海外旅行あった。しかしながら、日本の海外旅行者の国民人口比はわずか 4％であり、イギリス（39％）や西ドイツ（34％）、フランス（16％）、アメリカ合衆国（12％）、オーストラリア（10％）など、他の先進国と比べるとはるかに低い水準であった[注6]。そのため、当時の政府は国際的な相互理解や国民の国際感覚の育成、諸外国の経済振興、国際収支のバランス改善などといった目的から海外旅行の促進を試みた。そして、先進国としての面目を保つために、日本人海外旅行者数を 5 年間で 1000 万人に増加させ、対人口比をせめて地理的条件が日本と似ている島大陸のオーストラリア並にしようと試みたのである。

注5　同上,99 頁。
注6　進藤敦丸 (1999)『観光行政と政策』明現社,47 頁。

資料 5-1 外国人観光旅客の来訪地域の多様化の促進による国際観光の振興に関する法律
（平成 9 年 6 月 18 日法律第 91 号）

（目的）
第一条 この法律は、外国人観光旅客が集中する地域以外の地域への外国人観光旅客の来訪を促進することが、我が国固有の文化、歴史等に関する理解及び外国人観光旅客と地域住民との交流を深めることによる我が国に対する理解の増進に資することにかんがみ、外客来訪促進地域の整備及び海外における宣伝、外国人観光旅客の国内における交通、宿泊その他の旅行に要する費用の低廉化、通訳案内その他の外国人観光旅客に対する接遇の向上等の外国人観光旅客の来訪地域の多様化を促進するための措置を講ずることにより、国際観光の振興を図り、もって国際相互理解の増進に寄与することを目的とする。

（定義）
第二条 この法律において「外客来訪促進地域」とは、我が国固有の文化、歴史等に関する外国人観光旅客の理解の増進に資する観光資源を有する観光地及び宿泊拠点地区が存在し、かつ、それらを結ぶ観光経路の設定により外国人観光旅客の来訪を促進する地域をいう。
2 この法律において「宿泊拠点地区」とは、外国人観光旅客の宿泊の拠点となる地区をいう。

（基本方針）
第三条 国土交通大臣は、外国人観光旅客の来訪地域の多様化を促進するための措置を講ずることによる国際観光の振興に関する基本方針（以下「基本方針」という。）を定めなければならない。
2 基本方針においては、次に掲げる事項について定めるものとする。
一 外国人観光旅客の来訪地域の多様化を促進するための措置を講ずることによる国際観光の振興に関する基本的な事項
二 外客来訪促進地域の整備及び海外における宣伝に関する事項
三 外国人観光旅客の国内における交通、宿泊その他の旅行に要する費用の低廉化に関する事項

> 四 通訳案内その他の外国人観光旅客に対する接遇の向上に関する事項
> 五 その他外国人観光旅客の来訪地域の多様化を促進するための措置を講ずることによる国際観光の振興に関する重要事項
> 3 国土交通大臣は、情勢の推移により必要が生じたときは、基本方針を変更するものとする。
> 4 国土交通大臣は、基本方針を定め、又はこれを変更したときは、遅滞なく、これを公表しなければならない。

出典:徳久球雄編(2002)『観光関連法規集』学文社,256頁。

　計画推進の施策として、長期休暇取得運動や観光促進のための海外ミッション派遣、政府や業界のハイレベル協議など、様々な海外旅行促進キャンペーンが実施された。

　海外観光開発や従業員の交流、安全対策など、海外における日本人観光客の受け入れ環境の改善も行われた。宣伝事業に支援し、海外修学旅行や免税枠の拡大などを行ない、海外旅行促進の環境整備も試みた。政府の規制緩和に伴う航空会社の顧客獲得競争もまた日本人の海外旅行熱を高める大きな要因になった。割引運賃の設定や地方空港からの国際便の離着陸など、航空輸送の整備もされた。豪華クルーズなどの外交客船旅行が促進された。テンミリオン計画を民間サイドから支援するために、1987(昭和62)年に海外旅行促進フォーラムが設立された。同フォーラムには旅行業者や航空会社、観光投資会社、地方公共団体、外国政府観光機関等が会員になっていた[7]。

　しかしながら、バブル経済の崩壊はアウトバウンド主体の国際観光政策にとって大きな転機になった。東京オリンピック以降の日本の観光は外貨流出をもたらすアウトバウンドに偏っていたが、再びインバウンド観光に力を入れ直したのである(資料5-1)。インバウンド観光の促進策の一つとして、1996(平成8年)の訪日観光交流倍増計画(通称ウェルカムプラン21)が挙げられる[8]。

注7　同上,48頁。
注8　同上,51頁。

5.2　インバウンド政策の重視

　なお、ウェルカムプラン 21 の実施にはいくつかの理由がつけられている。まず、相互的な平和交流を行なうための国際的な基盤を強化する必要があった観光は「平和へのパスポート」と呼ばれてきたが、冷戦後の国家安全保障のために諸国の友好関係は重要であった。しかし、1995（平成 7）年の時点では、本人海外旅行者数 1530 万人に対し、訪日外国人旅行者数はわずか 335 万人しかおらず、日本人海外旅行者数の 5 分の 1 に過ぎなかった。日本におけるインバウンド観光の不振は地理的な不便さで片付けられてきたが、訪日外国人旅行数の水準は他のアジア諸国が着実に増加傾向であるため、日本の観光政策の力不足が否めない。そのため、外国人観光客誘致対策として、2005 年に 700 人の外国人旅行者を受け入れるという数値目標が立てられた[注9]。

　日本におけるインバウンド観光のもう一つの理由として、物価の高さがしばしば挙げられている。しかし、バブル以降の空港施設料や鉄道運賃は他のアジア諸国よりは割高であるが、他の先進国と同水準であるとされる。それにも関わらず、日本の旅行が割高に感じられるのは、外国人向け宿泊施設のバリエションの幅が狭いことが理由の一つであろう[注10]。つまり、平準的な料金とサービスだけでなく、高い料金であるが素晴らしいサービスを提供する VIP 用の施設から必要最低限のサービスを安く提供する大衆的な施設までの各層を充実させ、さらにアピールしていくことが肝要であろう。

　さらに、経済大国から身近な親しい国へという日本のイメージ戦略も重要であろう。そのためには、自然、芸術、文化等を背景とした伝統美や祭り、料理といった観光イメージづくりが重要である。地方圏への観光客誘致と地元の活性化も必要であるが、外国人観光客の東京一極集中は成田から地方への不便なアクセスが大きな課題になっていた。関空のハブ空港体制化や地方空港の国際化も解決策であった。さらに、製造業の海外立地による空洞化が進んでいる地方にとって、地域の産業・所得・雇用への波及効果が期待されていた[注11]。　ウェルカムプラン 21

注9　同上,53 頁。

注10　堀貞一朗 (2002)『メイド・イン・ジャパンからウェルカム・ツー・ジャパンへ』プレジデント社,73-80 頁。

注11　進藤 (1999)『前掲書』52 頁。

では1994（平成6）年に施行された「国際会議等の誘致の促進及び開催の円滑化等による国際観光の振興に関する法律」（いわゆるコンベンション法）の活用も検討された（資料5-2）。

資料5-2 国際会議等の誘致の促進及び開催の円滑化等による国際観光の振興に関する法律
（平成6年6月29日法律第79号,最近改正:平成14年12月18日法律第181号）

（目的）
第一条 この法律は、我が国における国際会議等の開催を増加させ、及び国際会議等に伴う観光その他の交流の機会を充実させることが、外国人観光旅客の来訪の促進及び外国人観光旅客と国民との間の交流の促進に資することにかんがみ、国際会議等の誘致を促進し、及びその開催の円滑化を図り、並びに外国人観光旅客の観光の魅力を増進するための措置を講ずることにより、国際観光の振興を図り、もって国際相互理解の増進に寄与することを目的とする。

（定義）
第二条 この法律において「国際会議等」とは、会議、討論会、講習会その他これらに類する集会（これらに付随して開催される展覧会を含む。）であって海外からの相当数の外国人の参加が見込まれるもの並びにこれらに併せて行われる観光旅行その他の外国人のための観光及び交流を目的とする催しをいう。

出典:総務省（2003）『法令データ提供システム』http://1aw.e-gov.go.jp.cgi-bin/idxsearch.cgi.

（特）国際観光振興会（JNTO）による海外宣伝戦略もバブルの頃と比べると向上した。方面別のマーケティングに注目し、欧米諸国にはビジネス・歴史・料理等、アジア諸国には近代都市・自然・テーマパーク等にターゲットを絞り込んだ宣伝活動を行なうようになった。さらに、利便性の向上のため、交通機関や宿泊等の低廉化、コンベンションやイベントの支援、観光案内所の機能向上、外国語標識の充実、善意通訳の組織化支援、査証発給の簡素化などを試みた[注12]。

注12 同上,54頁。

さらに、新たなインバウンド政策として、2003 (平成 15) 年にはビジット・ジャパン・キャンペーンが導入された (資料 5-3)。これは年間 20 億円規模の 5 カ年計画であり、日本の観光行政上まれに見る大規模な訪日外国人誘致策である。しかし、キャンペーン開始時期が SARS 騒動と重なり、受け入れ対象地域が限定されてしまう不運に見舞われた。テロや疫病などに対するリスク・マネージメントに加え、ごく基本的な通常業務の整備も重要である。上記の利便性向上に関連するが、日本における 2001 年 4 月時点での通訳ガイドの免許取得者が英語でさえ 6000 人程度であり、十分な数を確保されていないことも早急に改善すべき問題であろう[注13]。

資料 5-3 ビジット・ジャパン・キャンペーンの概要

ビジット・ジャパン・キャンペーン実施の経緯

国土交通省では、「経済財政運営と構造改革に関する基本方針 2002」(平成 14 年 6 月 25 日閣議決定) に基づき、外国人旅行者の訪日を促進する「グローバル観光戦略」を関係府省と協力して策定し、平成 14 年 12 月 24 日の閣僚懇談会において、国土交通大臣がその旨発表いたしました。

本戦略は、日本人の海外旅行者が約 1,600 万人であるのに対して、我が国を訪れる外国人旅行者は、その 3 分の 1 以下である約 500 万人に過ぎないことから、その格差をできる限り早期に是正しようとするものです。

本戦略の中の一つに挙げられている、「外国人旅行者訪日促進戦略」の一つとしてビジット・ジャパン・キャンペーンを実施いたします。そのために、政府においては関係府省及び自治体、民間企業等が官民一体となって推進する母体「グローバル観光戦略を推進する会」を 3 月 26 日

注 13 堀 (2002)『前掲書』100-103 頁。2001 年 4 月 1 日現在における通訳案内業免許取得者の語学別内訳は以下のとおりである (単位:人)。ただし、1 人で 2 カ国語以上の免許を取得している者は語学ごとに 1 人と計上する。英語 (5,842) フランス語 (414) スペイン語 (440) ドイツ語 (370) 中国語 (647) イタリア語 (82) ポルトガル語 (51) ロシア語 (165) 朝鮮語 (345)

> に開催し、ビジット・ジャパン・キャンペーン実施本部が立ち上げられ
> ました。これを受けて4月1日に実施本部事務局が開設され、「2010年
> に1,000万人の訪日外国人誘致」を実現するために動き出しました。
>
> ビジット・ジャパン・キャンペーン実施本部について
>
> 実施本部は、国土交通大臣を実施本部長、（社）日本ツーリズム産業団体連合会（TIJ）会長、国土交通副大臣、（社）日本観光協会会長、国際観光振興機構理事長を副本部長とし、計55の団体・企業の代表者で構成されています。

出典:VJC実施本部編（2003）『ビジット・ジャパン・キャンペーンについて』
http://www.vic.jp/jp/aboutvic.html

5.3　観光政策の課題

　3章および4章では、日本における観光政策の移り変わりを概観的に見てきたが、現在に通じる特徴をいくつか示すことができる。まず、日本における国際観光の発展には政治的な見栄と経済的な実状が見え隠れしている。「世界の一等国」を目指した明治時代だけでなく、東京オリンピック期の観光政策もまた「先進国」への復帰をアピールすることがアウトバウンド政策において顕著であった。さらに、テンミリオン計画では他の「先進国」とアウトバウンド旅客数を競ったが、バブル経済の崩壊後はインバウンド観光によって外貨収入を補うウェルカムプラン21やビジット・ジャパン・キャンペーンを導入し、実情にあった政策路線に戻りつつある。

　観光政策における国や地方自治体の面子は国際観光だけでなく、国内観光でも見られる。「リゾート法」によるリゾート運営の失敗もまた、住民が本当に望むものよりも他県に対する体裁や一部の人々の利害関係から「箱物」の建設を重視したことが大きな要因であろう。面子を重視する国や地方自治体に対し、民間による観光開発はより堅実であった。移り気な政府の観光政策に便乗するしたたかさ

を持っている反面、交通路の整備とともに観光開発を総合的に行なう堅実性を兼ね備えていた。鉄道会社による明治時代や第二次世界大戦直後のリゾート開発は現代の経営手法と比較しても十分評価に値するだろう。温故知新のことわざのように、前に取り上げた通史的な諸事例は過去の遺物ではなく、現代の日本の観光政策を長期的視野に立って考えるうえで重要な指針になりえよう。

現在の日本は行政改革が進み、政府の組織が独立行政法人化しつつある。日本の国際観光政策の中心的な役割を演じてきたJNTOも2003（平成15）年10月に独立行政法人化し、組織自体が現実的な対応を考慮する立場に置かれた[注14]。さらに、博物館や大学といった独立行政法人化した文教施設やかつて公的な経営だった宿泊施設もまた民間の現実的な手法を取り入れる必要性が生まれてくると思われる[注15]。

ビジット・ジャパン・キャンペーンの効果は未知数であるが、明治政府が対外的な日本のアピールと自国民の国威掲揚を目的とした国際観光の発展のために苦慮したように、現在の観光政策も短期的に効果のあがるものではなかろう。民間企業が長い年月をかけて業務を拡大してきたように、訪日外国人誘致策の成功のためには地道で継続的な活動が今後必要になってくると思われる。

注14 　JNTOの独立行政法人化に関する報告書はネット版も公開されている。JNTO(2003)『JNTOの組織と事業活動』http://www.jnto.go.jp/info/pdfs/sosikitokatsudou.pdf.

注15 　健全な経営を行うために外貨が重要なのは観光行政のみではない。少子化に悩む大学もまた留学生による外貨が大きな収入源であり、国立大学の独立行政法人化に伴ってこの傾向はより顕在化すると思われる。詳しくは以下の文献を参照されたい。朝水宗彦(2004)「大学冬の時代と留学生」『西洋史』第15号,35-38頁。

第 5 章 インバウンド観光政策の整備

【参考文献】

秋山和歩 (1995)『戦後日本人海外旅行物語』実業之日本社
有山輝雄 (2002)『海外観光旅行の誕生』吉川弘文館
朝水宗彦 (2004)「大学冬の時代と留学生」『西洋史』第 15 号,35-38 頁
朝水宗彦 (2001)『多文化社会オーストラリアにおけるエスニック・ツーリズム形成 過程に関する研究』くんぷる
蛭川久康 (1998)『トーマス・クックの肖像』丸善
堀貞一朗 (2002)『メイド・イン・ジャパンからウェルカム・ツー・ジャパンへ』プレジデント社
池上俊雄編 (1996)『観光法規資料集』高文堂出版社
今井誠則, 山内義治 (1999)『大衆観光の生態史』渓水社
加藤則芳 (2000)『日本の国立公園』平凡社
永井弘 (1998)『戦後観光開発史』技報堂出版
進藤敦丸 (1999)『観光行政と政策』明現社
徳久球雄編 (2002)『観光関連法規集』学文社
徳久球雄他 (2001)『地域・観光・文化』嵯峨野書院
富田昭次 (2003)『ホテルと日本近代』青弓社

第6章

日本における持続可能な観光政策

　地球サミット以降世界各地で持続可能な観光が広まりつつある。日本でも持続可能な観光が普及しつつあるが、世界的な潮流に呼応している面と国内の社会変動に対応している面が両方考えられる。特に、バブル経済の破綻と「リゾート法」による開発の失敗は反面教師として観光政策を考えるうえで語り継がれることになろう。本章ではポスト・バブル経済における観光政策として、政府が推進する「グリーンツーリズム法」から地方自治体による独自の取り組みまで、政策の変遷を持続可能性の視点からまとめていきたい。

6.1　政策形成の背景

　本章のキーワードの一つである「総合保養地域整備法」（通称「リゾート法」）は第二次世界大戦後の観光政策を語る上で大きな分岐点となった。同法は「観光基本法」以来のマス的な観光政策の総仕上げとも考えられるが、同法に基づくリゾート開発の破綻は右肩上がりの経済成長期とは異なる観光開発のあり方を考える重要な機会になった。他方、もう一つのキーワードである「農山漁村滞在型余暇活動のための基盤整備の促進に関する法律」（通称「グリーンツーリズム法」）は新たな観光形態を模索するうえで重要な指針の一つになった。

6.2　リゾート法の成立と破綻

　リゾート法は環境破壊の面と経済的な破綻を引き起こした面から批判されているが、それ以前から大規模なリゾート開発はあった。1972（昭和47）年に田中角栄首相（当時）が発表した「日本列島改造論」は土地投資に拍車をかけ、これが

第 6 章 日本における持続可能な観光政策

ゴルフの大衆化とあいまってゴルフ場開発ラッシュが全国各地に起こった[注1]。

1973（昭和48）年10月のオイルショックは日本の高度経済成長に水を差したが、1985（昭和60）年のプラザ合意時に日本は輸出抑制策として円高ドル安化と内需拡大に迫られた。内需拡大策の一環として金融緩和策が行われたが、リゾート・マンションやゴルフ会員権への投機を含む株や不動産への投資活動が活発になった。同時に、1987（昭和62）年6月にリゾート法が制定され、「国民の自由時間の増大に対応して、国民誰もが利用できる総合保養地域を全国的に整備する」ことが旗揚げされた[注2]。

なお、リゾート法によるバブル期の大規模な観光開発では第3セクター方式が取られた。第3セクターは国や地方公共団体と民間企業の共同出資によって設立された事業体であり、公共セクターの信用と民間セクターのノウハウなど、両者の長所を活用することを目的としていた[注3]。

しかし、施行当時は評判が高かったリゾート法であるが、バブル経済崩壊後の社会情勢が経済的に困難になったため、多くの計画が苦境に陥った。経費が予算をオーバーすることが多く、高い使用料による消費者離れは計画の中止にもつながった。リゾート開発の構想自体が白紙に戻ったものも少なくなく、1997（平成9）年4月時点でバブル期に計画された開発のうち、完成まで至ったものは15.5%に過ぎなかったとされる[注4]。

リゾート法による開発の破綻にはいくつかの要因があるが、第一に同法自体の欠陥が挙げられる。傾斜が急でボールが止まらないゴルフ場や、特別天然記念物の生息地で開発できない地域に開発許可を出すなど、ずさんな初期計画の審査が行われていた。個別の無理な計画だけでなく、国土の20%も開発許可を出した時点で、過剰な競争によるリゾートの共倒れが想像できたであろう[注5]。

第二に、先述のように第3セクターによる経営のまずさも挙げられる。いわゆる「箱物」と呼ばれる大型施設の建設が盛んに行われたが、施設を維持するための手法が乏しかった。第3セクターによる経営失敗の理由として、流動的な客の

注1　永井弘（1998）『戦後観光開発史』技報堂出版、6頁。
注2　同上、241頁。
注3　徳久球雄（2002）『観光関連法規集』学文社、13頁。
注4　永井『前掲書』243頁。
注5　塩田正志（1999）『観光学研究II』学術選書、178頁。

心理をつかめなかったこと、利用すると思われる客層の絞込みの甘さ、よく働きよく遊ぶから癒し社会への変化、リピーターの不足、長期滞在者の不足などが挙げられる。民間の宿泊業者がリピーターや長期滞在者に対して割引特典を行っているように、一般的に宿泊産業では高価格の短期滞在で稼働率を下げるよりも価格を下げて稼働率を上げるほうがリスク回避につながるとされる。航空産業でも同じような傾向があり、オフピークにディスカウント・チケットを多発するのは空席で飛行機を飛ばすよりも損失を少なくするためである。さらに、国によって長期休暇の時期が違うので、利用客の出身国を多様化することはオフピーク期の運営リスクを回避する有効な手段であるが、優良な民間企業とは異なり、第3セクターの多くは国際的な経営感覚にも欠けていたと思われる。

6.3 第3セクターによる失敗例

　第3セクターによるリゾート開発の失敗例としてしばしばシーガイアが挙げられてきた。つまり、第3セクターの盲点として、収益性に無頓着な官とあいまいな責任で官の威を借る民の関係が挙げられ、本来優秀な経営者であっても陥りやすい落とし穴として採算性を無視した過度な初期投資が指摘されてきた。さらに、バブル経済の崩壊は土地を担保にしたメインバンクの破綻を引き起こし、運営資金の調達が困難になった。バブル期の融資はいわば「土地本位制」であり、融資先が破綻しても担保の土地の転売により金融機関は損をしない構造になっていた。リゾート法によるリゾートの乱立は結果として需要＜供給の状態を引き起こしたが、典型的なバブル期の経営方法は巨大な観光地の設置が観光市場を新たに創出するという積極策であり、今の感覚で考えるとリスクの大きいものであった。

　しかし、バブル崩壊後の経済的な環境は厳しかった。正攻法の経営はおそらく緻密なマーケット調査→観光市場に応じた設備の建設→経営の黒字や市場が広がった時に随時設備の拡大という順序で行うものであろう。基本的な需要と供給の経済原理は単純化すると高い価格設定→狭い消費層→利用者の減少という関係と安い価格設定→広い消費層→利用者の増加という関係が対になっている。そのため、シーガイアのような「高級リゾート」市場には限界があり、現実的には短期滞在型ならば高い価格でも十分な消費者層が存在するが、長期滞在型ならば低い価格

に設定する必要がある。そのため、不況下の日本では東横インのように低価格で短期滞在型の宿泊施設が堅実であるといえよう。

ただし、閉鎖や計画中止になった多くのリゾートと異なり、シーガイアは無策だったわけではない。シーガイアでは台湾や韓国からの観光客誘致に力を入れ、困難な状況を打開しようと試みた。しかし、外国人観光客が増えても、あまりにも巨大な初期投資で年々拡大する利子の返済に追われたことと、元々の経営プランが高額な料金設定をベースに作られていたのでディスカウント料金の宿泊収入程度では焼け石に水の状態であったため、赤字が解消されなかった。ただし、個人的見解では、維持管理費用のかかる箱物を眠らせておくよりも、ディスカウント料金でも稼働率を上げるほうが賢明な選択であったと思われる。他方、適切な段階で赤字の施設や部門を切り離すという業務縮小とリストラ策も一般の民間企業なら行えたであろう。結局シーガイアは後にシェラトン系の経営母体によって運営されるようになったが、外資によるいわゆる「買い叩き」は現実的な価格の購入であった。

6.4　第3セクターによる成功例

上記のように、日本では多くが失敗に終わった第3セクターによるリゾート開発であるが、運営次第では成功を収める。たとえば、スペインのタラムンディ町の観光開発が第3セクターの成功例として挙げられる。同町は山がちな過疎地域で人的資源が不足しており、病院や中等教育も不備であった。しかし、国立高等学術研究院が調査を行い、第1段階の開発として政府によるインフラ整備と既存の施設、地元文化の活用策が行われた。第2段階として観光中核施設の発展と小規模な民間投資の誕生が見られ、宿泊・飲食施設の水準の向上、地元手工芸品の商品化、ルーラル・ツーリズムの教育コース設立などが行われた。第3段階として町全体の活性化とモデルケースとしての知名度アップやアストウリアス州全体への波及効果、州全体での宿泊施設の増大、特産の農産物の加工販売などが起こった注6。

成功パターンを簡潔にまとめると、政府による科学的な市場調査→政府による

注6　徳久球雄他編（2001）『地域・観光・文化』嵯峨野書院，126 − 130 頁。

最低限の関与と適正規模の開発→民間による小規模な経営と小規模な投資→より規模の大きな経営と人材の育成→州や国家規模の経済波及効果といういくつかの段階を一歩ずつ踏んでいる。日本の場合は同じ第3セクターでも、調査が不十分な段階での政府の介入→官民の責任があいまいな巨大リゾート開発→現実の市場経済に適合しないで経営破綻という異なったプロセスを踏んだ。さらに、日本の場合は全国一律の基準も中央集権的な官僚制度の弊害であろう。リゾートの開発地域は県や地方自治体によって条件が違うので、それぞれの地域にあった観光政策が必要である。スペインのタラムンディの事例が成功したのは地域性を十分に考慮したことも要因に含まれる。

　日本で第3セクターの多くが失敗したその他の要因として官僚の硬直性も挙げられる。いくつかの欧米諸国では政権が変わると省庁も変わるのに対し、日本の官僚制度は硬直的であったので業界や外郭団体との利権が結びつきやすかった。加えて、欠陥計画であっても利権の絡む国内のプロジェクトは、一度動いたならば、なかなか止まらなかった。逆に1980年代のオーストラリアのクイーンズランド州における観光開発は今からみると環境保護の面で評判が悪そうだが、初期段階では開発が遅れた遠隔地域にいわゆる「土建屋開発」を外部から導入し、リゾート運営が安定した1990年代に地元の人的資源を活用できる「持続可能な開発」に素早く切り替えたことは地域性をうまく生かした開発として再評価できるかもしれない[注7]。

　なお、日本における第3セクターはすべて失敗したわけではない。たとえば滋賀県長浜市の黒壁ガラス館が同方式による地域活性策の成功例としてしばしば取り上げられている。1989（昭和63）年4月に設立された同館は1990（平成2）年度の訪問客数が9万8000人であったが、順調に発展を続け、2002（平成14）年度には210万7000人に達した。新規の大規模開発ではなく、再開発であったため初期投資が少なく、しかも特徴ある地元の産品をうまく活用したことが成功の大きな要因であろう[注8]。

注7　朝水宗彦（2001）『多文化社会オーストラリアにおけるエスニック・ツーリズム形成過程に関する研究』くんぷる，150頁。

注8　KUROKABE.INC（2002）『黒壁ガラススクエアー』http://www.kurokabe.co.jp/

6.5　持続可能性と地域密着型開発

　バブル期に日本各地で大規模なリゾート開発熱に取り付かれていた頃、世界的にはマスツーリズムがもたらすさまざまな弊害から、アンチテーゼであるオールタナティブ・ツーリズムへの転換が進みつつあった。特に1992（平成4）年の地球サミット以降、持続可能な開発のコンセプトを取り入れたサステイナブル・ツーリズムが急速に広まった。持続可能な観光形態として、エコツーリズムが代表的であるが、ヘリテージ・ツーリズムやグリーンツーリズムなどもこの形態に含まれる。

　ヘリテージ・ツーリズムとは文化遺産や自然遺産を観光に取り入れた形態であるが、特に世界遺産は有力な観光地になっている。世界の文化遺産及び自然遺産の保護に関する条約」（通称「世界遺産条約」）は1975（昭和50）年に制定された。世界遺産条約は地球サミット以前からあったが、日本の場合は条約加盟が遅かったので遺産の保護と持続可能なコンセプトが同時期に普及するようになった。日本は1992（平成4）年に条約に加盟し、翌1993（平成5）年に法隆寺と姫路城が世界文化遺産に登録され、白神山地と屋久島が世界自然遺産として選定された。

　さらに、もう一つの流れであるが、「グリーンツーリズム法」が1994（平成6）年に制定された（資料6-1）。グリーンツーリズムが国政レベルで普及した社会背景には、ドイツにおける農村整備やフランスのエコミュージアム構想などがあり、これらの新たな観光形態を農林水産省が参照したとされる。同法の目的として、「農村滞在型余暇活動に資するための機能の整備」、「都市の住民が余暇を利用して農山漁村に滞在」することによる交流、経済的・文化的な側面を含んだ「農山漁村地域の振興」などが挙げられている。同法の特徴には、農林水産省と市町村による協定や農地を利用した観光開発を推進するための農用地区設定の特例、地方公共団体を含んだ政府の援助がある[注9]。

　しかしながら、グリーンツーリズムに向けての運動は国政レベルの前にローカルなレベルですでに行われていた。たとえば大分県安心院町ではグリーンツーリズム法が制定されるのよりも早く1992（平成4）年に「アグリツーリズム研究会」が設立されていた。1996（平成8）年に同町は農林水産省の「モデル整備構想策

注9　徳久（2002）『前掲書』17頁。

定事業」のグリーンツーリズム普及推進拠点にされたが、同研究会は同年に「グリーンツーリズム研究会」に名称を変更し、町恒例の「ワイン祭り」において農村民泊もまた試験的に行われた。グリーンツーリズムへの取り組みは町政レベルに浸透し、翌1997（平成9）年に安心院町がグリーンツーリズム推進協議会を設立し、2001（平成13）年には同町にグリーンツーリズム推進係が設置された[注10]。

資料6-1　農山漁村滞在型余暇活動のための基盤整備の促進に関する法律
（平成六年六月二十九日法律第四十六号）

（目的）
第一条　この法律は、農村滞在型余暇活動に資するための機能の整備を促進するための措置等を講ずるとともに、農林漁業体験民宿業について登録制度を実施すること等を通じてその健全な発達を図ることにより、主として都市の住民が余暇を利用して農山漁村に滞在しつつ行う農林漁業の体験その他農林漁業に対する理解を深めるための活動のための基盤の整備を促進し、もってゆとりのある国民生活の確保と農山漁村地域の振興に寄与することを目的とする。

（定義）
第二条　この法律において「農村滞在型余暇活動」とは、主として都市の住民が余暇を利用して農村に滞在しつつ行う農作業の体験その他農業に対する理解を深めるための活動をいう。
2　この法律において「山村・漁村滞在型余暇活動」とは、主として都市の住民が余暇を利用して山村又は漁村に滞在しつつ行う森林施業又は漁労の体験その他林業又は漁業に対する理解を深めるための活動をいう。
3　この法律において「農用地等」とは、農業振興地域の整備に関する法律（昭和四十四年法律第五十八号）第三条第一号から第三号までに掲げる土地をいう。

注10　平田厚子（2002）「安心院町グリーンツーリズムの特徴と来訪者の志向」『日本観光研究学会全国大会研究発表論文集』第17号105頁。

> 4　この法律において「農作業体験施設等」とは、農作業の体験施設その他農村滞在型余暇活動のために利用されることを目的とする施設であって農林水産省令で定めるものをいう。
> 5　この法律において「農林漁業体験民宿業」とは、施設を設けて人を宿泊させ、農林水産庁で定める農村滞在型余暇活動または山村・漁村滞在型余暇活動に必要な役務を提供する営業であって、農林漁業者又はその組織する団体が行うものをいう。

出典：徳久球雄編（2002）『観光関連法規集』学文社，17頁。

　ただし、ローカルな先行事例がすでに存在していたとはいえ、グリーンツーリズム法が観光政策の大きな指針になったことには変わりない。同法が翌1995（平成7）年に施行されてから各地で自然保護の関心が高まっただけでなく、各地でよい意味での村おこし的な観光開発が行われるようになった。ポスト・バブル期に施行された同法はリゾート法による大規模な開発よりも安上がりでリスクも少ないというメリットが挙げられよう。さらに、1993（平成5）年に公布された「環境基本法」も1999（平成11）年に改正され、かつての「公害対策基本法」(1967年)に持続的発展や地球環境保全の国際協調などが追加された（資料6-2）。

資料6-2　環境基本法
（平成五年十一月十九日法律第九十一号）

> （目的）
> 第一条　この法律は、環境の保全について、基本理念を定め、並びに国、地方公共団体、事業者及び国民の責務を明らかにするとともに、環境の保全に関する施策の基本となる事項を定めることにより、環境の保全に関する施策を総合的かつ計画的に推進し、もって現在及び将来の国民の健康で文化的な生活の確保に寄与するとともに人類の福祉に貢献することを目的とする。

> （定義）
> 第二条　この法律において「環境への負荷」とは、人の活動により環境に加えられる影響であって、環境の保全上の支障の原因となるおそれのあるものをいう。
> 2　この法律において「地球環境保全」とは、人の活動による地球全体の温暖化又はオゾン層の破壊の進行、海洋の汚染、野生生物の種の減少その他の地球の全体又はその広範な部分の環境に影響を及ぼす事態に係る環境の保全であって、人類の福祉に貢献するとともに国民の健康で文化的な生活の確保に寄与するものをいう。
> 3　この法律において「公害」とは、環境の保全上の支障のうち、事業活動その他の人の活動に伴って生ずる相当範囲にわたる大気の汚染、水質の汚濁（水質以外の水の状態又は水底の底質が悪化することを含む。第十六条第一項を除き、以下同じ。）、土壌の汚染、騒音、振動、地盤の沈下（鉱物の掘採のための土地の掘削によるものを除く。以下同じ。）及び悪臭によって、人の健康又は生活環境（人の生活に密接な関係のある財産並びに人の生活に密接な関係のある動植物及びその生育環境を含む。以下同じ。）に係る被害が生ずることをいう。

出典：徳久球雄編（2002）『観光関連法規集』学文社，26頁。

なお、グローカリゼーション（＝地方の国際化）の実践もまた国主導ではなく、すでに地方自治体によって行われていた。たとえば、1979（昭和54）年に平松守彦大分県知事（当時）によって推進された「一村一品運動」が典型的な例として挙げられる。同運動は地域固有の資源の活用により商品の育成と地域の活性化を行ったものが全国的に普及し、特産品のいくつかが有力な土産になり、最終的には海外にも普及したものである。「ローカルにしてグローバル」、「自主自立・創意工夫」、「人づくり」の3原則で始められた同運動は、「自然との共生」、「都市と農村の共生」、「アジアとの共生」の新しい視点に立って運動が行われるようになった[注11]。

注11　大分県（2002）『一村一品運動について』http://www.pref.oita.jp/10100/isson/1_1.html

なお、一村一品運動のモデルとなった事例として湯布院町の取り組みが挙げられている。同町は「湯布院映画祭」、「ゆふいん音楽祭」、「牛喰い絶叫大会」などのインパクトのあるイベントを開催するのと同時に、農村の風情と自然を大切にする保養温泉地として露天風呂を用いたイメージ戦略や地場産業の育成を着実に進めてきた。今では想像さえすることが困難であるが、湯布院は朝鮮戦争時の米軍駐留地や団体観光客を対象とした賑やかな温泉街から40年もの月日をかけて癒しを求める個人旅行客の人気スポットに変貌したのである[注12]。

さらに、長期的な取り組みだけでなく、時にはチャンスを生かすことも観光発展のために重要である。2002（平成14）年に開催されたサッカーのワールドカップは日韓各地での開催となり、東京やソウルといった大都市以外でも競技が行われた。カメルーン・チームの遅刻で一躍有名になった大分県中津江村など、よりローカルな地域での国際交流も見られた。いささかミスマッチではあるが、素朴な村のもてなしが抜群の宣伝効果によって全国的に知れ渡ったのである。

6.6 政策実現のための課題

本章の諸事例をまとめると、リゾート法の頃から現代に通じる成功パターンがある。第一に洋の東西を問わず、地元産品の活用や身の丈にあった開発を段階的に発展させていくことが成功への鍵である。基本的ではあるが、実態を無視した初期投資の大きさは後に重荷になり、失敗した時のリスクも大きい。第二にグリーンツーリズム法で見られるが、成功したローカルの先行事例を国がバックアップすることも重要であろう。ローカルな魅力を全国や国際規模な観光客に知らせることもまた今後の課題である。

なお、日本の観光政策の弱点として、タテワリ的な行政があった。たとえば、マスツーリズム的な政策は国土交通省、グリーンツーリズムは農林水産省といったように、役割が分かれていた。しかし、観光立国推進基本法が2006（平成18）年に成立し、さらに観光庁が2008（平成20）年に発足した。（Appendixを参照）観光庁の発足により、各省庁の観光政策の情報が共有されるようになり、さらに各地方自治体の観光政策も共同で広域的に行われるようになりつつある。

注12　News23（1996）「湯布院」『多事争論』3月22日，http://www.tbs.cojp/news23/

【参考文献】

朝水宗彦（2001）『多文化社会オーストラリアにおけるエスニック・ツーリズム形成過程に関する研究』くんぷる。

永井弘（1998）『戦後観光開発史』技報堂出版

塩田正志（1999）『観光学研究II』学術選書

田平厚子（2002）「安心院町グリーンツーリズムの特徴と来訪者の志向」『日本観光研究学会全国大会研究発表論文集』第17号，105 − 108頁。

徳久球雄（2002）『観光関連法規集』学文社。

徳久球雄他編（2001）『地域・観光・文化』嵯峨野書院

第7章

地方自治体による市民派遣事業

　本章は、「第10回北見市青年海外派遣研修事業」を例として、地方自治体が海外の姉妹都市に一般市民を派遣し、国際交流を図るという企画を報告する。同事業はニューヨーク市郊外のエリザベス市とアルバータ州の州都であるエドモントンを表敬訪問することが目的であるが、個人が企画した短期の研修プログラムやホームステイを体験できるということが参加者への売り文句になっている。ただし、参加者は表敬訪問に必要な事前研修を受けなければならず、これは仕事を抱えた社会人にとって若干の負担となっていた。この事例は地方自治体による典型的な国際交流事業の1つと思われるため、同様の企画における普遍的な利点と問題点について考えたい。

7.1　本事例の概要

　報告の事例である「北見市青年海外派遣研修事業」は1979年から行われている国際交流事業である。派遣対象は北見市内に住む20歳から35歳までの社会人であり、本来学生は含まれなかった。旅費は市からの補助を受けており、第10回の時は総額48万円のうち24万円が補助の対象となっていた[注1]。

　同事業における初期の派遣目的は、ヨーロッパ諸国を回って、市民の見聞を広めることであった（表7-1）。しかし、海外旅行が一般市民の間に普及するにつれ、見聞を広めることよりも北米の姉妹都市との交流を深めるための表敬訪問が派遣目的になっている。北見市は1969年にアメリカ合衆国ニュージャージー州のエリザベス市と姉妹都市提携を結び、北海道は1980年にカナダのアルバータ州と

注1　北見市青少年国際交流事業実施委員会 (1999)『第10回北見市青年海外派遣研修事業事前研修』北見市, 第1回資料, 10月17日。

第 7 章 地方自治体による市民派遣事業

姉妹州提携を結んだ。そのため、アメリカ合衆国とカナダが第 3 回以降の派遣先となっている[注2]。

表 7-1　訪問先と参加者

回	実施期間	訪問先	参加者数（人）
1	1979年11.10-11.25 (16日間)	イギリス,フランス,スイス,イタリア	男性22 女性10
2	1982年11.15-11.29 (15日間)	ノルウェー,デンマーク,スウェーデン,フィンランド	男性16 女性11
3	1985年11.18-12.1 (14日間)	カナダ アメリカ合衆国	男性15 女性10
4	1988年11.14-11.24 (11日間)	カナダ アメリカ合衆国	男性7 女性13
5	1990年11.2-11.12 (11日間)	カナダ アメリカ合衆国	男性6 女性8
6	1992年11.20—11.30 (11日間)	カナダ アメリカ合衆国	男性4 女性11
7	1994年5.27-6.6 (11日間)	カナダ アメリカ合衆国	男性6 女性9
8	1996年5.27-6.6 (11日間)	カナダ アメリカ合衆国	男性2 女性12
9	1998年6.1-6.11 (11日間)	カナダ アメリカ合衆国	男性5 女性10
10	2000年5.29-6.8 (11日間)	カナダ アメリカ合衆国	男性2 女性10

注：最終的に出発した人数を記載。第 1 回事前研修資料から作成。

　1980・90 年代は全国的に国際化が叫ばれ、地方都市においてもチャーター便によるパッケージ・ツアーが盛んに行われるようになった。近年では交通の便がさほど良くない道東地方においても、台湾などアジア諸国からの観光客の増加が顕著である。しかしながら、近年では同事業の参加者を集めるのが困難になり、特に男性参加者の減少が著しい。そこで、第 9 回の事業からテーマ別の班別研修を導入し、仕事と結びついた派遣先の開拓を試みている。

注2　同上

7.2 参加者の傾向

　第 10 回派遣事業の参加者の募集は、1999 年の 7 月ごろから北見の地方紙や広報などに関連記事の掲載によって行われ、募集人員を確保するために 9 月まで数度に渡って再募集が行われた。同年 10 月の時点では、様々な職種からなる 15 人の参加希望者が集まったが、医療・福祉や小売、教育関係の割合が若干多くなっていた（表 7-2）。職種の内訳は教育 4、小売 4、医療・福祉 3、建設 2、製造 1、金融 1 である。

　参考までに第 9 回の参加者を挙げると、医療・福祉 3、金融 2、マスコミ 2、教育 2、建設 2、小売 2、運輸 1、公務員 1 となっており、今回よりも職種による偏りが若干少ない。男女別の参加者数も男性 5、女性 10 であったため、今回の希望者である男性 2、女性 13 より偏りが少なかった[注3]。

　参加の動機（複数回答）であるが、異文化での生活体験に関わるものが 8 件で、5 件の医療・福祉や同じく 5 件の教育・育児が続いている。この派遣事業は一般市民宅でのホームスティを売りにしているため、異文化体験を期待する参加者がかなりの割合で集まったといえる。異文化体験は毎回高い関心を持たれているようであり、第 9 回の例を挙げても、6 人が異文化に関するものを動機としてあげている[注4]。

　派遣先であるアメリカ合衆国とカナダは共に移民によって形成された多民族の国として知られている。ここでの滞在は異文化接触の機会をもたらすため、異文化体験を期待している者の実数は、間接的な動機を含めると先述のものよりも多くなる。例えば米料理の違いについて興味を持っている人は米穀店に勤務しており、日本とは異なった米の調理法に興味を持っている。イタリアから導入されたリゾットやスペインから持ち込まれたパエリアなどに見られるように、多民族社会は多彩な食文化を体験するために相応しい場所である。移民社会における育児も異文化接触と関連しており、多文化社会における政府観光局の視察も異文化理解に結びついている。

注3　北見市青年海外派遣研修報告書編集委員会編 (1999)『第 9 回北見市青年海外派遣研修報告書』北見市青少年国際交流事業実施委員会, 71 頁。

注4　同上

第 7 章 地方自治体による市民派遣事業

表 7-2 第 10 回派遣事業の参加希望者（1999 年申請時）

名前	年齢	性別	職業や業種	訪問の動機や研修テーマ
A	32	女性	医薬品販売	ホームステイ，現地の生活体験
B	26	女性	老人福祉	福祉施設見学
C	34	男性	建築設計	文化と風習，各国のスポーツ
D	34	女性	保育教員	企業内託児施設，大学内保育施設，民間保育事業
E	29	男性	大学教員	観光政策，政府観光局訪問
F	24	女性	建築士	外国市民との交流，住宅のバリアフリー
G	20	女性	金融	国際交流，現地でのふれあい
H	24	女性	精密機械製造	小学校見学，病院見学，ホームステイ
I	22	女性	保育職員	教育問題，教育政策
J	25	女性	小売	小学校訪問，病院訪問，ホームステイ，文化や生活の体験
K	21	女性	小売	米料理の多様性
L＊	31	女性	小売	まちづくり，ホームステイ
M＊	22	女性	看護	生活や文化の体験
N＊	35	女性	ピアノ講師	訪問先の文化活動
O＊	25	女性	小売	訪問先の文化の違い，ホームステイ，教育，福祉，ボランティア
P＊＊	34	女性	商工会議所	外国のまちづくりと文化

注：申請期間は 1999 年 7 月から 9 月まで。＊は希望したが参加を取りやめた者。
＊＊は 2000 年 3 月から参加した者で本文中の数値には未加算。第 1 回事前研修資料から作成。

7.3　職場への影響

　不景気な時世であるため、職場を休んでの海外旅行は勤務先への負担が大きい。そのため、市の職員が参加希望者の職場へ赴き、派遣に協力するよう説得に回っていた。参加者のなかには休暇を取るのが困難な者が少なくない。そのため、保育施設の視察や社会福祉施設の見学、バリアフリー建築、政府観光局の訪問など、研修テーマと仕事と結び付けることによって、何とか参加できた例もいくつか見られる。

　北見市における海外派遣事業の特徴として、出発前の研修にかなりの時間を割いているということが挙げられる。これは、研修先での生活に慣れやすくすることと市民間の交流をスムーズに進行させるために設けられたと思われる。ただし、事前研修の内容として、訪問先についての概説的な講義や北見市の紹介などが行われているが、実生活に必要な日常英会話の研修は 2 回しか行われていない（表7-3）。

表 7-3 事前研修日程表

回	実施予定日	内容	担当
1	1999年10月17日	概要説明	実施委員会
2	10月17日	市内施設見学	実施委員会
3	11月26日	実施委員・第9回研修生との交流	実施委員会
4	12月11日-12日	宿泊研修（札幌市）	実施委員会
5	2000年1月28日	カナダの概要	市教育英語助手
6	2月11日	アメリカの概要	予定
7	2月25日	英会話1	国際交流推進員
8	3月10日	英会話2	国際交流推進員
9	3月24日	北見のまちづくり	企画課
10	4月14日	班編成・役割分担	実施委員会
11	5月12日	日程の説明	実施委員会
12	5月25日	結団式	実施委諸々

注：スピーチや催し物の練習、懇親会等は除く。
実際の実施日は若干異なる。第1回事前研修資料から作成。

　なお、事前研修の日程表では知らされていないが、訪問先では歓迎パーティがあり、そのためのスピーチや出し物の練習も少なからず行われた。地元青年との意見交換会は英語で行われるため、そのための準備に費やす時間も短くない。参加者は社会人のため、仕事のスケジュールを調整して事前研修を行わなければならず、かなりの負担になっていたと思われる。

　表敬訪問の一貫として、日本を紹介することは主催者側の主要な目的の1つであるといえる。歓迎パーティでの出し物と、地元青年との意見交換会は日本文化や北見の生活習慣などを理解してもらうために行われている。歓迎パーティの出し物として、今まで「よさこいソーラン」という北海道の舞踊や日本の民謡と踊り、日本の曲の演奏などが行われてきた[注5]。

　意見交換会はお互いの社会が抱えている諸問題から日常的な生活習慣の違いまで、幅広いテーマで行われている。第9回から行われたこの会は、社会背景の相

注5　「よさこいソーラン」とは、北海道内で踊られている現代風にアレンジされた創作ダンスである。ルーツは高知で行われている「よさこい」という舞踊祭であり、それに北海道のソーラン節の音楽を取り入れることによって発展した。チーム単位で踊り、派手なメイクやコスチュームを用いることが多い。

違と語学力の問題から、運営が困難だったらしい。そのため、第10回では事前に討論内容の原稿を研修時間外に作成し、市の通訳が校正をした後、受入先に前もって内容を連絡するという手順を踏んだ。原稿を事前に作成したため、意見交換会自体はスムーズに運営されたが、参加者の負担は大きくなっている。

なお、この研修の企画運営の主体となっているのは、国際交流推進員や商工観光課といった専門の職員ではなく、渡航経験に乏しい青少年課の職員である。しかも人事異動などで担当者が毎回変わり、現地における情報が不十分であるため、専門の違う職員が手探りの状態で奮闘している状態であった。そのため、既存のものにとらわれない独創的なアイディアが生まれる可能性がある一方で、企画運営面が効率的でなく、職員と参加希望者双方にとって時間的な負担も大きかったのではなかろうか。

事前研修や出し物の練習は、概ね平日の19:00以降に行われたが、残業や出張、変動的な勤務体制などにより、毎回の参加は困難である。なおかつ事前研修の期間が半年以上に及んだため、4月の人事異動や勤務先の経営状態の変化により、事前研修の参加が不可能になった例も見られる。そのため、当初の希望者のうち4人が参加を取りやめ、派遣事業が危ぶまれたことがあった。最終的には、商工会議所から希望者を募り、12名の参加でようやく実施に辿り着いた。

7.4　訪問予定先とスケジュール

派遣研修の計画であるが、エリザベス市に近い主要都市であるニューヨークとアルバータ州の州都であるエドモントンが主な滞在先であった（表7-4）。官製の旅行であるため、表敬訪問と地元青年との交流が予定に組込まれていた。ただし、あまり制約が多いと参加者を集めるのが困難になるため、ニューヨーク周遊やナイアガラの滝の見学、テーマ別の班別研修、ホームステイなどが組込まれた。なお、エリザベス市では市長選があったため、滞在日程が短くなっている。

班別研修の予定は、初期の段階では、福祉・医療関係、教育関係、商業関係の3つに分けられた。福祉・医療関係では病院、老人ホーム、児童センター、ライフ・ケア・センター、孤児施設などが予定された。教育関係はマッハッタン音楽学校、移民教育施設、病院福祉施設、美術館などが予定された。商業関係は連邦

準備銀行、証券取引所、政府観光局が予定された[注6]。

しかし、日程的な制約から班別研修の時間が短縮され、研修先は保育園、住宅展示場、政府観光局の3ヵ所のみになった[注7]。職場に関連したテーマを取り入れなければならない人を最優先したためにこのような研修先になったが、便宜的に振り分けられた他の人が有意義な時間を過ごせたのか疑問が残る。

地元青年との意見交換会はエリザベス側か多忙であったため、エドモントンのみで行われた。地元のコミュニティ・カレッジで行われたこの会は事前の練習の成果もあり、前回より運営がうまくいったようである。とはいえ、質問自体は英語で行うものの、地元の人からの質問に答えるための語学力は簡単に身につけられるものではない。そのため、地元の通訳の助けを借りることになった。

学会の発表もそうであるが、限られた時間では十分に質問できないことがある。懇親会の時間に議題をより掘り下げて討論することもしばしば見られる。意見交換会でもささやかな懇親会が設けられたが、ある程度英語力のある参加者にとって物足りない時間であり、なおかつ語学力の乏しい参加者は1人しかいない通訳の手が空くのを待たなければならなかった。せっかくの異文化交流を深める場であったため、改善策として、日本語を学んでいる現地の学生や日本からの留学生など、この会に興味を持っている人材をボランティアのリエゾンとして活用することも考えられるだろう。

注6 　北見市青少年国際交流事業実施委員会(2000)『第10回北見市青年海外派遣研修事業事前研修』北見市, 第6回資料, 2月9日.

注7 　北見市青少年国際交流事業実施委員会(2000)『第10回北見市青年海外派遣研修事業事前研修』北見市, 結団式資料, 5月25日.

表7-4　訪問予定先(1999年10月時点)

日時	月日	都市名等	日程
1	5月29日	北見市役所 女満別空港 羽田空港 成田空港 バンクーバー ニューヨーク	市長表敬
2	5月30日	ニューヨーク	班別研修
3	5月31日	ニューヨーク	市内視察（リバティ島，メトロポリタン美術館，サウス・ストリート港，五番街）
4	6月1日	エリザベス	市長表敬，意見交換会，施設見学
5	6月2日	ニューヨーク トロント ナイアガラフォール	ナイアガラの滝見学
6	6月3日	ナイアガラフォール トロント エドモントン	ホームステイ
7	6月4日	エドモントン	ホームステイ
8	6月5日	エドモントン	施設見学，意見交換会
9	6月6日	エドモントン バンクーバー	機内泊
10	6月7日	成田空港 都内ホテル	都内泊
11	6月8日	羽田空港 女満別空港 北見市役所	市長表敬

注：実施された行程は若干異なる。第1回事前研修資料から作成。

7.5　本事例の課題

　異文化体験や研修を仕事へ活用したいという参加希望者と、表敬訪問や日本文化の紹介を目的としている主催者側では派遣事業に対する考えが異なる。そのため、同事業では相互の意見の食い違いが少なからず見られた。とはいえ、一般のパッケージ・ツアーでは見られないところへの訪問や市民間の友好関係など、同事業には良い点がたくさんある。特に、ホームステイは英語が通じないことや異

なった生活習慣に戸惑ったことがあったようだが、貴重な体験として概ね好評であった。

本章のまとめになるが、この事業をより魅力的なものにするために、「事前研修の期間短縮および経験者の参入」、「班別研修の質的・量的な強化」、「意見交換会での通訳増員および懇親会の延長」の3点を改善すればより良い企画になると考えられる。これはあくまでも私案に過ぎないが、関係者の負担減や参加者への魅力増、より緊密な市民交流のために十分有効なのではないだろうか[注8]。

【参考文献】
北見市青年海外派遣研修報告書編集委員会編 (1999)『第9回北見市青年海外派遣研修報告書』北見市青少年国際交流事業実施委員会
北見市青年海外派遣研修報告書編集委員会編 (2001)『第10回北見市青年海外派遣 研修報告書』北見市青少年国際交流事業実施委員会
北見市青年海外派遣研修報告書編集委員会編 (2003)『第11回北見市青年海外派遣 研修報告書』北見市青少年国際交流事業実施委員会

注8　なお、第11回派遣事業であるが、訪問地はカナダのアルバータ州のみである。参加者も男性2人、女性7人の計9人にまで減少している。今まで社会人のみだった対象者に第11回から学生を加えたのは望ましい傾向であるが、経済的な社会状況が厳しいためより参加しやすい企画運営を期待する。以上、北見市青年海外派遣研修報告書編集委員会編 (2003)「第11回北見市青年海外派遣研修報告書」北見市青少年国際交流事業実施委員会、44頁。

第8章

ワールドゲームズと郷土資源の活用

8.1　イベントの背景

　第6回ワールドゲームズ秋田大会は2001年8月16日から26日までの11日間にわたって開催された。ワールドゲームズとは総合的な国際スポーツ大会であり、国際オリンピック委員会の後援を受け、4年に一度夏季オリンピックの翌年に開催されている。

　国際的なスポーツ大会といえばオリンピックが良く知られており、日本では1964年に東京で夏季大会、その後1972年に札幌、1998年に長野で冬季大会が開かれた。近年ではサッカーのワールドカップのように地方での国際的なイベントの開催も少なくはないが、地方での大会は全国ニュースとして取り上げられる機会がさほど多くないと思われる。無論、知名度が高くないイベントは質が劣るというわけではない。

　本章のテーマであるワールドゲームズはオリンピックと比べると知名度に欠けるが、オリンピックの種目に入っていない興味深い競技の国際大会である。アジア初となるワールドゲームズは秋田県内の21会場で公式26と公開5競技が行われた[注1]。

注1　(財)秋田ワールドゲームズ2001組織委員会編『大会ガイドブック』同委員会, 2001年a,4頁。

第 8 章 ワールドゲームズと郷土資源の活用

8.2　ワールドゲームズの概要

　ワールドゲームズを主催する国際ワールドゲームズ協会 (IWGA) が設立されたのは 1980 年のことである。同年に西側諸国が旧ソ連軍のアフガニスタン侵攻に抗議してモスクワ・オリンピックをボイコットしているが、政治的に利用されがちなオリンピックの反省からワールドゲームズではスポーツそのものを楽しむ事に重点を置かれた。そのため、第 5 回大会まで表彰の際に国旗掲揚や国歌斉唱さえ行われないほど政治色の払拭が徹底された。各大会の開催地と競技者および役員の数は表 8-1 の通りである。

表 8-1　ワールドゲームズの開催地

開催年	開催地	開催規模
第 1 回大会 (1981 年)	サンタクララ（アメリカ合衆国）	18 競技　1,500 人
第 2 回大会 (1985 年)	ロンドン（イギリス）	23 競技　2,000 人
第 3 回大会 (1989 年)	カールスルーエ（ドイツ）	41 競技　4,000 人
第 4 回大会 (1993 年)	ハーグ（オランダ）	29 競技　3,000 人
第 5 回大会 (1997 年)	ラハティ（フィンランド）	30 競技　2,000 人

（出典：(財) 秋田ワールドゲームズ 2001 組織委員会編『大会ガイドブック』
　　　同委員会，2001 年，5 頁）

　スポーツの非政治化と同時にワールドゲームズでは既存の施設を使うという特徴がある。これは巨大なイベントと化したオリンピックへのアンチテーゼとして新たな施設建設をひかえ、開催地に余分な財政負担をさせないためである[注2]。各大会ではオリンピックのような選手村は建設されず、ホテルや大学寮、ホームステイなど既存の施設が利用されてきた。開催地になる条件は表 8 − 2 のとおりであり、さほど難しいわけではない。秋田大会では総事業費 23 億 5000 万円というコンパクトな予算で運営された。
　無論、既存の施設だけに頼る事には限界がある。国際ワールドゲームズ協会の加盟競技団体は表 8-3 のものであるが、過去の大会ですべての公式競技が実施されたケースはなく、秋田大会でも特殊なコートを使うスカッシュの開催が見送ら

注 2　秋田魁新報社「WG 開幕まで 30 日」『秋田さきがけ』2001 年 7 月 17 日。

れた[注3]。新しい競技施設を作らず、巨大な資金をかけないスポーツの祭典は、近年では環境に害の少ないスポーツ大会の構築を目指している。

表8-2　ワールドゲームズ開催都市の条件

1．既存の既設および開催決定時にすでに計画中で、開催までに完成する施設を利用して行うことが原則であり、正式競技種目のすべてを実施できなくても開催都市に立候補可能です。
2．選手は国を代表して競うのではなく、国際競技団体（IF）が世界最高レベルの選手を厳選し、各国の競技団体に派遣を要請します。選手の宿舎も国別でなく、競技別に用意されます。
3．大会期間中、大会参加者が一同に集える「ワールドゲームズパーティー」を開催し、交流を深めます。
4．公式競技・公開競技の他にも伝統的、民族的スポーツ種目を追加プログラムすることが出来ます。
5．競技大会とは別にコンサートや展示会など文化イベント、一般市民の参加を求めるスポーツイベントなどを実施し、ワールドゲームズを幅の広い、すべての人のための総合的な文化イベンドにすることが義務づけられています。

出典：ＮＰＯ法人日本ワールドゲームズ協会『ワールドゲームズの特色、開催都市の条件』2003年、http://www.ssf.or.jp/jwga/games/city.html

スポーツを純粋に楽しむ目的で政治色と商業性を極力排除したため、ワールドゲームズは地味な大会ではあるが、競技自体は高いレベルで行われている。たとえば、第1回大会で行われたバドミントン、野球、ソフトボール、テコンドーなどはその後オリンピックの公式競技にまで発展した[注4]。

秋田がワールドゲームズの会場となったのは偶然の産物である。1997年に行われる第5回大会の開催地に決まっていた南アフリカ共和国のポートエリザベス市が政情的な問題から開催困難となり、代替地を探していた[注5]。そのことをワールドゲームズの評議員だった上智大学の師岡文男教授が、当時ミネソタ州立大学秋田校の学長だった知人の諸星裕氏(後の桜美林大学副学長)に話しかけたところ、同校と強い関係を持つ秋田県側が前向きな姿勢を示してきたとされる[注6]。最終的にはフィンランドのラハティが97年度の開催地になったが、県側は照準を2001年に切り替えて招致準備を続けた[注7]。1996年10月にモナコで開かれたIWGA総会で開催地が秋田に決定し、オリンピック以外の競技を集めた総合スポーツ大

注3　秋田魁新報社「技スピード世界最高水準」『秋田WG特集号』2001年8月15日。
注4　同上
注5　秋田魁新報社「WGを支える7」「秋田さきがけ」2001年8月9日。
注6　旧ミネソタ大学秋田校の設備とスタッフの多くは2004年4月に国際教養大学に再編された。
注7　秋田魁新報社「WGを支える8」『秋田さきがけ』2001年8月10日。

95

会がアジアで初めて開催されることになった[注8]。

表8-3 ワールドゲームズ加盟競技

合気道	柔術
エアースポーツ（パラシュートなど）	空手
アーチェリー（フィールドアーチェリー）	コーフボール
ビリヤード	ライフセービング
ボディービルディング	登山（フリークライング）
ブールスポーツ（ペタンクなど）	ネットボール
ボウリング	オリエンテーリング
カヌー（カヌーポロ）	パワーリフティング
キャスティング	ラケットボール
ダンススポーツ	ローラースケート
フィストボール	ラグビー
フライングディスク	相撲
体操（新体操種種目別　トランポリン	スカッシュ
エアロビクス　スポーツアクロ体操	サーフィン
タンブリング）	綱引き
ハンドボール（ビーチハンドボール）	水中スポーツ
ホッケー（インドアホッケー）	水上スキー

出典：ＮＰＯ法人日本ワールドゲームズ協会『国際ワールドゲームズ協会加盟競技団体一覧』2003年、htt p ://ｗｗｗ.ssf.or.jp/jwga/wtswg/items.html

8.3　大会運営と国際交流

　ワールドゲームズ秋田大会では、約80の国と地域から公式競技で2500人、公開競技で700人の選手と役員の参加が予定された[注9]。期間中92の国と地域から4300人の選手役員が参加し、開幕式では1万1500人の観客が見守る中、1400人の選手団が入場した[注10]。

　これだけの規模の参加者がいる大会を低予算で運営するうえで、ボランティアの活躍が欠かせなかった。秋田大会では関係する県内外の職員や民間人に加え、

注8　秋田魁新報社「前掲稿」2001年8月15日。
注9　(財)秋田ワールドゲームズ2001組織委員会編『前掲書』2001年 a,9頁。
注10　秋田魁新報社「力技美世界へ発信」『秋田さきがけ』2001年8月17日。

約4000人のボランティアが活躍した[注11]。期間中には様々な草の根交流が行われ、秋田県国際交流課が実施したホームステイ事業もまた市民との良い交流の場となった[注12]。特に語学ボランティアが不足していたため、外国語を話せる首都圏の秋田県人を呼び戻し、時にはシベリア抑留経験者をロシア語の通訳に動員した。10万部製作された無料のプログラムは、有志によって秋田駅やインフォメーションブースで配布された。ドーピングテストでもまた医師や語学ボランティアが50人携わった[注13]。

大会前の概算でも、ワールドゲームズ開催中には3000人以上の選手と役員に加え、観戦者等がのべ4万4000泊するとされた。宿泊施設では宗教上の理由から豚肉を食べない人や、体重別で競う選手のためのカロリーなど、食事に関して細心の注意を払う必要があった。そのため、多くのホテルではビュッフェ方式を採用し、調理方法や食材を料理の側に記すようにした。さらに、語学の達者な留学経験者やミネソタ州立大学秋田校の学生を50人程各ホテルのレストラン等に配置した[注14]。

なお、秋田市内のキャッスルホテルではインターネット・カフェ「デジタル・ラウンジ」を開き、定休日無しの24時間営業を行った。同ホテル内のインターネット・カフェでは、大会期間中1日のべ100人もの外国人の利用者が殺到し、順番待ちの状態が続いた[注15]。元々秋田県はインターネットの普及率が低迷していたが、外国人選手や役員の利用はネット利用拡大の大きな弾みになったとされる[注16]。

国際試合では各国のマスコミが取材のため集う。メディア登録は20カ国の120社、890人にのぼり、プレスセンターでは国際公衆電話10台のほか、ファックスやコピー機、フィルム現像コーナーなどが設けられた[注17]。後日、大会組織委員会の予想に反して、この公衆電話はあまり使われなかったとされる。大会組織委員会が情報収集用に設置した10台のパソコンからメールを送信できたため、そち

注11 秋田魁新報社「WG熱風の後に2」『秋田さきがけ』2001年8月30日。
注12 秋田魁新報社「WG熱風の後に4」『秋田さきがけ』2001年9月1日。
注13 秋田魁新報社「WGを支える5」『秋田さきがけ』2001年8月7日。
注14 秋田魁新報社「WGを支える3」『秋田さきがけ』2001年8月5日。
注15 秋田市広報課『広報あきた』9月14日号,秋田市,2001年,5頁。
注16 秋田魁新報社「ネットカフェ大盛況」『秋田さきがけ』2001年8月21日。
注17 秋田魁新報社「メーンプレスセンター開設」『秋田さきがけ夕刊』2001年8月10日。

第 8 章 ワールドゲームズと郷土資源の活用

らに記者達が流れてしまったようである[注18]。先述のインターネット・カフェの例もそうであるが、思わぬ所で情報化時代を象徴する大会になった。

　地方都市では大都市と比べて公共交通機関の便が悪く、車に依存した生活スタイルが作られている。競技会場は駐車場が不足するため、大会期間中の 16 日から 26 日まで無料の送迎バスが循環した。運営委員会は選手団が滞在する 13 日から 28 日まで延べ 800 台のバスを用意した[注19]。さらに、自衛隊からはパラシューティング競技のためのヘリコプター、水上スキーのための救急車両、携帯電話が通じないエリアのための野外電話機などが投入された。阪神大震災の時に使用した貯水タンクと野外風呂も隣の青森県の陸上自衛隊から取り寄せられ、秋田大会でもまた活躍した[注20]。

8.4　農村伝統の活躍と空洞化地域の再利用

　ワールドゲームズ秋田大会の開会式では長野オリンピックでプロデューサーを務めた今野勉氏が総合プロデューサーとして起用された。低予算を克服するため、「なまはげ」や「小町娘」など、地元の伝統芸能を十分に活用した[注21]。さらに、開会式では刈和野大綱引き (かりわのおおつなひき:西仙北町)、綴子大太鼓 (つづれこおおだいこ:鷹巣町)、竿燈 (かんとう:秋田市) などが上演された[注22]。

　秋田の伝統芸能の多くは豊作を願うために行われている。開会式では雪国らしくミニかまくらが設置されたが、元来この祭は米の豊作のために水神をまつる行事である。竿燈祭りは江戸時代に病魔を払う行事として始められたとされる。長さ 12 メートル、重さ 50 キログラムもある竿燈であるが、46 個の提灯それぞれは米俵、竿全体は稲穂の形を模している[注23]。刈和野大綱引きは大地の清めと実りを祈る儀式だが、今野氏によって大会全体の成功を祈願するという意味が付加さ

注 18　秋田魁新報社「WG 交差点」『秋田さきがけ』2001 年 8 月 25 日。
注 19　秋田魁新報社「配車センター開設」『秋田さきがけ』2001 年 8 月 11 日。
注 20　秋田魁新報社「WG を支える 6」『秋田さきがけ』2001 年 8 月 8 日。
注 21　(財) 秋田ワールドゲームズ 2001 組織委員会編『公式プログラム』同委員会. 2001 年 b, 76 頁。
注 22　同上,78 頁。
注 23　秋田市広報課『広報あきた』7 月 27 日号, 秋田市, 2001 年,5 頁。

れた[注24]。綱引きでは世界を1つにするという願いを込めて、開会式では600人が綱合わせを行った[注25]。

国際的なスポーツ大会といえばメダルの獲得が注目される。ワールドゲームズ秋田大会のメダルの裏には世界遺産の白神山地の風景がデザインされた。さらに、公式競技のメダル・ケースは川連漆器(かわつらしっき)、公開競技メダルは樺細工(かばざいく)、公開競技ケースは曲げワッパと、秋田県を代表する伝統工芸を惜しげも無く用いて製作された。加えて、副賞として秋田ふきをかたどった銀線細工の文鎮も送られた[注26]。なお、国別のメダル数は表8-4の通りである。

表8-4　国別メダル数(2001年)

国名	内訳	合計
ロシア	金(24) 銀(15) 銅(5)	計(44)
アメリカ合衆国	金(15) 銀(8) 銅(8)	計(31)
フランス	金(12) 銀(5) 銅(6)	計(23)
ドイツ	金(10) 銀(10) 銅(15)	計(35)
オーストラリア	金(10) 銀(10) 銅(3)	計(23)
イタリア	金(9) 銀(11) 銅(8)	計(28)
日本	金(9) 銀(6) 銅(10)	計(25)

(出典:秋田魁新報社「最終上位国別メダル表」『秋田さきがけ』2001年8月27日)

ワールドゲームズ期間中、世界各地から訪れる選手や役員、観光客が交流できるように、秋田市内の仲小路にワールドゲームズプラザが設置された。ここではワールドゲームズの情報提供だけでなく、郷土料理や各国の料理を提供するブースや各地の特産品の物販コーナー、世界の大道芸、県内各地の祭の再現など、様々なイベントが行われた[注27]。このプラザが設置されたところは市街地の空洞化に伴い、日赤病院や婦人会館などの大型施設を取り壊した跡である。いわば空き地と化していた場所に週末には2万人もの選手や家族連れが詰めかけたとされる[注28]。

同プラザに程近いところに位置する文教施設である「アトリオン」にはウェヘ

注24　秋田魁新報社「楽しさ、元気さ伝えたい」『秋田さきがけ』2001年8月13日。
注25　秋田魁新報社「歓喜の渦ムード最高潮」『秋田さきがけ』2001年8月17日。
注26　(財)秋田ワールドゲームズ2001組織委員会『前掲書』2001年b, 80頁。
注27　同上,2頁。
注28　秋田魁新報社「WG熱風の後に6」『秋田さきがけ』2001年9月4日。

ルカムセンターが設置された。ここでは開会式のあった 16 日だけで茶道・華道体験コーナーに約 60 カ国の外国人が参加した[注29]。さらに、期間中各地で選手や役員を対象に抹茶が振る舞われ、22 日には県立体育館では重さ 20 キログラムの大筆による一字大書が行われた[注30]。IWGA のロン・フローリック会長もまた滞在中に茶の湯を体験した。

8.5 地方における国際イベントの課題

　秋田県ではこのような国際大会をあまり経験した事が無かったため、いくつかのハプニングもあった。大会開催中に台風 11 号が接近したことから、8 月 21・22 日にワールドゲームズプラザで予定されていたいくつかのイベントが中止された。ただし、競技自体は日程の調整などにより無事に行われた。台風接近に伴う空路の代替措置として成田空港行きの夜行バスがチャーターされた。テント張りのワールドゲームズプラザも台風が離れた 23 日には営業が再開された[注31]。

　秋田大会ではこれまでの大会と異なり、表彰式における国旗掲揚と国歌演奏が行われた。国家を前面に出すこの措置は、大会の注目を引くために IWGA の意向で行ったとされる。その結果、スペインからの独立を主張するバスク人選手がこれに反対し、綱引きの試合で出場停止になるなど、政治とスポーツの分離が今後の大きな課題となった[注32]。

　ほかにもインターネット端末や通訳の不足などの問題もあったが、秋田大会のスタッフと次期開催地のデュイスブルク代表団との交流も無事に行われた[注33]。各競技の入場者数は予想していた 26 万人を越え、のべ 30 万人にのぼる盛況の末に 26 日に幕を下ろした[注34] ワールドゲームズ秋田大会は、国際的なイベントに接する機会に恵まれていない地方が、少ない予算の中で知恵を絞り、郷土文化を活用して成功した良い例として注目に値するだろう。不利な立地条件や限られた

注29　秋田魁新報社「お点前や生け花に挑戦」『秋田さきがけ夕刊』2001 年 8 月 17 日
注30　秋田魁新報社「力強く一字大書披露」『秋田さきがけ』2001 年 8 月 23 日。
注31　秋田魁新報社「イベントと営業再開」『秋田さきがけ』2001 年 8 月 24 日。
注32　秋田魁新報社「WG 熱風の後に 1」『秋田さきがけ』2001 年 8 月 29 日。
注33　秋田魁新報社「4 年後も成功を」『秋田さきがけ』2001 年 8 月 26 日。
注34　秋田魁新報社「WG 入場者は 30 万人」『秋田さきがけ』2001 年 8 月 28 日。

予算、人的資源の制約など、この大会が克服してきたことは、地方で行う国際的なイベントにおいて十分参考になるのではなかろうか。

【参考文献】

秋田さきがけ「Kyo Interview」『Kyo』第 31 号, 秋田魁新報社, 2001 年, 6-9 頁

秋田市広報課「ワールドゲームズを振り返る」『広報あきた』9 月 14 日号, 秋田市, 2001 年, 2-5 頁

秋田市広報課「ワールドゲームズを見に行こう」『広報あきた』8 月 10 日号, 秋田市, 2001 年, 2-3 頁

(財) 秋田ワールドゲームズ 2001 組織委員会編『大会ガイドブック』同委員会, 2001 年 a, 全 141 頁

(財) 秋田ワールドゲームズ 2001 組織委員会編『公式プログラム』同委員会, 2001 年 b, 全 105 頁

Part3

オーストラリア編

第9章

創生期の観光政策
―観光・レクリエーション省の設立まで―

　Part3（第3部）では、オーストラリアにおける観光政策の変遷について述べる。第二次世界大戦後の多民族化と1970年代以降の多文化主義の普及はオーストラリア社会に多彩なエスニック文化とその共有化をもたらした。そのため、観光資源となりうる文化所産もまたオーストラリア各地で顕在化していった。

　しかしながら、有望な観光資源を持っていることが即座に観光発展をもたらすわけではない。1990-2000年代において、オーストラリアは日本人にとって人気の高い観光地としてよく知られるようになった。しかし、オーストラリアの連邦政府が本格的に観光政策に力を入れた時期はさほど古くなく、イタリアやスペインなどと比べるとはるかに後発国であった。しかしながら、1972年に観光・レクリエーション省が設立され、全国規模の観光政策や海外からの観光客誘致が本格的に行われるようになった。

9.1　創生期における観光背景

　メルボルン大学の歴史学者ブレイニー（Geoffrey Blainey）の著書、『距離の暴虐』に見られるように、オーストラリアの建国は広大な地理的空間を克服することが最大の課題であった注1。距離克服のため交通機関を発展させてきたことは、観光の発展にとってもまた重要な要因であった。交通網が未発達であったごく初期の段階では、徒歩や馬から鉄道への交通手段の変化は国内観光形成への足がかりとなった。1850年のシドニー-パラマッタ間の鉄道着工以降、オーストラリア

注1　ブレイニー, ジェフリー, 長坂寿久, 小林宏訳 (1980)『距離の暴虐』(原題 *The Tyranny of Distance*) サイマル出版会を参照されたい。

では鉄道網が整備されていった。シドニーにおける鉄道建設は1955年まで工期が延びたため、オーストラリア初の運営は1854年のメルボルン-ボブソンズ・ベイ間の蒸気機関車による旅客鉄道開通になった。1879年にシドニーで鉄道ガイドブックが出版されたが、これはオーストラリアで初の政府出版による旅行ガイドブックであるといわれる。鉄道交通が急速に発達した1880年代にはトーマス・クック社が鉄道を利用したツアーを組み、1889年には観光ガイドブックを出版した[注2]。

表9-1　オーストラリア鉄道における経営形態（1998年6月現在）

州名	経営形態	経営母体
ニュー・サウス・ウェールズ＊1	州営	SRA: State Rail Authority
ビクトリア	州営	PTC: Public Transport Corporation
クイーンズランド	州営	QR: Queensland Rail
西オーストラリア	州営	Westrail
南オーストラリア＊2	州営	Trans Adelaide（旅客のみ）
タスマニア	私営	Australian Transport Network
北部準州＊3	公営	Australian Rail Track Corporation

＊1：首都特別区を含む.
＊2：貨物輸送は私営のAustralian Southern Railroad.
＊3：インフラ保有のみ.
注：この他に、州間貨物輸送を行う公営のNR: National Rail Corporationが
　　1993年から営業を開始している.
出典：髙木茂（1999）『オーストラリアの鉄道がわかる本』成山堂書店, 4頁

シドニーやメルボルンに続き、他の植民地政府も鉄道建設を行った。南オーストラリアではアデレード-ポート・アデレード間（1856年）、クイーンズランドではイプスイッチ-グランドチェスター間（1865年）、タスマニアではロンセストン-デロレイン間（1871年）の路線が開通し、西オーストラリアでは1871年にロックビルに木材運搬線が開通した[注3]。これらの鉄道建設は各植民地別に進められ、その後表9-1のように各州が主体となって運営を行ってきた。そのため、現

注2　Hall, C. M. (1995) *Introduction to Tourism in Australia (2nd edition)*, Longman Australia, Sydney, p.39. シドニーメルボルン間の鉄道は1883年6月に接続され、1889年にはブリスベンからアデレードまでの大都市が鉄道で結ばれた。しかし、植民地間の線路の幅が異なっていたため、境界で列車を乗り換える必要があった。

注3　髙木茂(1999)『オーストラリアの鉄道がわかる本』成山堂書店, 146,111,158,132頁。

在でも表 9-2 のように各都市の軌道や電化形態は異なっている。しかしながら、1901 年の連邦結成はオーストラリア大陸全土を結ぶ交通網の計画を可能にした。現在では表 9-3 に見られるように海外からの観光客の人気が高い長距離鉄道が運営されている。1920 年にはカンタス航空が発足し、各州を結ぶ航空路が 1922 年に開業された。交通網が広がるにつれ、シドニーやメルボルンといった都市部以外にも観光地が広がっていった。

表 9-2　州都別近郊旅客鉄道の設備（1997 年）

	シドニー	メルボルン	ブリスベン	パース	アデレード
電化方式 電 化 率	直流 1500V 62%	直流 1500V 84%	交流 24kV 100%	交流 24kV 100%	非電化 0%
軌　　間	1435mm	1600mm	1067mm	1067mm	1600mm
営業キロ 駅　数	1039km 304 駅	391km 201 駅	272km 137 駅	95km 55 駅	119km 86 駅
運賃制度	遠距離低減制	ゾーン制	ゾーン制	ゾーン制	ゾーン制
出 改 札 システム 導　　入	自動券売機 (1993 年) 自動改札機 (1993 年)	自動券売機 (1994 年) 自動改札機 (1997 年)	自動券売機 (1995 年)	自動券売機 (1993 年)	自動券売機 (1993 年)
保安設備＊	ATC 導入 (1988 年)	ATC 導入 (1985 年)	ATC 導入 (1989 年)	ATP 導入 (1997 年)	CTC 導入 (1989 年)

注＊：ATC= Automatic Train Control　ATP= Automatic Train Protection　CTC= Centralised Traffic Control
出典：高木茂（1999）『オーストラリアの鉄道がわかる本』成山堂書店，43 頁.

表9-3　主要な中長距離鉄道輸送（1997年現在）

列車名	運営	区間と距離	所要時間
インディアン・パシフィック	グレート・サザン鉄道＊1	シドニー―アデレード―パース：4350km	約64時間20分
ザ・ガーン	グレート・サザン鉄道＊1	アデレード―アリス・スプリングス：1555km	約20時間30分
ザ・オーバーランド	グレート・サザン鉄道＊1	メルボルン―アデレード：828km	約12時間5分
クィーンズランダー	クィーンズランド州鉄道公社	ブリスベン―ケアンズ：1681km	約32時間10分
メルボルン（シドニー）・エクスプレス	ニュー・サウス・ウェールズ州鉄道局	シドニー―メルボルン：960km	約13時間
XPT	ニュー・サウス・ウェールズ州鉄道局	シドニー―ブリスベン：990km	約12時間40分
XPT/Xplorer	ニュー・サウス・ウェールズ州鉄道局	シドニー―キャンベラ：320km	約4時間10分
グレート・サウス・パシフィック・エクスプレス	ベニス・シンプロン・オリエントエクスプレス＊2	シドニー―ブリスベン―ケアンズ：2705km	約70時間

＊1　1997年11月までオーストラリア国鉄が運行。
＊2　1998年12月よりプレオープニング運行開始予定。
出典：高木茂（1999）『オーストラリアの鉄道がわかる本』成山堂書店，47頁．

　交通網や宿泊施設といったインフラストラクチャー整備に加え、観光地としての魅力を伝えることもまた、観光客を呼び寄せるために重要な要素であった。1851年に誕生したばかりのビクトリア植民地（現ビクトリア州）は、大規模なイベントを植民地のプロモーションのために活用した。そこで、早くも1854年10月には植民地中心都市のメルボルンでオーストラリア初の博覧会が開催された。1866年10月には同メルボルンでオーストラリア大陸の諸植民地が参加する州際博覧会が開催され、27万人の観客を数えた。1888年にビクトリア植民地政府がオーストラリア初の官営旅行情報サービスを始めたが、これはメルボルンで開かれた建国100年祭へ訪れる観光客の便宜を図るためであった注4。

　連邦結成後は全国規模の観光関連組織が生まれるようになった。1929年になると、連邦政府の後援で、観光関連の業界団体である、オーストラリア全国旅行協会

注4　National Centre for Australian Studies *ed*. (1992) *The Lie of the Land*, Monash University, Vic, p.41.

(the Australian National Travel Association: ANTA)が結成された[注5]。ANTAは国内観光だけではなく、国際観光のプロモートという役割も担っていた。1930年にはロンドンとサンフランシスコにANTAの事務所が作られた。1935年には海外から2万3000人の訪問者が来豪した[注6]。ANTAは1934年から雑誌『ウォークアバウト』（Walkabout）を出版しているが、当時の記事にはシドニー–パース間の大陸横断鉄道の着工、珊瑚礁や砂浜が美しい北クイーンズランド州の海岸などが掲載された[注7]。さらに、トーマス・クック社のシドニー支店が1941年に開業され、観光の大衆化の胎動が始まった。しかし、1942年2月の日本軍によるダーウィン爆撃とその後の対日戦激化により、本格的な観光の大衆化は第二次世界大戦以降に持ち越された。

9.2　第二次世界大戦後の観光政策

9.2.1　全国的な観光政策

　自動車の普及と高速道路網の整備は行楽地への移動を容易にし、観光産業の発展に貢献した。1960年代には宿泊形態が変化し、自動車で移動する宿泊客のために、安価で利用できるモーテルやホテルが郊外に作られていった[注8]。鉄道が国内観光を促したように、船舶から航空機への交通手段の変遷は1960年代以降国際観光を急速に発展させていった。つまり、オーストラリア観光を交通手段の面から見ると、道路や鉄道網の整備は国内観光を促し、航空網の整備は海外からの観光客誘致に有利に働いていった。

　同国の観光産業の発展に伴い、それに関連する省庁が徐々に整備されていった。1959年に諸省庁間の連絡会である観光閣僚カウンシル（Tourism Ministers

---

注5　The Parliament of the Commonwealth of Australia (1978) *House of Representatives Select Committee on Tourism Final Report (Parliamentary Paper No.281/1978)*, Australian Government Publishing Service, Canberra, pp.53-55.

注6　Department of Tourism and Recreation (1974) *Development of Tourism in Australia (Parliamentary Paper No.112/1973)*, The Government Printer of Australia, Canberra, p.4.

注7　National Centre for Australian Studies (1992) *op. cit.*, p.42. シドニー–パース間の大陸横断鉄道自体は1917年に結ばれていたが、異なった幅の軌道が統一されたのは1969年である。

注8　Purdie, Helen and O Connor, Donna-Maree (1990) *Tourism: The Total Picture*, The Jacaranda Press, Brisbane, pp.5-6.

Council: TMC）が設立された注9。ホルト保守政権（H. Holt:1966年1月-67年12月）では、1966年12月に貿易産業省（Department of Trade and Industry）付属の閣外職務として、観光相（Minister in Charge of Tourist）が置かれ、そのポストにチップ（D. L. Chipp: 1966年12月-67年12月）が就任した注10。連邦政府による海外からの観光客誘致も行われるようになり、1967年7月には連邦政府の広報機関であるオーストラリア政府観光局（Australian Tourist Commission:ATC）が設立された注11。オーストラリア政府観光局の初期の活動目的は以下のようなものであった。

> -熟練したスタッフを充足させ、組織的な構造を確立するための人材雇用キャンペーンを行う。
> -海外におけるマーケティング・キャンペーンをステップ・アップさせる。
> -より魅力的な訪問地とするために、オーストラリア国内の開発を行う。
> -コミュニティのあらゆるレベルにおいて観光の重要性を強調する。
> -使用可能な訪問者のための快適な設備の拡大を奨励する。
> -観光から得られる経済・社会的利益を最大限にするために長期プランを用意する。
> （Australian Tourist Commission（1970）*Annual Report 1968-69*（Parliamentary Paper No. 201）, Commonwealth Government Printing office, Canberra, The Commission's Year in Briefの前文（The Commission）より抜粋.）

さらに、1968年3月に観光大臣（Minister for Tourism）を置いたニュー・サウス・ウェールズ州のように、いくつかの州政府では観光関連の省庁が置かれるようになった注12。1969年の国際観光年もまた、オーストラリアのインバウンド観

注9　Harris, Rob and Howard, Joy (1996) *Dictionary of Travel, Tourism and Hospitality Terms*, Hospitality Press, Melbourne, p.22.
注10　Macintyre, Clement (1991) *Political Australia*, Oxford University Press Australia, Melbourne, p.135.
注11　Department of Tourism and Recreation (1974) *op. cit.*, p.27.
注12　Macintyre (1991) *op. cit.*, p.200. なお、ビクトリア州では1970年2月に観光大臣が誕生している。

光にとって追い風であったと思われる。しかし、1960年代末から70年代初頭における国際観光は、受け入れ態勢の面から見ると、まだ初期の段階であったといえる。表9-4はオーストラリアにおける観光客数の推移である。1968-70年に海外からの観光客数がオーストラリア人の海外旅行者を上回っているが、それ以外の時期では逆転している。

ゴールド・コーストやグレート・バリア・リーフを抱え、オーストラリア有数の観光地であるクイーンズランド州を見ても、1969/70年度に同州を訪問した200万人のうち、海外からの人々はわずか6％にすぎなかった。アジア諸国に最も近い北部準州を見ても、1971年の同地における海外からの訪問者1万2000人は全訪問者数の10％にすぎなかった。オーストラリアは1972年に42万6000人の海外からの訪問者があり、訪問客による1億3900万ドルの消費があった[注13]。しかし、同時期における観光収支は常に大幅な赤字であった。

表9-4 観光客数の推移（1963-73年）（単位:人）

（単位：人）

調査年	海外観光客数			オーストラリア人観光客数		
	海路	空路	合計	海路	空路	合計
1963	11,769	49,406	61,175	36,512	39,663	76,175
1964	11,700	60,506	72,206	39,620	51,401	91,021
1965	13,405	75,686	89,091	45,806	65,200	111,006
1966	14,093	85,994	100,087	48,391	75,504	123,895
1967	13,375	109,726	123,101	46,378	101,546	147,924
1968	11,888	178,938	190,826	42,072	129,452	171,524
1969	12,358	225,470	237,828	44,028	152,303	196,331
1970	12,583	248,647	261,230	45,294	197,255	242,549
1971	12,507	253,900	266,407	44,397	252,894	297,291
1972	13,101	231,899	245,000	35,335	350,472	385,807
1973	11,729	272,721	284,450	33,449	467,520	500,969

出典：Miller, J.G. (1974) *Overseas Arrivals and Departures Year 1973*, ABS, Canberra, p.20.

9.2.2 メルボルン・オリンピック

さらに、この時期における観光形態は、メルボルン・オリンピックという一大イベントによって質的にも変化を遂げた。つまり、このオリンピックは、アング

注13 Department of Tourism and Recreation (1974) *op. cit.*, pp.4-5.

第 9 章 創生期の観光政策

ロ・アイリッシュ系の人々による同質的な観光形態を、諸民族の異文化接触により、多様化を促す1つの転機になったと考えられる。1956年のメルボルン・オリンピックは海外からの観光客誘致の大きな契機となった。

1956年11月に開催されたメルボルン・オリンピックは海外からの観光客誘致の強力な呼び水となった。1953年にメルボルン郊外のヘイデルバーグ（Heidelberg）がオリンピック村に選ばれ、841軒の住宅建設のために、連邦政府からビクトリア州政府へ500万ドルの援助が行われた。オリンピック村はメルボルン中心街から12キロ北にあり、30ヘクタールの面積があった[注14]。約4,500人の競技者と67の国々が参加しており、ヘイデルバーグのオリンピック村の滞在者のみでも4289人の選手と2400人のスタッフを数えた[注15]。メルボルン・オリンピックの回顧録を編纂したバラード（Geoffrey Ballard）は、オリンピック村長官ミスキン（Philip Miskin）が1956年7月にメルボルンのオリンピック委員会において対談した発言を次のように記している。

> 「我々は、人種や肌の色、政治体制、宗教の差別をすることなく、約70カ国の若い男女のホストになるのであります。我々は選手の住居や練習施設を準備しなければならないのであり、彼らの競技は我々が供給する物の質に関わってくるのであります。彼らの食事や生活環境、レジャーの機会は我々が提供できる最良のものでなければなりません。さらに、我々は選手に対していかなる差別をしてはならないのであります。我々は選手達が能力を発揮し、最良の競技を行えることを望んでおります。我々は、すべての選手にとって善意の機関でありたいと思い、選手達がここを去る時、彼らのすべてがオーストラリアにとって親善大使になることを望んでいるのであります。」
>
> (Ballard, Geoffrey (1997) *Nation with Nation: The Story of Olympic Village Heidelberg Olympic Games Melbourne 1956*, Spectrum Publications, Richmond, Vic, p.2.)

注14 Ballard, Geoffrey (1997) *Nation with Nation: The Story of Olympic Village Heidelberg Olympic Games Melbourne 1956*, Spectrum Publications, Richmond, Vic, p.7.
注15 *Ibid.*, p.171.

上記の発言から、白豪主義政策の末期であったのにも関わらず、少なくともオリンピックの参加者に関しては諸民族の平等を心がけていたことが伺える。ただし、1950年代のオーストラリアは大量の移民や難民の受け入れ期であり、ヨーロッパ大陸の出身者を中心に多民族化が進みつつあった。そのため、オリンピックの通訳サービスは実に充実しており、チェコ語、デンマーク語、オランダ語、フランス語、ドイツ語、ギリシア語、ハンガリー語、インドネシア語、イタリア語、マレー語、ポーランド語、ポルトガル語、ロシア語、スペイン語、ユーゴスラビア諸語による情報を提供していた[注16]。加えて、移民や難民出身のボーイスカウトやガールスカウトがハンガリー語やドイツ語、エストニア語、ラトビア語などを駆使し、ボランティアのバイリンガル・スタッフとして活躍した[注17]。

　宗教や生活習慣を考慮に入れた食事の提供もオリンピックにとって大きな問題であった[注18]。特に、マレーシアやインドネシアなど近隣のイスラム諸国の食事に気を使い、特別の献立が用いられた[注19]。食生活の多様化に加え、このオリンピックでは、1956年当時はポピュラーではなかったサウナが北欧出身の選手によって普及されたことなど、思わぬ所で余暇活動や生活習慣の文化変容が起こったとされる[注20]。オリンピックで培われた海外からの訪問者に対するホスピタリティ精神は、その後の観光客受け入れの貴重な経験となったと考えられる。

9.2.3　レジャーブームのなかの文化所産

　オーストラリアでは、第二次世界大戦以降鉱工業が急速に成長し、経済的に豊かな生活を享受するようになった。しかも、一部の限られた者に多くの富が集中した大戦以前のものと比べると、戦後の富の配分は比較的均等であった。1915年の時点では上位の5%の人々が66.2%の富を占めていたのに対し、1966-68年にはその割合が24.6%にまで下がってきたことからも、平等な配分が伺える[注21]。そ

注16　*Ibid.*, p.96.
注17　*Ibid.*, p.101.
注18　*Ibid.*, p.121.
注19　*Ibid.*, p.131. なお、イスラエル出身者のためにコーシャ料理の特別メニューも作られている。
注20　*Ibid.*, pp.142-143.
注21　Walmsley, D. J. and Sorensen, A. D. (1988) *Contemporary Australia*, Longman Cheshire, Melbourne, p.119.

第 9 章 創生期の観光政策

のため、経済的な豊かさと労働時間の短縮を背景にレジャーブームが起こった。

1962 年にはオーストラリア公園管理学会（Australian Institute of Park Administration）が設立され、公園を管理する人材育成を図った。1964 年には同学会のウィルキー（Alex Wilkie）が編者となり、雑誌『オーストラリアン・パーク』（Australian Park）の発行が始まった[注22]。なお、この時期にはレジャー関連の商品も開発され、1965 年にはこの国のキャンプやバーベキューに欠かせない持ち運びに便利なカスク・ワインが発明された[注23]。このように、豊かで平等な経済環境と交通網の整備は観光客数を量的に増加させるのに貢献した。

レジャーブームと時を同じくして、一部の人々の間から諸民族の文化を尊重する気運が起こるようになった。その代表としてアボリジニの水彩画家、ナマジラが挙げられる。ナマジラは 1938 年に最初の展覧会を開き、大陸中央部の風景を描いていたが、1950 年代になってから脚光を浴びるようになった。さらに、彼は民族差別が色濃く残っていた 1957 年に当時アボリジニとしては特例の市民権を授与された[注24]。ナマジラの水彩画はメルボルン出身のブル（Ronald Bull:1942-79 年）やパース郊外のアボリジニ居住区出身のクーパー（Revel Cooper:1933-83 年）などに影響を与えたとされる[注25]。

水彩画以外でも、ナマジラの活躍は 1950 年代以降の美術界に大きな影響を与えるようになった。1950 年代末から 60 年代にかけて、アボリジニの伝統的な美術が注目されるようになり、樹皮画家のイラワラ（Yirawala:1903-76 年）やガンジミラ兄弟（Peter Nganjmira:1927-87 年, Jimmy N. Nganjmira:1917-82 年）が評価されるようになった[注26]。ナンジワラ（Thomas Nandjiwarra:1923-89 年）はドリーミングと呼ばれるアボリジニの神話をモチーフにした樹皮画やロック・アー

注 22　RAIPR ed. (1994) "Our 30th Anniversary", *Australian Parks & Recreation*, 30(3), p. 32.

注 23　朝水宗彦 (1998)「オーストラリアにおけるサステーナブル・ツーリズム」『日本観光学会誌』第 32 号, 日本観光学会,51 頁。

注 24　田村加代 (1998)「1950 年代のオーストラリア絵画とアボリジニー」『オーストラリア研究』第 10 号, オーストラリア学会,34-35 頁．ヨーロッパ風の風景画は、1930 年代にアリス・スプリングス西方のキリスト教教区 (Lutheran Mission) において、宣教師バタビー (Rex Batterbee) によってアボリジニーに伝えられたとされる。ナマジラはその時水彩画を学んだとされ、先住民にとって苦難の時代を生きた悲劇のヒーローとして知られている。彼は市民権を得た同年、同じ部族の者に酒を与えたため、懲役 6 ヵ月 (後に 2 ヵ月に減刑) の判決を言い渡された。ナマジラは刑を終えて間もなく、その生涯を閉じている。

注 25　Caruana, Wally (1993) *Aboriginal Art*, Thames and Hudson, Singapore, p.182.

注 26　*Ibid*., pp.28-30.

トの製作を行った[注27]。

1960年代後半から70年代になると、評価されるアボリジニ美術の表現方法も多様化した。ティプンウティ（Giovanni Tipungwti:1953年-）はティウィ族（Tiwi）のトーテムのイメージを画題にした木版画（wood block prints）を製作した[注28]。ティウィ族のプルンタメリ（Eddie Puruntameri:1947年-）とティピロウラ（John B. Tipiloura:1952年-）はアボリジニの焼き物（Potterly）を1972年に確立した[注29]。これらの作品は、美術館や博物館に所蔵されたのと同時に、ドット・ペインティングやX線描法を駆使したアボリジニー芸術家の独創的なデザインの影響を受けた土産物が普及することになり、後に重要な観光資源となった[注30]。

9.3 連邦政府の観光行政

9.3.1 観光・レクリエーション省の設立

政府主導の観光政策を行い、観光立国としての素地を作ったのはホイットラム労働党政権であった。同政権が観光政策に力を入れたことは、1972年の連邦選挙におけるホイットラム首相の政策演説から伺える。同氏は、観光における政府の役割は次のようなものであると考えていたとされる。

- 諸州政府および観光産業との共同により形成された諸政策による国家観光概要により、健全かつバランスの取れたオーストラリアの観光アトラクションと観光地の開発を確立する。
- 若者や家族のためのより安い宿泊施設の供給を求め、様々な種類の旅行者の要望を充たす一連の宿泊施設の開発を促す。

注27　*Ibid*., p.78.
注28　*Ibid*., p.92.
注29　*Ibid*., p.92.
注30　X線描法とは、物体の表面のみでなく、動物の骨格など内面を加えて立体的に描写する手法である。詳しくは以下の文献を参照されたい。Flood, Josephine (1997) *Rock Art of the Dreamtime*, Angus & Robertson Australia, Sydney. 松山利夫 (1994)『ユーカリの森に生きる』日本放送出版協会。

第 9 章 創生期の観光政策

> －オーストラリア人のため、オーストラリア国内のより素晴らしい旅行を宣伝する。
> －より多くの海外からの観光客を呼び寄せ、オーストラリアでの旅行をより拡大する。
> －航空政策を発展させることにより、オーストラリアへの、あるいはオーストラリア国内での交通整備を行い、主要交通路やサービスを改善する。
> －観光アトラクションの開発は地域の成長や保全、環境の質的な保護を専門的に考慮することによって行われることを確立する。
> －旅行と観光に関する全ての分野の統計データと情報は、すぐに揃えられるようにする。
> －観光産業におけるオーストラリアの所有権と強い運用の要素を支持する。
> －観光産業への経済奨励金の柔軟な制度運用や、公共部門への助成を通した実行可能な観光インフラの発展を援助する。
>
> (Department of Tourism and Recreation (1974) *Development of Tourism in Australia* (*Parliamentary Paper No.112/1973*), The Government Printer of Australia, Canberra, p.17.)

観光産業の発展に伴い、ホイットラム政権は 1972 年 12 月にレジャー産業関連の業務を専門に担当する観光・レクリエーション省 (Department of Tourism and Recreation) を設立した[注31]。同省の初代大臣にはスチュワート (F. E. Stewart: 1972 年 12 月-75 年 11 月) が就任した[注32]。上記の政策演説は、同省の基本コンセプトとなったが、大きく分けてオーストラリア人の福利厚生面と海外からの観光客誘致面が見られる。福祉政策に力点を置く労働党政権としては、観光によってオーストラリア人の生活を充実させることが重要であった。他方、先述した観光収支の赤字を改善するためには、オーストラリア人に国内観光を奨めるのと同時に、海外からの観光客をより多く受け入れる必要があった。観光収支の赤字解消策の一貫として、1972 年にインバウンド観光機構 (Inbound Tourism Organisation

---

注 31　Hall (1995) *op. cit.*, p.99. ただし、年号は Macintyre (1991) *op. cit.*, pp.141-143 を参照した。
注 32　Macintyre (1991) *op. cit.*, p.142.

Australia: ITOA）が設立された[注33]。表 9-5 は 1966/67 年度から 1977/78 年度までのオーストラリアにおける観光収支である。赤字額は年々増加傾向であり、1975/76 会計年度には 2 億 9600 万ドルの赤字を抱えていた。しかし、1970 年代中葉から観光収入の伸びは支出の伸びを上回るようになり、支出・収入のギャップは改善されていった。

表 9-5　観光収支の推移（1966/67-77/78 年度）

年度	収入（100万ドル）	支出（100万ドル）	収支比	差額（100万ドル）
1966/67	70	139	1.99	69
1967/68	80	147	1.84	67
1968/69	83	157	1.89	74
1969/70	92	186	1.98	94
1970/71	117	199	1.70	82
1971/72	126	264	2.09	138
1972/73	123	321	2.61	198
1973/74	156	341	2.14	182
1974/75	212	428	2.02	216
1975/76	233	509	2.18	296
1976/77	278	510	1.83	232
1977/78	326	531	1.63	205

出典： The Parliament of the Commonwealth of Australia(1978)
House of Representatives Select Committee on Tourism
Final Report (Parliamentary Paper No.281/1978),
Australian Government Publishing Service, Canberra p.12.

9.3.2　観光・レクリエーション省の役割

スチュワートが就任した観光・レクリエーション大臣（Minister for Tourism and Recreation）であるが、同省の議会報告書によると、その政策目的は以下のものであった。

- 観光と旅行に関するあらゆる局面の調査を指導または創始し、中央情報サービスを整備する。
- 地域的な調査の評価に基づき、国家的な観光開発のために諸州が優先する準備を協議する。

注33　Harris (1996) *op. cit*., pp-15-16.

> - タウンズビル空港のアップグレードやエアーズ・ロック開発など、観光に大きな影響を及ぼす主要議案を連邦政府の諸省庁と協議する。
> - 観光産業と諸州のための支援計画を施行する。
> - 旅行業者の活動を調整する規制案を施行する。
> - 諸州間のおよび国際的な観光会議でオーストラリア連邦を代表し、事務的に適切な公務を行う。
> - 他の連邦政府省庁の観光利害を代表する。
>
> (Department of Tourism and Recreation (1974) *Development of Tourism in Australia* (*Parliamentary Paper No.112/1973*), The Government Printer of Australia, Canberra, p. 31)

　上記のことから、観光・レクリエーション省は各州や業界との調整役としての機能を期待されていたことがわかる。さらに、同省は国際観光のうち、海外からの観光客を受け入れるインバウンド観光の整備の役割を負うようになっていた。タウンズビル空港の整備は観光客の供給源として有望な日本をターゲットにしたものであった。それまでインバウンド観光客の主な供給源であったイギリスは、EC加盟以降英連邦よりもむしろヨーロッパ諸国との関係を強化するようになっていた。他方、高度経済成長によって急速な発展を遂げ、貿易等によってオーストラリアとの関係が緊密になった日本の方がより魅力的なマーケットであった。

　タウンズビルを整備の重点地区に挙げているように、北クイーンズランドは日本からの玄関口として地政的に重要であった。表9-6は1964年から1972年までの海外訪問者数を出身地別に見たものである。この時点ではニュージーランドやアメリカ合衆国、イギリスなどが上位を占めていたが、東京オリンピックを機会に海外渡航の自由化が行われた日本からの観光客も徐々に増加しつつあった。同時に、北クイーンズランドは世界最大の珊瑚礁帯であるグレート・バリア・リーフを抱え、オーストラリア有数の観光地として発展を遂げる可能性を秘めていた。さらに、オーストラリア大陸北部は南東部と比べると開発が遅れていたため、観光による地域開発は国土の均等な発展のためにまたとない機会だった。1975年6月にグレート・バリア・リーフ海洋公園法 (The Great Barrier Reef Marine Park Act) が制定され、翌76年に公的機関 (The Great Barrier Reef Marine Park Authority)

が運営を始めた[注34]。

表 9-6　海外訪問者の出身地（1964-72 年）

（単位：1000 人）

地域・主要国	1964年	1965年	1966年	1967年	1968年	1969年	1970年	1971年	1972年
アフリカ全体	3.2	3.9	3.4	4.1	4.9	5.5	8.2	8.4	8.8
南アフリカ共和国	1.3	1.8	1.4	2.1	2.7	3.2	5.2	4.8	5.4
アメリカ全体	23.5	28.6	32.2	38.9	47.0	57.6	74.5	95.8	92.6
アメリカ合衆国	20.0	23.8	27.2	32.8	39.4	50.1	64.3	83.3	77.8
カナダ	2.9	3.9	4.0	4.6	6.1	7.5	10.2	12.5	14.7
アジア全体	17.2	18.9	20.2	25.5	32.1	35.9	44.2	54.3	57.6
日本	3.3	4.0	3.9	5.4	6.8	9.0	11.4	16.0	15.3
香港	2.6	2.6	3.0	3.6	3.8	4.6	5.6	6.8	7.8
マレーシアとシンガポール	4.6	5.4	5.9	7.8	10.6	9.3	10.7	12.7	13.7
ヨーロッパ全体	29.0	35.1	36.0	39.9	45.7	54.4	66.5	75.4	95.8
イギリスとアイルランド	18.7	22.8	23.1	24.7	28.9	34.7	39.8	44.2	57.4
西ドイツ	1.8	2.4	2.6	2.9	3.2	4.0	5.6	6.8	8.2
オランダ	2.4	2.6	2.8	3.1	3.4	3.9	4.6	5.5	7.6
オセアニア全体	75.0	86.8	95.5	106.7	107.0	120.6	142.3	151.1	168.3
ニュージーランド	53.3	62.9	68.8	77.0	73.6	82.6	96.8	98.5	111.2
パプア・ニューギニア	15.1	16.6	19.0	20.5	22.3	25.4	29.5	33.8	36.0
地域合計＊	147.9	173.3	187.3	215.1	236.7	275.8	338.4	388.7	426.4

＊トランジットは除く．

出典：Australian Tourist Commission(1970) *Annual Report 1968-69*, Commonwealth Government Printing Office, Canberra.
　　　Australian Tourist Commission(1974) *Annual Report 1972-73*, The Government Printer of Australia, Canberra.
　　　1968 年まで 1968-69 年度版、1969 年から 1972-73 年度版の各国統計を抜粋．

9.3.3　観光と先住民

　さらに、観光・レクリエーション省にはオーストラリア人の雇用の確保という役割があった。第二次世界大戦以後のオーストラリアは好景気に支えられ、完全雇用に近い状態が保たれていた。しかし、白豪主義下で 1960 年代後半まで市民権を得るのが困難であった先住民アボリジニは、必ずしも経済的恩恵に預かった訳ではない。そこで、観光・レクリエーション省の政策は、次に挙げるように雇用困難なアボリジニの経済的な自立を促す事も考慮に入れていた。

　観光の発展は、多くのオーストラリア先住民にとって有用な経済活動と結びつき、先住民の自立を促す。事実、諸州と北部準州には、ある観光客を引きつ

注 34　The Parliament of the Commonwealth of Australia (1978), *op. cit.*, p.24

> けるアピールを促す、アボリジニが参与する地域がある。観光・レクリエーション省は、先住民問題省やその他の政府機関と共に、観光プロジェクトの参加から、先住民が最大限の利益を受けるための十分なトレーニング・プログラムと雇用機会を促すことを追求すべきである。
> (Department of Tourism and Recreation (1974) *Development of Tourism in Australia* (*Parliamentary Paper No.112/1973*), The Government Printer of Australia, Canberra, p.8)

　観光とアボリジニとの関係は雇用のみではない。観光開発に向けられる地域のなかには、エアーズ・ロックのように彼らが居住する地域や聖地として崇めている土地も含まれていた。白豪主義下では先住民の権利は無視されたが、1960年代後半から事態は変化していった。先住民は、1965年に南オーストラリア州で土地返還法を勝ち取ったのを皮切りに、様々な諸権利を回復していった[注35]。1967年の国民投票により、差別の対象であったアボリジニはオーストラリア人としての市民権を獲得した。1971年にはトーマス(Harold Thomas:1947年-)が、黒・赤・黄色のアボリジニの旗を作り、先住民権運動のシンボルとなった[注36]。アボリジニの権利回復と多文化主義による民族文化の復興は、後のオーストラリア観光を形成する要素となった。連邦政府により、1976年には北部準州の土地権法(Land Rights Act)が可決され、後にカカドゥやキャサリン渓谷、ウルル(エアー

注35　先住民の権利回復の例として、次のようなものが挙げられる。　土地返還法…南オーストラリア州(1965年)、クイーンズランド州およびニュー・サウス・ウェールズ州(1967年)、西オーストラリア州およびビクトリア州(1972年)、タスマニア州(1975年)、北部準州(1978年)、首都特別区(1991年)
　　　Aboriginal and Torres Strait Islander Heritage Act 1984
　　　Australian Heritage Commission Act 1975
　　　Native Title Act 1993
　　　World Heritage Properties Conservation Act 1983
　　　Aboriginal Heritage Act 1992(西オーストラリア州),1988(南オーストラリア州)
　　　Archaeological and Aboriginal Relics Preservation Act 1972(ビクトリア州)
　　　以上、Hall, C. M. and McArthur, Simon(1996) *Heritage Management in Australia and New Zealand*, Oxford University Press, Melbourne, pp.210-212.

注36　Caruana (1993) *op. cit.*, p.184.

ズ・ロック）などの国立公園における先住民の所有権を認める傾向[注37]が進んでいった。

【参考文献】

朝水宗彦 (1998)「オーストラリアにおけるサステーナブル・ツーリズム」『日本観光学会誌』第32号，日本観光学会, 49-52頁

Australian Tourist Commission (1970) *Annual Report 1968-69 (Parliamentary Park No.201)*, Commonwealth Government Printing office, Canberra

Ballard, Geoffrey (1997) *Nation with Nation: The Story of Olympic Village Heidelberg Olympic Games Melbourne 1956*, Spectrum Publications, Richmond, Vic

Flood, Josephine (1997) *Rock Art of the Dreamtime*, Angus & Robertson Australia, Sydney

Department of Tourism and Recreation (1974) *Development of Tourism in Australia,(Parliamentary Paper No.112/1973)*, The Government Printer of Australia, Canberra

Hall, C. M. and McArthur, Simon (1996) *Heritage Management in Australia and New Zealand*, Oxford University Press, Melbourne

Harris, Rob and Howard, Joy (1996) *Dictionary of Travel, Tourism and Hospitality Terms*, Hospitality Press, Melbourne

松山利夫 (1994)『ユーカリの森に生きる』日本放送出版協会

National Centre for Australian Studies *ed.* (1992) *The Lie of the Land*, Monash University, Vic

The Parliament of the Commonwealth of Australia (1978) *House of Representatives Select Committee on Tourism Final Report (Parliamentary Paper No.281/1978)*, Australian Government Publishing Service, Canberra

Purdie, Helen and O Connor, Donna-Maree (1990) *Tourism: The Total Picture*, The Jacaranda Press, Brisbane

---

注37 Wright, Ian Lee (1993) "Aboriginal and Islander Issues in Park and Recreational Management", *Australian Parks and Recreation*, 29(4), pp. 10-13.

RAIPR *ed.* (1994)" Our 30th Anniversary" *Australian Parks & Recreation*, 30(3), p. 32
高木茂 (1999)『オーストラリアの鉄道がわかる本』成山堂書店
田村加代 (1998)「1950 年代のオーストラリア絵画とアボリジニー」『オーストラリア研究』第 10 号, オーストラリア学会, 27-39 頁
Walmsley, D. J. and Sorensen, A.D. (1988) *Contemporary Australia*, Longman Cheshire, Melbourne
Wright, Ian Lee (1993) "Aboriginal and Islander Issues in Park and Recreational Management" *Australian Parks and Recreation, 29(4)*, pp. 10-13

第10章

発展期における観光政策

　1980年代になると、オーストラリア各地で大規模な観光開発が進んだ。クイーンズランド州では、日本を代表とする外資系企業の参入により、遠隔地におけるリゾート開発が急速に行われた。観光産業の発展に伴い、連邦政府や州政府における観光関連省庁の整備も進んだ。この章では、1980年代を中心に、連邦政府による観光政策のピークを象徴する1991年の観光省設立まで述べる。

10.1　発展期における観光政策の諸背景

10.1.1 太平洋国家への道

　1980年代の観光で注目すべき点は日本人観光客の増加である。表10-1はオーストラリアへ訪問した観光客の上位10カ国を示したものである。1973年と1982年の時点では、ニュージーランド、アメリカ合衆国、イギリスの3カ国が上位を占めていた。しかし、ホーク政権（Bob Hawke: 1983年3月-91年12月）末期の1991年には、これらの国々を抑えて日本が首位に躍り出た。さらに、シンガポールや香港、台湾、マレーシアなど、アジア諸国が上位に現れている。つまり、オーストラリアのアジア重視政策が観光客数にも反映したといえよう。このように、1980・90年代における観光客の急増は、日本が強力な牽引力となっていた。
　オーストラリアにおけるインバウンド観光客の増加には航空路線の整備が不可欠である。表10-2に見られるように、1980年におけるオーストラリアから日本への直行便はシドニー-成田間に週4便しかなかった。シドニー以外の路線が開設され、1981年にメルボルン-成田便、1982年にブリスベン-成田便とパース-成田便、1986年にはケアンズ-成田便が就航した。1987年には日本航空がシドニー-成

田便の週7便運行を行い、パッケージ・ツアー客の誘致に有利な態勢ができた。成田以外の路線も開設され、1988年にシドニー-名古屋便、1990年にシドニー-福岡便、1992年にシドニー-大阪便、1993年にケアンズ-札幌便が就航した。

表10-1 オーストラリアにおける入国観光客数上位10カ国（1973,82,91年）

(単位：人)

順位	1973年		1982年		1991年	
1	ニュージーランド	79,671	ニュージーランド	97,391	日本	478,200
2	アメリカ合衆国	56,214	アメリカ合衆国	61,588	ニュージーランド	237,900
3	イギリス	41,270	イギリス	43,973	アメリカ合衆国	161,100
4	パプアニューギニア	20,860	日本	38,489	イギリス	114,900
5	カナダ	11,598	ドイツ	21,171	シンガポール	60,100
6	日本	7,249	カナダ	16,567	ドイツ	57,100
7	ドイツ	6,242	シンガポール	12,257	香港	32,600
8	フィジー	4,995	マレーシア	10,155	カナダ	30,000
9	シンガポール	4,889	パプアニューギニア	8,444	台湾	25,300
10	イタリア	4,604	香港	8,366	マレーシア	23,700
参考	調査年全観光客数	284,450	調査年全観光客数	386,784	調査年全観光客数	1,435,500

註： 1973・82年のイギリスはアイルランドを含む。
　　統一前のドイツは旧西ドイツを指す。
出典： Miller, J.G. (1974) *Overseas Arrivals and Departures Year 1973*, ABS, Canberra, p.22.

オイルショック以降オーストラリアでは鉱工業中心の経済は伸び悩み、サービス産業へのシフトが加速化した。ここで急速に成長したのが観光やそれに関連する産業であり、観光開発では外資系企業が大きな役割を演じた。外資系企業のなかでも日系企業の参入が代表的であり、特にクイーンズランド州における急激な開発はオーストラリア社会に大きな衝撃を与えた。クイーンズランド州では、1970年代末からブジョルキ（ビョーク）・ピーターセン地方・自由党政権（J. Bjelke-Petersen: 1968-87年）の下で、大規模なリゾート開発が行われた。

10.1 発展期における観光政策の諸背景

表 10-2（1） 日本-オーストラリア間の航空路線の展開（1980-94 年）

年	週間便数合計	航空会社・路線・週間便数	観光関連事項
1980	4	QF TYO-SYD 1 JL TYO-SYD 3	シドニーへ JL/QF 2 社運行で週 4 便
1981	5	QF TYO-SYD-MEL 2 JL TYO-SYD 3	
1982	6	QF TYO-BNE-SYD 1 TYO-SYD-MEL 1 TYO-SYD-PER 1 JL TYO-SYD 3	ブリスベンへ直行便運行
1983	6	QF TYO-BNE-SYD 1 TYO-SYD-MEL 1 TYO-SYD-PER 1 JL TYO-SYD 3	JL が IATA 輸送実績第 1 位へ
1984	7	QF TYO-BNE-SYD 1 TYO-SYD-MEL 1 TYO-SYD-PER 1 JL TYO-SYD 4	「コアラ親善大使」来日 「エリマキトカゲ」テレビ CM 第 1 回世界観光博
1985	8	QF TYO-BNE-SYD 1 TYO-SYD-MEL 2 TYO-SYD-PER 1 JL TYO-SYD 3	プラザ合意 オーストラリア行きユース運賃導入 オーストラリアへ日本人旅行者 10 万人
1986	9	QF TYO-BNE-SYD 1 TYO-SYD-MEL 2 QF/JL TKO-CNS-BNE 1 TYO-SYD-ADL 1 JL TYO-SYD 4	QF/JL による共同運航便開始 ケアンズへの直行便登場 JL 民営化
1987	14	QF TYO-BNE-SYD 2 TYO-SYD-MEL 3 TYO-MEL-SYD 1 QF/JL TYO-CNS-BNE 1 JL TYO-SYD 7	テンミリオン計画発表 オーストラリア行きファミリー運賃導入 JL シドニーへ週 7 便（DAILY FLT） ブリスベンへ週 3 便
1988	24	QF TYO-BNE-SYD 2 TYO-SYD-MEL 3 TYO-MEL-SYD 1 TYO-BNE-SYD-MEL 1 NGO-MEL-SYD 1 QF/JL TYO-CNS-BNE 1 TYO-PER 1 TYO-CNS-SYD 1 NH TYO-SYD 5 JL TYO-SYD 5 TYO-BNE-SYD 2	QF 名古屋便を開設 オーストラリア行きペックス運賃導入 オーストラリアへ日本人旅行者 35 万人 NH オーストラリア線へ参入

125

第 10 章 発展期における観光政策

表 10-2（2）

1989	32	QF TYO-BNE-SYD 3 　　TYO-SYD-MEL 4 　　NGO-BNE-SYD 2 　　NGO-BNE-MEL 1 　　TYO-SYD 3 NH TYO-SYD 5 QF/JL TYO-CNS-SYD 2 　　TYO-PER 2 JL TYO-SYD 7 　　TYO-BNE 3	ブリスベン行き週 9 便へ
1990	36	QF TYO-BNE-SYD 3 　　TYO-SYD-MEL 3 　　NGO-BNE-SYD 1 　　NGO-SYD 1 　　TYO-SYD 4 QF/JL TYO-CNS-SYD 3 　　TYO-PER 2 　　TYO-ADL-MEL 1 　　TYO-SYD 1 　　FUK-BNE-SYD 2 NH TYO-SYD 5 JL TYO-SYD 7 　　TYO-BNE 3	テンミリオン計画達成 QF 福岡便を開設
1991	42	QF TYO-SYD 7 　　NGO-BNE 1 　　NGO-BNE-SYD 2 　　NGO-SYD 2 　　NGO-CNS-SYD 1 　　NGO-CNS 1 QF/JL TYO-CNS-BNE 7 　　TYO-PER 2 　　TYO-ADL-MEL 1 　　TYO-BNE 1 　　FUK-BNE-SYD 2 NH TYO-SYD 5 JL TYO-SYD 7 　　TYO-BNE 3	ブリスベン週 16 便に ケアンズ週 9 便に オーストラリアへ日本人旅行者 53 万人
1992	47	QF TYO-SYD 7 　　TYO-CNS-SYD-MEL 4 　　TYO-CNS-SYD 3 　　NGO-CNS 1 　　NGO-CNS-SYD 4 　　NGO-BNE-SYD 2 　　TYO-PER 1 QF/JL TYO-ADL-MEL-SYD 1 　　TYO-PER 2 　　FUK-BNE-SYD 2 NH TYO-SYD 5 NW OSA-SYD 3 JL TYO-SYD 7 　　TYO-CNS-BNE 5	ゾーン運賃制度導入 NW オーストラリア線へ参入 大阪発を新設、週 3 便就航 QF 国内線オーストラリアン航空を合併統合

10.1 発展期における観光政策の諸背景

表 10-2（3）

1993	56	QF TYO-SYD 7 　　TYO-CNS-BNE 7 　　TYO-PER 3 　　TYO-SYD-ADL 1 　　FUK-CNS 4 　　NGO-CNS-SYD 7 　　SPK-CNS 2 NH TYO-SYD 5 NW OSA-SYD 3 JL TYO-SYD 7 　　TYO-CNS-BNE 5 　　TYO-CNS 1 　　OSA-CNS-BNE 4	札幌発ケアンズ便の就航
1994	75	QF TYO-SYD-MEL 7 　　TYO-CNS-BNE 7 　　TYO-DRW-SYD 1 　　TYO-PER 3 　　NGO-CNS-SYD 7 　　OSA-BNE-SYD 5 　　FUK-CNS 3 　　FUK-CNS-SYD 1 　　SPK-CNS 3 JL TYO-SYD 7 　　TYO-CNS-BNE 7 　　OSA-CNS-SYD 3 　　OSA-BNE-SYD 4 NH TYO-SYD 5 　　TYO-BNE-SYD 2 　　OSA-BNE-SYD 2 AN OSA-SYD 1 　　OSA-BNE-SYD 4 NZ OSA-BNE-AKL 3	関西国際空港オープン 関空から 19 便増便 AN, NZ が新規参入 NW がオーストラリア線から撤退 幅運賃制度導入 オーストラリアへ日本人旅行者 78 万人 1994 年現在 SYD 週 49 便 　　　　　　　　BNE 週 34 便 　　　　　　　　CNS 週 31 便

注：各年 5 月の旅客定期便の週間便数．1994 年は関西国際空港開港後の 11 月スケジュール．
コード（航空会社）AN アンセット航空，JL 日本航空，NH 全日空，QF/JL 共同運航便，NW ノースウエスト航空，NZ エア・ニュージーランド，QF カンタス航空
（空港）ADL アデレード，AKL オークランド，BNE ブリスベン，CNS ケアンズ，DER ダーウィン，MEL メルボルン，PER パース，SYD シドニー，TYO 東京，FUK 福岡，NGO 名古屋，OSA 大阪，SPK 札幌
出典：杉田由紀子（1998）「オーストラリアへの日本人旅行者増大の背景と航空輸送」
『オーストラリア研究』第 11 号，オーストラリア学会，43 頁．

　初めに、不動産会社であった岩崎産業が 1978 年にロックハンプトン近郊のヤプーン（Yepoon）で、山手線の内側の面積に匹敵する当時最大規模のものである

127

第 10 章　発展期における観光政策

とされるリゾート開発を行った。このリゾート地は後にキャプリコン・インターナショナル（Capricorn International）と呼ばれ、国内外から長期滞在目的のリゾート客が訪れている。これに続き、大京や EIE インターナショナルがケアンズやゴールドコーストの開発に参入した。大京は 1987 年 3 月にゴールド・コーストのパーム・メドウズ・ゴルフ場、1990 年にケアンズのパラダイス・パームズ・ゴルフ場をオープンした。EIE インターナショナルは 1988 年末にゴールド・コーストのサンクチュアリー・コーブを取得し、さらに 1989 年に開学したオーストラリア初の私立大学で観光学コースに特色のあるボンド大学の経営に参与した[注1]。クイーンズランド州を中心とした日系企業の開発は、バブル経済の崩壊前にピークを迎えた。日本からオーストラリアへの投資は、1988/89 年度に 35 億ドルまで達したが、その大部分は観光に関連した不動産投資であったとされる[注2]。

さらに、1984 年に導入された外貨レートのフロート制は急激な円高をもたらした。そのため、強い円の力を背景に、日系企業の進出のみならず、日本人観光客の特性も変化していった。つまり、強い購買力を持った日本人観光客が大量にオーストラリア東海岸の日系リゾート地へ押し寄せるという形態が作り出され、このことが日系企業の進出をさらに促進するという経済成長サイクルを活性化させた。1987 年に発表された、海外渡航の促進を目的としたテンミリオン計画もまた、この活性化に少なからぬ影響を及ぼしたと思われる。

ただし、外資系企業による観光開発はスムーズに進んだわけではない。1980 年 11 月には、ヤプーンのリゾート建設地で爆破事件が起こっている。この事件は、一方では環境保護派と観光開発派との対立と考えられ、他方では外資や移民の流入に反対する保守派と多文化政策推進派との対立とも考えられた。とはいえ、全体的に見ると日豪間の交流は順調に活性化していった。例として両国間の姉妹都市提携を挙げると、表 10-3 に見られるように、1960・70 年代にはさほど多くなかったものが 80 年代以降急増している。

注1　徳久球雄編著 (1995)『環太平洋地域における国際観光』嵯峨野書院, 161 頁。
注2　Australia-Japan Research Centre (1992) *Japanese Tourism to Australia, Australian National University*, Canberra, p.14.

表 10-3（1） 日豪姉妹都市・自治体一覧（1963-95）

日本側	オーストラリア側	提携年月日
＜姉妹都市＞		
大和高田市（奈良）	リズモア（NSW）	1963.08.07
池田市（大阪）	ロンセストン（Tas）	1965.11.01
日和佐町（徳島）	ケアンズ（Qld）	1969.04.01
松戸市（千葉）	ホワイトホース（Vic）	1971.05.12
鹿児島市（鹿児島）	パース（WA）	1974.04.23
鹿本市（熊本）	クーマ（NSW）	1975.11.05
焼津市（静岡）	ホバート（Tas）	1977.02.17
大阪市（大阪）	メルボルン（Vic）	1978.04.24
勝山村（山梨）	ヤラウォンガ（Vic）	1978.05.18
江刺市（岩手）	シェパトン（Vic）	1979.03.03
横須賀市（神奈川）	フリマントル（WA）	1979.04.25
内浦町（石川）	ポートランド（Vic）	1980.02.19
山形市（山形）	スワン・ヒル（Vic）	1980.08.06
名古屋市（愛知）	シドニー（NSW）	1980.09.16
指宿市（鹿児島）	ロックハンプトン（Qld）	1980.11.21
宇部市（山口）	ニューカッスル（NSW）	1980.11.21
太地町（和歌山）	ブルーム（WA）	1981.05.07
厚岸町（北海道）	クラレンス（Tas）	1982.02.09
裾野市（静岡）	フランクストン（Vic）	1982.02.22
姫路市（兵庫）	アデレード（SA）	1982.04.19
台東区（東京）	マンリー（NSW）	1982.08.14
越谷市（埼玉）	キャンベルタウン（NSW）	1984.04.11
足立区（東京）	ベルモント（WA）	1984.10.01
藤枝市（静岡）	ペンリス（NSW）	1984.11.03
神戸市（兵庫）	ブリスベン（Qld）	1985.07.16
江戸川区（東京）	ゴスフォード（NSW）	1988.04.19
川崎市（神奈川）	ウーロンゴン（NSW）	1988.05.18
佐世保市（神奈川）	コスフ・ハーバー（NSW）	1988.06.06
丹波町（京都）	ホークス・ベリー（NSW）	1988.06.07
猪名川町（兵庫）	バララット（Vic）	1988.08.01
三田市（兵庫）	ブルー・マウンテン（NSW）	1988.08.30

第 10 章　発展期における観光政策

表 10-3（2）

安城市（愛知）	アルトナ（Vic）	1988. 10. 17
吹田市（大阪）	バンクスタウン（NSW）	1989. 03. 09
美濃加茂市（岐阜）	ダボウ（NSW）	1989. 06. 02
松浦市（長崎）	マッカイ（Qld）	1989. 07. 22
泉崎村（福島）	テモラ（NSW）	1989. 07. 22
吉永町（岡山）	クレア（SA）	1990. 01. 18
半田市（愛知）	ポート・マッコーリー（NSW）	1990. 04. 14
杉並区（東京）	ウイロビー（NSW）	1990. 05. 11
牛久市（茨城）	オレンジ（NSW）	1990. 07. 28
徳山市（山口）	タウンズビル（Qld）	1990. 09. 30
大熊町（福島）	バザースト（NSW）	1991. 03. 25
室戸市（高知）	ポート・リンカーン（SA）	1991. 03. 27
中央区（東京）	サザランド（NSW）	1991. 07. 09
草津市（群馬）	スノーウィー・リバー（NSW）	1991. 07. 10
いわき市（福島）	タウンズビル（Qld）	1991. 08. 21
本別町（北海道）	キルモア（Vic）	1991. 09. 15
高槻市（大阪）	トゥンバ（Qld）	1991. 11. 13
泉大津市（大阪）	グレーター・ジローン（Vic）	1992. 04. 28
三浦市（神奈川）	ウォーナンプール（Vic）	1992. 07. 06
函館市（北海道）	レイク・マコーリー（NSW）	1992. 07. 31
小野田市（山口）	レッドクリフ（Qld）	1992. 08. 18
大沢野町（富山）	ウェリントン（NSW）	1992. 08. 24
戸田市（埼玉）	リバプール（NSW）	1992. 10. 01
八田村（山梨）	クェンビャン（NSW）	1992. 10. 09
世田谷区（東京）	バンバリー（WA）	1992. 11. 10
国分寺市（東京）	マリオン（SA）	1993. 04. 02
藤沢町（岩手）	デュアリンガ（Qld）	1993. 07. 27
奈良市（奈良）	キャンベラ（ACT）	1993. 10. 26
大府市（愛知）	ポート・フィリップ（Vic）	1993. 11. 20
浅井町（滋賀）	ウェントワース（NSW）	1994. 04. 12
棚倉町（福島）	レイク・マコーリー（NSW）	1994. 05. 12
大月市（山梨）	ハービー・ベイ（Qld）	1994. 07. 06
伊豆長岡町（静岡）	グラフトン（NSW）	1994. 07. 20
練馬区（東京）	イプスウィッチ（Qld）	1994. 10. 15
白石市（宮城）	ハーストビル（NSW）	1994. 10. 23
枚方市（大阪）	ローガン（Qld）	1995. 03. 14

表 10-3（3）

<姉妹県・州>		
愛知県	ビクトリア州	1980.05.02
兵庫県	西オーストラリア州	1981.06.23
東京都	ニュー・サウス・ウェールズ州	1984.05.09
埼玉県	クイーンズランド州	1984.10.27
大阪府	クイーンズランド州	1988.05.04
岡山県	南オーストラリア州	1993.05.07
<姉妹港>		
四日市港	シドニー港	1968.10.24
大阪港	メルボルン港	1974.10.09
名古屋港	フリーマントル港	1983.04.19
水島港	アデレード港	1984.11.29
横浜港	メルボルン港	1986.05.24

出典：徳久球雄編（1998）『国際化の地理学』学文社，124-126 頁。

10.1.2 多文化主義導入後の文化所産

　1970 年代にホイットラム政権によって導入された多文化政策は、文化の多様性を認め、マイノリティ文化を尊重する社会を形成した。多文化社会のコンセプトはオーストラリアにおける観光形態に影響した。それまで、史跡巡りや絵画鑑賞など、アングロ・アイリッシュ系の文化財を目玉とした観光形態は存在した。これらに加え、移民やその他のマイノリティ文化が加わることにより、同国の観光形態はより多彩なものとなった。キャンベラにおける多文化祭やメルボルンにおけるムウンバ・フェスティバルは諸民族が集う大規模な祭典に発展した。シドニーで行われ、世界最大規模のゲイおよびレズビアンの祭典であるマルディ・グラ（Mardi Gras）もまた、マイノリティ文化を広義に捉えると多文化主義祭典の一種と考えられる。

　アボリジニの芸術は、先述した先住民の水彩画家ナマジラなどの活躍により、1950 年代頃から一部の人々によって評価されていたが、多文化主義の浸透とともに先住民の作品はより広く受け入れられるようになった。建国 200 年祭が行われた 1988 年には、キャンベラの国立博物館を代表する彩色した棒（dupun）の造形群であるアボリジニー記念碑（The Aboriginal Memorial）が作られた。この制作には、ダタング（Paddy Dhatangu）やミルプルル（George Milpurrurru）、ウルル

(Jimmy Wululu)、マランギ（David Malangi）など、当時のアボリジニ芸術を代表するメンバーが携わった[注3]。オーストラリア大陸北部や中央部の観光地は先住民の聖地や居住地である場合が少なからず見られる。聖地エアーズ・ロックが存在するウルル・カタ・ジュタ国立公園（Uluru-Kata Tjuta National Park：ウルルはアボリジニの言葉でエアーズ・ロックを指す）やアボリジニー居住地と隣接するカカドゥ国立公園（Kakadu National Park）など、オーストラリアを代表する観光地がその例として挙げられる。先住民が書き残した壁画もまた、同国における貴重な観光資源である。

10.2　継続から発展へ向かう観光政策

10.2.1 観光行政の部分的継続

　オーストラリアにおける初期の観光政策発展に貢献したホイットラム政権は連邦総督による首相罷免によって1975年11月に倒れた。続くフレーザー保守政権は、政権引継間もない1975年12月に観光・レクリエーション省を廃止した。ただし、観光政策自体は産業商務省（Department of Industry and Commerce）の観光産業部（The Tourist Industry Branch）が引き継ぐことになった[注4]。観光産業部の役割は次のようなものであった。

- オーストラリアにおける海外および国内観光に関連する政策の提言案やプログラムを形成する。
- 政府と観光客、観光関連産業とが接する主要な地点として行動する。
- 観光産業や旅行活動に関連するデータを収集・分析し、合理的な観光資源開発のための開発政策案を提言する。
- 観光産業の特定の分野を助成するための調査をし、報告書によって助言

注3　Caruana, Wally (1993) *Aboriginal Art*, Thames and Hudson, Singapore, p.206.
注4　The Parliament of the Commonwealth of Australia (1978) *House of Representatives Select Committee on Tourism Final Report (Parliamentary Paper No.281/1978)*, Australian Government Publishing Service, Canberra, pp.53-55.

> する。
> - 業界団体や訪問者、各界代表者、信書による相談を含む、海外および国内観光に関連する要請を省庁の下で遂行する。-観光客および関連産業に影響する全般的な調整政策を諸州と協調する。
> - 観光閣僚カウンシルへの支援および調査サービスを供給する[注5]。
> - 他の諸省庁や政治機構との協議を引用し、観光客や関連産業に影響するプログラムの助言を供給する。
> - 国際的な観光機構への代表を供給する。
>
> (The Parliament of the Commonwealth of Australia (1978) *House of Representatives Select Committee on Tourism Final Report* (Parliamentary Paper No.281/1978), Australian Government Publishing Service, Canberra, pp.53-54)

　上記の観光政策を遂行するために、フレーザー政権はいくつかの委員会を設立した。1976年12月1日には連邦議会によりオーストラリア選抜観光コミッティ（Australian Select Committee on Tourism: ASCOT）が召集された[注6]。このコミッティは連邦政府と州政府の観光政策の調整役であり、旧観光・レクリエーション省の政策の一部を担当していた[注7]。さらに、同76年12月には観光調査コミッティ（Tourism Research Committee: TRC）が設立され、旧観光行政機関の情報部門を担当した[注8]。フレーザー政権の観光政策は、タウンズビル空港の国際化、北部クイーンズランド州観光の発展、同空港からエアーズ・ロック等への国内線の整備など、前政権を引き継いだものが多かった。

　しかし、ゴールド・コースト観光発展のため、ブリスベン空港の整備を最重点課題としたことなど、新政権の独自性も見られる[注9]。すでにオーストラリアを代表する観光地となっていたゴールド・コーストを活用することは、新たな観光地を開発することよりも効率が良く、リスクが小さかった。ASCOTはアメリカ合衆国のマイアミをコピーするのではなく、オーストラリアの独自性を持った観光

注6　The Parliament of the Commonwealth of Australia (1978) *op. cit.*, p.1.
注7　Harris and Howard (1996) *op. cit.*, p.8.
注8　The Parliament of the Commonwealth of Australia (1978) *op. cit.*, p.73.
注9　*Ibid.*, pp.86-87.

開発を試みたとされる注10。アメリカやヨーロッパの観光地を真似しただけなら、観光客の供給源である北半球の先進諸国から地理的に遠く、コスト的に高いオーストラリアは不利であったためである。さらに、フレーザー政権の観光政策は実務的であり、福利厚生面には前政権ほど力点を置いていないようである。このように、フレーザー政権の観光行政では、前政権の産業部門を特化し、少ない予算で最大の経済的効果を得る体制が採られていた。

上記のように1970年代後半の観光政策はブリスベン空港の整備など、既存の設備や施設の活用が特徴的であったが、それなりの成果を上げていた。1977/78年度の訪問者数を見ると、ビクトリア州のゴールド・ラッシュの街を再現したソブリン・ヒル（Sovereign Hill）は40万人、キャンベラの戦争記念館（Australian War Memorial）は77万5000人（うち海外からの観光客は10万人）[注11]であった。1958年に設立されたエアーズ・ロック-マウント・オルガ国立公園（Ayars Rock -Mt. Olga National Park）は1977年5月24日にウルル-カタ・ジュタ国立公園に再編された。エアーズ・ロック開発は1969年にマスタープランが作られていたが、開発は遅れていた。しかし、1961年に5000人であった訪問者は、1977/78年度には6万6000人に増加した[注12]。

さらに、1970年代以降の観光政策は国際観光、特に日本を視野に入れた活動を具体化させたことに特色がある。たとえば、青少年の国際交流の推進を試みたワーキング・ホリデー制度が1975年にイギリスと結ばれたが、1977年にカナダ、1980年に日本、1981年にオランダ、1985年にアイルランド、1995年に韓国、1996年にマルタと提携国が増えていった[注13]。本来英連邦諸国間の交流を目的としていたこの制度を拡大し、日本との関係改善に役立てたのはフレーザー政権の功績であった。さらに、フレーザー政権は1976年に豪日交流基金（Australia-Japan Foundation: AJF）を設立し、両国間の橋渡しになる人的交流や人材育成を試みた。

しかし、これらの諸政策にもかかわらず、フレーザー政権下での観光客数は慢性的に流出超過だった。表10-4は短期出入国者の推移である。1977年以降海外

注10　*Ibid.*, p.63.
注11　*Ibid.*, p.21.
注12　*Ibid.*, pp.25-26.
注13　Joint Standing Committee on Migration *ed. (1997) Working Holiday Makers: More Than Tourists*, Australian Government Publishing Service, Canberra, p.8.

からの入国数は増加傾向であるが、オーストラリア人の出国数も増加したため、出入国のギャップは改善されなかった。流出超過が解消されたのは 1980 年代後半のことであった。

表 10-4 短期出入国者の推移（1977-91 年）

（単位：人）

年	オーストラリア人の出国	海外からの入国
1977	971,253	563,282
1978	1,062,234	630,594
1979	1,175,768	793,345
1980	1,203,603	904,558
1981	1,217,299	936,727
1982	1,286,908	954,674
1983	1,253,000	943,900
1984	1,418,600	1,015,100
1985	1,512,000	1,142,600
1986	1,539,600	1,429,400
1987	1,622,300	1,784,900
1988	1,697,600	2,249,300
1989	1,989,800	2,080,300
1990	2,169,900	2,214,900
1991	2,099,400	2,370,400

出典： Cameron, R.J. (1983) *Overseas Arrivals and Departures Australia 1982*, ABS, Canberra, p.8. 1983 年以降は Castles, Ian (1992) *Overseas Arrivals and Departures Australia 1991*, ABS, Canberra, p.3.

10.2.2 観光省庁の変遷

　観光関連省庁の変遷は、観光形態の変遷をある程度映し出している。観光産業が重要になるにつれて、それに関連する省庁の業務を強化する必要があった。ホーク労働党政権は、フレーザー政権で廃止された観光関連の独立した省庁を復活させ、1983 年に余暇関連の業務を総合的に扱うスポーツ・レクリエーション・観光省（Department of Sport, Recreation and Tourism）を編成し、同大臣にブラウン（J. J. Brown）が就任した[注14]。さらに、同省は 1987 年 7 月に芸術・スポーツ・環

注 14　Hall, C. M. *et al.* (1997) *Tourism Planning and Policy in Australia and New Zealand*, Irwin Publishers, Sydney, p.40. ただし、年号は以下の文献を参考にした。Macintyre, Clement (1991) *Political Australia*, Oxford University Press, Melbourne.

第 10 章　発展期における観光政策

境・観光・領土省（Department of the Arts, Sport, the Environment, Tourism and Territories: DASETT）に再編成され、前任のブラウンが引き継いだ。ホーク政権初期に設立されたスポーツ・レクリエーション・観光省の役割は以下のようなものであった。

> －同省は他の連邦政府の組織や州政府、コミュニティ組織などの相談役として、スポーツやレクリエーション、観光に関する経済・社会・行政・その他の幅広い出来事における政策アドバイスを準備・開発する。
> －同省は国家や産業、コミュニティが要求する計画の実行・監督における責任を持つ。
> －同省はオーストラリア政府観光局法や国家フィットネス法中の行政に基づき、スポーツ・レクリエーション・観光大臣を補佐する。
> (Department of Sport, Recreation and Tourism （1983） *Annual Report 1982-83*, Australian Government Publishing Service, Canberra, p. 9)

　1980 年代の急速な観光開発に伴い、連邦政府は観光政策をより綿密に行うための市場調査が必要になった。そのため、1987 年には、連邦政府のシンクタンクである観光調査ビューロー（BTR: Bureau of Tourism Research）が設立された。これに加え、1989 年 5 月には、芸術・観光・領土省（Department of the Arts, Tourism and Territories）が設置され、ホールディング（A. C. Holding）が同省の大臣に就任した。

　このように、ホーク政権における観光関連省庁は目まぐるしく再編成を繰り返したが、省庁編成自体は当時台頭してきたエコツーリズムやカルチュラル・ツーリズム、アボリジナル・ツーリズムなどの普及を反映している[注15]と考えられる。つまり、エコツーリズムは環境と観光に関わってくる分野であり、カルチュラル・ツーリズムは芸術と観光に関わる分野である。アボリジナル・ツーリズムは関係が複雑であり、先住民が居住する土地や文化所産である芸術など、いくつかの分

注 15　芸術・スポーツ・レクリエーション・環境・観光・領土省は 1991 年に再編される。再編省庁の 1 つである芸術・スポーツ・環境・領土省は、1992 年に文化観光の報告書を出版している。詳しくは以下の文献を参照されたい。 DASET (1992) *Study of Cultural Tourism in Australia*, Australian Government Publishing Service, Canberra. Davidson, Suzanne (1991) *Cultural Tourism: Making It Work*, University of Sydney, Sydney.

野が関連してくる。

　オーストラリアにおける環境保護運動や自然環境への関心の高まりは、1974年の自然保全法（the State Grants（Nature Conservation）Act）に見られるように比較的早い時期から見られた[注16]。1980年代半ばから後半になると、環境保護は観光と結びつき、エコツーリズムというニッチ・マーケットの創造につながった[注17]。西オーストラリア州のモンキーマイア保全地域（Monkey Mia）は1960年代初めから訪問客がいたとされるが、1975年にキャラバンパークが作られ、イルカを見る観光客が訪れるようになった。1980年代の観光開発は大陸西部にもおよび、1985年に北西海岸ハイウェイからモンキーマイア地区の主要町デンハム（Denham）への道路が開通した後、年間1万人ほどだった訪問客が10万人前後に増加した。同地区を含むシャーク湾（Shark Bay）は1991年に世界遺産リストにあげられ、海外の観光客から注目されるようになった。1991年にモンキーマイア地区を訪れた観光客9万3300人の出身地内訳は、西オーストラリア州58％、他州29％、海外18％であった。家族連れが多く、平均4.3人のグループが観光に訪れていた。リピーターはさほど多くなく、72％が初めての訪問であった[注18]。この他にも、クイーンズランド州のハービー湾（Hervey Bay）におけるホエール・ウォッチングや巨大な砂の島であるフレーザー島（Fraser Island）の生態系観察など、オーストラリア各地で自然環境との共生を楽しむ観光形態が普及していった[注19]。

10.2.3 地方自治体の観光政策

　1970年代末から80年代にかけて、連邦政府のみならず、州政府も観光政策に力を入れてきた。観光関連の広報機関を見ると、1979年にクイーンズランド州政府観光局（Queensland Tourism and Travel Corporation）が設立され、1984年に

注16　The Parliament of the Commonwealth of Australia (1978) *op. cit.*, pp.53-55.
注17　Hall, C. M. and McArthur, Simon(1996) *Heritage Management in Australia and New Zealand*, Oxford University Press, Melbourne, p.90.
注18　*Ibid.*, pp.162-163.
注19　フレーザー島もまた、世界遺産に登録されている。そのため、同島のキングフィッシャー・ベイ・リゾート(Kingfisher Bay Resort)の運営は環境面で細心の注意を心がけている。詳しくは以下の文献を参照されたい。　Harris, Rob and Leiper, Neil *eds.* (1995) *Sustainable Tourism: An Australian Perspective*, Butterworth-Heinemann, Chatswood, NSW, pp.117-124.

第 10 章 発展期における観光政策

はニュー・サウス・ウェールズ州政府観光局（Tourism New South Wales）と西オーストラリア州政府観光局（Western Australian Tourism Commission）、1985年に南オーストラリア州政府観光局（Tourism South Australia）が続いた。1992年にはビクトリア州でも観光コミッション（Victoria Tourism Commission）が再編され、ビクトリア州政府観光局（Tourism Victoria）が設立された[20]。開業に認可が必要なカジノの開業を見ると 1973 年にはホバートのレスト・ポイントのみであったものが、1979 年にはダーウィンのダイアモンド・ビーチ、1985 年にはブリスベンのジュピターズとパースのバーズウッド、1994 年にメルボルンのクラウンと広まっていった。さらに、1990 年代中頃にはシドニーのスター・カジノが続いた。観光産業の重要性は各州政府によって認識されている。ニュー・サウス・ウェールズ州の元観光・開発相であるジョーンズ（C. Jones）は 1992 年に『サン・ヘラルド』紙上で「2 人の日本人ハネムーナーが 1 週間オーストラリアに滞在することは 50 トンの石炭輸出に相当する」と表明している[21]。

　諸州のなかで、クイーンズランド州は 1990 年代のオーストラリア観光において先進的なイメージを持たれているが、1970 年代中頃の時点ではさほど突出した存在ではなかった。表 10-5 は 1976/77 年度における各州の観光予算である。クイーンズランド州は広告費で首位を保っているが、予算総額はビクトリア州やニュー・サウス・ウェールズ州、タスマニア州が上位を占めていた。表 10-6 を見ると、その後 1990 年代に入ってもクイーンズランド州における観光業者数自体はビクトリア州よりも少ないことから、州政府による観光政策におけるイメージ戦略の重要性を垣間見ることができる。1980 年代を代表する観光は、上記のような大規模なリゾート開発に伴うものであるといえる。しかし、この時期には観光が盛んになるのと同時に、様々な余暇活動のバリエーションが見られるようになった。地方自治体による都市の再開発においても観光への配慮が見られた。ウォーター・フロントの再開発が成功した例として 1987 年 6 月に完成したシドニーのダーリング・ハーバー（Darling Harbour）が挙げられる。ここには公園の他に博物館や水族館、ショッピングセンター、コンベンションセンターなど、地元住民

注 20　Harris and Howard (1996) *op. cit.*, pp.19-25.
注 21　Rowe, David and Stevenson, Deborah (1994) "Provincial Paradise[1]: Urban Tourism and City Imaging Outside the Metropolis", *The Australian and New Zealand Journal of Sociology*, 30(2), p. 183.

だけでなく観光客も十分に楽しめる設備が備わっている[注22]。

さらに、ブリスベンでは、1988年に国際レジャー博覧会が開催された[注23]。この万国博覧会の跡地には1億5000万ドルもの資金が投入され、サウスバンク公園が建設された。ブリスベン川の南岸に造られた1万5000haの公園は中心業務地区に隣接し、1993年には週平均10万人もの訪問者が記録された。1992年に開園したこの再開発地には6000m2のラグーンと人工ビーチや蝶を放し飼いにした建物、熱帯雨林を再現した温室などが備えられている[注24]。

表10-5 各州の観光予算（1976/77年度）

州	予算（1000ドル）	広告費（1000ドル）
ニュー・サウス・ウェールズ	4,498	510
ビクトリア	7,097	592
クィーンズランド	3,600	685
南オーストラリア	1,878	397
西オーストラリア	2,586	460
タスマニア	4,030	580
首都特別区	562	87
北部準州	500	99
合計	24,751	3,410

出典： The Parliament of the Commonwealth of Australia (1978) *House of Representatives Select Committee on Tourism Final Report (Parliamentary Paper No.281/1978)*, Australian Publishing Service, Canberra, p.58.

注22 Purdie, Helen and O Connor, D. M. (1990) *Tourism the Total Picture*, The Jacaranda Press, Brisbane, p.117.

注23 ブリスベン万博について以下の文献を参照されたい。徳久球雄(1990)「レジャー意識の国際比較と問題点（Ⅰ）」『青山経営論集』25(1), 青山学院大学経営学部, 241-269頁。徳久球雄(1990)「レジャー意識の国際比較と問題点（Ⅱ）」『青山経営論集』25(2), 青山学院大学経営学部, 117-146頁。

注24 Maxwell, Ken (1993) "Brisbane s South Bank Parklands", *Australian Journal of Parks and Recreation*, 29(3), pp.6-8.

第 10 章 発展期における観光政策

表 10-6　オーストラリアの旅行業者数（1995 年 12 月）

(単位:件)

州	本社	営業所	計
ニュー・サウス・ウェールズ	1,268	445	1,713
ビクトリア	818	317	1,135
クイーンズランド	540	281	821
南オーストラリア	189	109	298
西オーストラリア	381	167	548
タスマニア	59	39	98
北部準州	8	24	32
首都特別区	31	58	89
合　　計	3,294	1,440	4,734

出典：JNTO（1996）『世界と日本の国際観光交流の動向』
国際観光サービスセンター，197 頁．

　州レベルの観光政策に加え、より小さな地方自治体もまた独自の観光政策を打ち出している。シドニー西部のカブラマッタ地区は 1988 年にカブラマッタ観光協会（the Cabramatta Tourist Association: CTA）を設立した。ベトナム出身者の多い街として知られる同地区は、東西が出会う場所（Where the East Meets West）のスローガンを掲げ、観光客の増加を試みている。海岸線から離れ、工業による発展がさほど望めなかった同地区の開発は移民の役割が鍵を握っていた。カブラマッタ地区における移民の活躍は次のようなものであった。1970 年代初頭、カブラマッタの商業中心地は比較的停滞傾向であった。しかしながら、1970 年代末のベトナム難民の流入により、停滞の度合いは小さくなった。ベトナム難民の多くは中国系の人々だった。当時、賃貸費は比較的安く、そのため小規模店の経営者が繁栄した。東南アジア移民の流入はカブラマッタを近所の小さな商店街から多彩で繁栄するコミュニティに変化させた。カブラマッタ移民センターとウエストブリッジ移民センターは過去 10 年間に渡り、カブラマッタ中心街の成長のために最も重要な決定要素であった。（Cabramatta Tourist Association（1994）*Tourism Development Plan*, Cabramatta Tourist Association, Cabramatta, NSW, p.15）

　1994 年に出版された CTA の報告書『観光開発計画』（*Tourism Development Plan*）によると、カブラマッタ地区には、アジア系の料理を中心とする 80 のレストランと食料品店があり、休日には休業する店舗が多かったオーストラリアとしては珍しく、週 7 日の営業を行っているとされる。同地区では約 90 の言語が使

われているとされ、目抜き通りのパイラン門（Pailan Gate）広場では、英語の他にベトナム、中国、ラオス、カンボジア語が話されている。民族の多様性を前面に掲げ、カブラマッタでは近隣観光客の獲得を試みている。1988年11月29日の連邦議会（Legislative Assenbly）における同地区選出のニューマン議員（J. P. Newman）のスピーチによると、カブラマッタでは週末に約1万人の訪問者を数えているとされた[注25]。

多民族の共生をセールスポイントにしているカブラマッタ地区は、その多様性ゆえに治安が良くないというイメージを持たれていた。そのため、1991年にシドニーの公的観光目的地に選ばれたカブラマッタでは、同91年8月にワゴンなどを改良した車輌を使った移動警察署（Mobil Police Station）のためにCTAが予算を創出し、イメージ改善に努めてきた[注26]。

10.3 観光省の設立

10.3.1 オーストラリア成長へのパスポート

ホーク政権下における連邦政府の観光業務はレクリエーションやスポーツなどとの合同省庁に所属していたが、観光産業のさらなる発達に伴い、キーティング労働党政権下の1991年に観光政策を専門に行う観光省（Commonwealth Department of Tourism: DOT）が設立され、同大臣にリー（M. Lee）が就任した[注27]。1980年代には観光客の増加に加え、様々な観光形態が見られるようになった。観光形態の多様化は、1990年代に入るとますます顕在化してきたが、連邦政府の観光行政にとってこれらを把握することは重要であった。観光産業の重要性は同年代に発行された数々の調査報告書からも伺える。観光省は1992年6月に報告書『国家観光戦略』（National Tourism Strategy）を発表した。翌93年に市販された同報告書

注25　Cabramatta Tourist Association (1994) *Tourism Development Plan*, Cabramatta Tourist Association, Cabramatta, NSW, p.14.

注26　Ibid., p.16. なお、カブラマッタにおけるベトナミーズ・コミュニティについて以下の文献を参照されたい。Dunn, Kevin M. (1993) "The Vietnamese Concentration in Cabramatta: Site of Avoidance and Deprivation, or Island of Adjustment and Participation?", *Australian Geographical Sutdies*, 31(2), pp. 228–245.

注27　Hall, C. M. (1995) *Introduction to Tourism in Australia (2nd edition)*, Longman Australia Pty Ltd, Sydney, p.99.

のタイトルは『観光:オーストラリア成長へのパスポート』(Tourism: Australia s Passport to Growth) であった。同報告書の目的は以下のようなものであった。

> -観光産業の将来的な開発のため、連邦政府の明確な声明をもたらす。
> -1990 年代における政府の観光政策や観光産業計画の形成のため、基本的な情報を供給する。
> -観光産業の経済的、環境的および文化的な特性をコミュニティに認識させる事を促進する。
>
> (Department of Tourism (1993) *Tourism: Australia's Passport to Growth*, Australian Government Publishing Service, Canberra, p.1.)

このように、連邦政府は経済のみならず、環境や文化も視野に入れた総合的な観光政策のビジョンを持っていた。さらに、基幹産業にまで成長した観光産業はオーストラリア経済を左右する存在になったため、場当たり的ではない長期的な視野に立った政策決定が必要になった。そのため、1993 年に連邦政府によって観光予報カウンシル (Tourism Forecasting Council) が設立された注28。観光省以外の省庁でも、それぞれ違った立場から観光に関する調査報告を行っている。たとえば、総理府の多文化問題局 (Office of Multicultural Affairs) は英語を母語としない人々の観光産業での貢献や、英語圏以外の国々へのマーケットの拡大に関する調査を行った報告書『観光産業における生産物の多様化』(Productive Diversity in the Tourism Industry) を 1994 年 6 月に出版している注29。さらに 1994 年には移民および人口調査ビューロー (Bureau of Immigration and Population Research) が『ケアンズ観光産業における日本人居住者』(Japanese Temporary Residents in the Cairns Tourism Industry) を出版し、北クイーンズランド観光における日本からの観光客や労働者の重要性を評価している注30。1997 年 8 月には移民に関する合同独立委員会 (Joint Standing Committee on Migration) が『ワーキング・ホリデーを行う者:観光客以上の存在』(Working Holiday Makers: More than Tourists)

注 28　Harris and Howard (1996) *op. cit.*, p.21.

注 29　Office of Multicultural Affairs *ed.* (1995) *Productive Diversity in the Tourism Industry*, Australian Government Publishing Service, Canberra, pp. 17-24.

注 30　See, Bureau of Immigration and Population Research (1994) *Japanese Temporary Residents in the Cairns Tourism Industry*, Australian Government Publishing Service, Canberra.

を出版しており、長期間オーストラリアに留まり、ある程度の労働をしながら観光を続ける人々について調査を行っている[注31]。これらはオーストラリアに長期滞在する外国人の新たな観光形態が相当広まってきたために行われた研究報告である。

10.3.2 環境に優しい観光開発

　1992年6月、ブラジルのリオ・デ・ジャネイロにおいて182の国と地域の代表が集まり、環境と開発をテーマにした国際会議が行われた。地球サミットと呼ばれたこの会議では、地球に優しい持続可能な開発（sustainable development）を盛り込んだ宣言、アジェンダ21が発表された[注32]。これ以降の観光産業ではサステイナブル・ツーリズム（sustainable tourism）と呼ばれる持続可能型の観光が注目を浴びている。地球サミット以降、サステイナブル・ディベロップメントという語句が世界的に使われるようになった。ただし、持続可能な開発という試み自体は特に新しいわけではない。開発から観光資源を保護する運動は1972年に行われたユネスコの「世界の文化と自然遺産の保護に関する会議」(the Convention Concerning the Protection of the World Cultural and Natural Heritage) いわゆる世界遺産会議に見られる[注33]。1982年には国連総会決議をもとに、環境と開発に関する世界委員会、つまりブルントラント委員会（Brundtland Commission）が結成された。さらに、1989年にフランスで開催されたアルシュ・サミットでもまた、環境と開発の関係は主要議題になっていた[注34]。

　オーストラリア観光について理解するには同国の自然環境もまたある程度理解した方が望ましい。そこで、環境保護運動や自然体験型の観光がこの国でどのように発展してきたのかについて簡単に述べたい。リゾート開発中のヤプーンにおける爆破事件に見られるように、1980年代初頭の時点では、オーストラリアの環

注31　See, Joint Standing Committee on Migration (1997) *op. cit.*.

注32　United Nations Conference on Environment and Development *ed.* (1992) "Earth Summit Approves Agenda 21", *UN Chronicle*, No. 29, Sep., p.59.

注33　Bridgewater, Peter (1993) "World Heritage and its Role in a National Nature Conservation System: An Australian Perspective", *Australian Parks and Recreation*, 29(3), p.35.

注34　林智他(1991)『サステイナブル・ディベロップメント』法律文化社、23-25頁。ブルントラント委員会については以下の記事が詳しい。
　　　Simpson, Robin (1990) "What is to be done?", *New Statesman & Society*, No. 3, May 25, p.38.

境保護運動は観光開発と対立していた。そして、デモンストレーションやマス・メディアを用いた広報など、開発業社に対する様々な抗議運動によって環境保護団体の活動は顕在化していった。この国における環境保護運動の活性化は経済成長の著しかった 1950・60 年代まで遡ることができる。第二次世界大戦後の工業化や鉱山開発のみならず、リゾート開発によってもオーストラリアの自然は破壊されていった。同国の自然は雄大で力強いというイメージを持たれがちであるが、その生態系はガラス細工のように非常にもろいものである。これは、オーストラリアが四方を海で囲まれた島大陸で、他の大陸と隔離されているためであり、そのなかの生態系はしばしば無菌の実験室にたとえられる。つまり、外来種の侵入や環境の変化に対してオーストラリア在来種の抵抗力が極めて弱いのである。

たとえば、ウサギやキツネ、野犬などのいくつかの外来種の動物は、天敵が少ないために急速にその数を増やした。特にイギリスからの移住者が連れてきたウサギの大発生は深刻であり、農作物に甚大な被害を与えている。農作地帯ではウサギよけのために万里の長城の長さを上回るフェンスが建設されたが、地中に穴を掘って生活するウサギを防ぐことは困難であったとされる。このような伝統的な問題に加え、リゾート開発も生態系に悪影響を与えた。原野に道路を 1 本建設するだけであっても、周辺に生息するコアラは車の出す騒音やライトの明かりなどのためにストレスで衰弱し、カンガルーは無惨にもひき殺されるほどこの国の生態系は環境の変化に敏感であった[注35]。

このような自然環境を守るために、比較的早い時期から環境保護団体が活動を始めた。たとえば、メルボルンに本部を持つオーストラリア保全基金（Australian Conservation Foundation）は 1966 年に創設されており、1995 年現在ではオーストラリア全土に 25 の支部がある。この組織の運営はそのほとんどが会費と寄付によって行われている。1979 年には北部準州のダーウィン郊外にカカドゥ国立公園が設置されたが、国立公園の制定やその運営において、これら環境保護団体の支援を見落とせない。

本来、このような環境保護団体は自然環境を破壊する観光開発に対して友好的とはいえなかった。しかし、1980 年代半ばになると、環境保護団体と観光開発業者との間で歩み寄りが見られるようになった。その典型的なものがエコツーリズ

注 35　高橋春成 (1996)「野生化家畜の文化地理学的研究」『人文地理』 48(4),56 頁。

ムであり、先述のオーストラリア保全基金は自然志向の観光客のために歩道や標識、フェンスの整備といった地道な活動をボランティアによって行っている[注36]。

　他方、オーストラリアの観光形態は時代によって大きく変化してきた。1950・60年代には大都市近郊の地域を除くと比較的小規模の宿泊施設に滞在しながらくつろぐのが典型的な旅先での過ごし方であったが、1970・80年代には外資系企業や企業家移民の参入により、地方でも大規模なリゾート開発が行われるようになった。そのため、リゾートや観光地開発の大規模化に伴い、自然環境の破壊が問題になってきた。自然破壊は、雄大で美しい自然を重要な観光資源にしてきたオーストラリアの魅力を損なうことであり、長期的な観光政策の視野に立つとゆゆしき問題であった。

　ここで、環境の保全と観光開発を両立させるという1つのジレンマが生じた。オーストラリアでは環境問題に配慮しているとはいえ、観光を国の基幹産業として成り立たせるためにはそれ相応の利益を追求しなければならない。このジレンマの解決のため、自然環境の保全と長期的な開発を同時に期待できるサステイナブル・ツーリズムが注目されるようになった[注37]。

　環境保護と開発促進との間に見られる歩み寄りの要因はいくつかあるだろうが、その1つとして次のようなものが想定される。開発業者から見ると、長期間に渡って利益を得られる可能性があるエコツーリズムは魅力的である。他方、旧来の大規模リゾート開発では、一時的な収益は大きいが、時には自然を破壊して観光地の魅力を台無しにしてしまうことがあった。つまり、金の卵を生むガチョウを自分の手で殺すような恐れがあった。環境保護団体から見ると、エコツーリズムの導入によって、それを通じて観光客に自然保護の教育を施せるというまたとない機会を得た。そのため、環境保護団体の会員数の増大や活動資金の増収を期待できるようになった。このように、観光開発業者と環境保護団体の両者はギブ・アンド・テイクの関係によってある種の利益を得る可能性を共有できたと考えられる。

　1990年代になると、オーストラリアでは環境保護を考慮に入れたコンサベーション型の観光開発が主流になりつつある。観光省は1993年に『エコツーリズム国家戦略』(National Ecotourism Strategy)を作成し、翌94年に同タイトルの

注36　Harris and Leiper (1995) *op. cit.*, p.40.
注37　朝水宗彦(1998)「オーストラリアにおけるサステーナブル・ツーリズム」『日本観光学会誌』第32号,日本観光学会,47-52頁.

第 10 章 発展期における観光政策

報告書を市販した。連邦政府は、観光がオーストラリアで最も重要な産業の1つであると認識しているのと同時に、自然破壊を伴う大規模リゾート開発に代わる観光を模索している様子が見られる。

同戦略の目的は次のようなものであった。

> -オーストラリアにおけるエコツーリズムの計画、開発および経営といった主要な諸問題で効果のあるもの、または効果があると思われるものを明らかにする。
> -ビジョンの達成に向かって、エコツーリズム・オペレーター、天然資源マネジャー、計画者、開発者および政府のあらゆる段階を導くためにフレームワークを開発する。
> -ビジョンを達成するための営利団体を助成するための政策やプログラムを作成する。
>
> (Department of Tourism (1994) *National Ecotourism Strategy*, Australian Government Publishing Service, Canberra, p.1.)

非営利団体の全国的な組織では 1991 年にオーストラリア・エコツーリズム協会 (Ecotourism Association of Australia: EAA) が設立され、チャールズ・スタート大学などと共同でエコツーリズムの効果的な運用を研究している[注38]。このような環境重視の動きはいくつかのイベントのなかにも見られる。1987 年から開催されているソーラーカー・レースはオーストラリアのみならず、GM や本田技研などの大企業が参加し、最先端の技術を競い合う国際的な一大イベントにまで成長していった。

【参考文献】

Australia-Japan Research Centre (1992) *Japanese Tourism to Australia*, Australian National University, Canberra

Bridgewater, Peter (1993)" World Heritage and its Role in a National Nature Conservation System: An Australian Perspective" *Australian Parks and*

注 38 Harris and Leiper (1995) *op. cit.*, pp. 63-67. ただし、年号は次の文献を参照した。 Harris and Howard (1996) *op. cit.*, p.15.

Recreation, 29(3), pp.35-41

Bureau of Immigration and Population Research (1994) *Japanese Temporary Residents in the Cairns Tourism Industry*, Australian Government Publishing Service, Canberra

Cabramatta Tourist Association (1994) *Tourism Development Plan*, Cabramatta Tourist Association, Cabramatta, NSW

DASETT (1992) *Study of Cultural Tourism in Australia*, Australian Government Publishing Service, Canberra

Davidson, Suzanne (1991) *Cultual Tourism: Making It Work*, University of Sydney, Sydney

Department of Sport, Recreation and Tourism (1983) *Annual Report1982-1983*, Australian Government Publishing Service, Canberra

Department of Tourism (1993)*Tourism:Australia's Passport to Growth*, Australian Government Publishing Service, Canberra

Department of Tourism (1994) *National Ecotourism Strategy*, Australian Government Publishing Service, Canberra

Dunn, Kevin M. (1993)" The Vietnamese Concentration in Cabramatta: Site of Avoidance and Deprivation, or Island of Adjustment and Participation?" *Australian Geographical Studies*, 31(2), pp. 228-245

Harris, Rob and Leiper, Neil eds. (1995) *Sustsinable Tourism: An Australian Perspective*, Butterworth-Heinemann, Chatswood, NSW

林智他(1991)『サスティナブル・ディベロップメント』法律文化社

Joint Standing Committee on Migration *ed*. (1997) *Working Holiday Makers: More Than Tourists*, Australian Government Publishing Service, Canberra

Maxwell, Ken (1993)" Brisbane s South Bank Parklands" *Austraran Journal of Parks and Recreation*, 29(3), pp.6-8

Office of Multicultural Affairs *ed*. (1995) *Productive Diversity in the Tourism Industry*,Australian Government Publishing Service, Canberra

第11章

転換期におけるオーストラリア観光
-1990年代を中心に-

11.1　1990年代観光とその社会背景

11.1.1 世界のなかのオーストラリア観光

　1980年代の大規模リゾート開発に見られるように、観光後発国ながら急速に発展し、表11-1のように日本人にとっても有数の旅行先として認知されてきたオーストラリアであるが、インバウンド観光客数的にはまだ中庸な観光国であろう。表11-2は国際観光客の目的地を示したものである。オーストラリアは1980年の51位から大幅にランクを上げたとはいえ、1995年における観光客数は世界32位である。オーストラリアは四方を海に囲まれ、他の大陸と隔離されているため、近隣諸国から陸路で観光客を受け入れることが物理的に困難である。さらに、観光客の一大供給源であるヨーロッパからは地球の反対側に当たり、観光立地としては不利な地域の1つである。しかし、同国の観光客数は1980年以降年10%近くの成長率で推移し、世界平均の4.59%を大きく上回っているので、今後さらなる発展が期待される。

第 11 章 転換期におけるオーストラリア観光 -1990 年代を中心に -

表 11-1　日本人海外旅行者の目的地（1995-98 年）（単位：人）

(単位：人)

国　名	1995年	1997年	1998年
アメリカ合衆国	5,182,940	5,376,637	4,951,065
韓国	1,438,086	1,602,469	1,898,940
中国	1,018,621	1,040,465	1,001,590
タイ	693,657	728,733	777,552
台湾	834,660	823,203	766,000
オーストラリア	773,910	779,357	726,787
香港	1,508,657	913,368	651,422
シンガポール	740,047	700,063	556,273
イタリア	477,580	506,126	488,737
イギリス	400,890	408,592	398,889
フランス	306,682	355,920	371,102
カナダ	348,263	369,654	350,128
北マリアナ	391,809	383,033	331,281
インドネシア	383,818	440,372	286,383
フィリピン	308,249	321,046	281,974
ドイツ	244,473	265,617	264,096
マレーシア	244,674	249,118	233,623
スペイン	129,766	152,439	157,894
ニュージーランド	150,819	150,937	142,146
スイス	105,676	111,595	120,691

出典：総理府（1999）『平成 11 年版 観光白書』大蔵省印刷局，35 頁．

　なお、オーストラリア観光の特色として、観光客数の割に観光収入が良い状態であるということが挙げられる。表 11-3 によるとオーストラリアの観光収入は客数ランキングより上位であり、1995 年度では世界 14 位（71 億 US ドル）であった。これは、1980 年のランキング 24 位（9.67 億 US ドル）よりも順位を上げており、金額も 7 倍以上に伸びている。例外もあるが、オーストラリアや日本のように、外国人にとって交通的に不便な地域を訪れる観光客は 1 人当たりの消費が多くなる傾向がある。WTO による 1995 年の調査によると、オーストラリアにおける海外からの観光客 1 人当たりの消費は 1905.5US ドルであり、世界第 3 位であった[注1]。

注 1　World Tourism Organization (1997) *Yearbook of Tourism Statistics*, 1(49), WTO, Madrid, pp.17-18. 1995 年度における観光客 1 人当たりの消費はデンマーク 2275.1US ドル、フィンランド 2055.1US ドルであった。なお、同資料によると、オーストラリア観光にとって最大の上客である日本人 1 人当たりの海外旅行消費は 1995 年度で 3 位 (2405.0US ドル) であり、ベネズエラ (3492.5US ドル)、マカオ (2543.5US ドル) に続いていた。

11.1 1990年代観光とその社会背景

表 11-2　国際観光客の目的地（1980・95 年）

順位 1980年	順位 1995年	国名	入国観光客数 (単位:1000人) 1980年	入国観光客数 1995年	1980/1995 年平均成長率(%)	全観光客数における割合(%) 1980年	全観光客数における割合(%) 1995年
1	1	フランス	30,100	60,110	4.72	10.47	10.66
2	2	アメリカ合衆国	22,500	43,318	4.46	7.83	7.69
3	3	スペイン	22,388	39,324	3.83	7.79	6.98
4	4	イタリア	22,087	31,052	2.30	7.68	5.51
7	5	イギリス	12,420	24,008	4.49	4.32	4.26
10	6	ハンガリー	9,413	20,690	5.39	3.27	3.67
8	7	メキシコ	11,945	20,162	3.55	4.15	3.58
19	8	中国	3,500	20,034	12.33	1.22	3.55
13	9	ポーランド	5,664	19,200	8.48	1.97	3.41
5	10	オーストリア	13,879	17,173	1.43	4.83	3.05
6	11	カナダ	12,876	16,896	1.83	4.48	3.00
-	12	チェコ	-	16,500	-	-	2.93
9	13	ドイツ	11,122	14,847	1.94	3.87	2.63
11	14	スイス	8,873	11,500	1.74	3.09	2.04
28	15	香港	1,748	10,200	12.48	0.61	1.81
17	16	ギリシア	4,796	10,130	5.11	1.67	1.80
22	17	ポルトガル	2,730	9,706	8.82	0.95	1.72
-	18	ロシア	-	9,262	-	-	1.64
26	19	マレーシア	2,105	7,469	8.81	0.73	1.33
50	20	トルコ	921	7,083	14.57	0.32	1.26
27	21	タイ	1,859	6,951	9.19	0.65	1.23
21	22	オランダ	2,784	6,574	5.90	0.97	1.17
23	23	シンガポール	2,562	6,422	6.32	0.89	1.14
18	24	ベルギー	3,777	5,560	2.61	1.31	0.99
25	25	アイルランド	2,258	4,821	5.19	0.79	0.86
54	26	南アフリカ	700	4,488	13.19	0.24	0.80
57	27	インドネシア	527	4,324	15.06	0.18	0.77
29	28	マカオ	1,656	4,202	6.40	0.58	0.75
31	29	チュニジア	1,602	4,120	6.50	0.56	0.73
43	30	アルゼンチン	1,120	4,101	9.04	0.39	0.73
47	31	韓国	976	3,753	9.39	0.34	0.67
51	32	オーストラリア	905	3,726	9.89	0.31	0.66
15	33	ブルガリア	5,486	3,466	-3.01	1.91	0.61
24	34	サウジアラビア	2,475	3,325	1.99	0.86	0.59
30	35	プエルトリコ	1,639	3,131	4.41	0.57	0.56
38	36	ノルウェー	1,252	2,880	5.71	0.44	0.51
37	37	エジプト	1,253	2,872	5.69	0.44	0.51
20	38	ルーマニア	3,270	2,608	-1.50	1.14	0.46
33	39	モロッコ	1,425	2,602	4.10	0.50	0.46
98	40	バーレーン	150	2,483	20.58	0.05	0.44
34	41	台湾	1,393	2,332	3.49	0.48	0.41
35	42	スウェーデン	1,366	2,310	3.56	0.48	0.41
44	43	イスラエル	1,116	2,212	4.67	0.39	0.39
41	44	インド	1,194	2,124	3.91	0.42	0.38
71	45	キプロス	353	2,100	12.62	0.12	0.37
45	46	ウルグアイ	1,067	2,065	4.50	0.37	0.37
36	47	ブラジル	1,271	1,991	3.04	0.44	0.35
46	48	フィリピン	1,008	1,760	3.79	0.35	0.31
66	49	ドミニカ共和国	383	1,746	10.64	0.13	0.31
52	50	日本	844	1,731	4.91	0.29	0.31
		世界合計	287,493	563,641	4.59	100.00	100.00

出典：World Tourism Organization (1997) *Yearbook of Tourism Statistics*, 1(49), WTO, Madrid, p.14.

第 11 章 転換期におけるオーストラリア観光-1990 年代を中心に-

表 11-3　国際観光収入（1980・95 年）

順位 1980年	順位 1995年	国名	観光収入（単位：US100万ドル） 1980年	観光収入（単位：US100万ドル） 1995年	1980/1995 年平均成長率(%)	全世界における割合(%) 1980年	全世界における割合(%) 1995年
1	1	アメリカ合衆国	10,058	61,137	12.79	9.55	15.32
2	2	フランス	8,235	27,527	8.38	7.82	6.90
3	3	イタリア	8,213	27,451	8.38	7.80	6.88
4	4	スペイン	6,968	25,701	9.09	6.62	6.44
5	5	イギリス	6,932	19,073	6.98	6.58	4.78
6	6	ドイツ	6,566	16,221	6.21	6.23	4.07
7	7	オーストリア	6,442	14,597	5.60	6.12	3.66
19	8	香港	1,317	9,604	14.16	1.25	2.41
9	9	スイス	3,149	9,364	7.54	2.99	2.35
34	10	中国	617	8,733	19.32	0.59	2.19
16	11	シンガポール	1,433	8,378	12.49	1.36	2.10
10	12	カナダ	2,284	8,012	8.73	2.17	2.01
27	13	タイ	867	7,664	15.64	0.82	1.92
24	14	オーストラリア	967	7,100	14.21	0.92	1.78
51	15	ポーランド	282	6,700	23.52	0.27	1.68
8	16	メキシコ	5,393	6,164	*	5.12	1.54
15	17	オランダ	1,668	5,762	8.62	1.58	1.44
12	18	ベルギー	1,810	5,719	7.97	1.72	1.43
41	19	韓国	369	5,587	19.86	0.35	1.40
56	20	インドネシア	246	5,228	22.60	0.23	1.31
46	21	トルコ	327	4,957	19.87	0.31	1.24
21	22	ポルトガル	1,147	4,402	9.38	1.09	1.10
-	23	ロシア	-	4,312	-	-	1.08
43	24	アルゼンチン	345	4,306	18.33	0.33	1.08
14	25	ギリシア	1,734	4,106	5.92	1.65	1.03
52	26	マレーシア	265	3,910	19.65	0.25	0.98
18	27	デンマーク	1,337	3,672	6.97	1.27	0.92
25	28	スウェーデン	962	3,447	8.88	0.91	0.86
23	29	台湾	988	3,286	8.34	0.94	0.82
32	30	日本	644	3,226	11.34	0.61	0.81
-	31	マカオ	-	3,117	-	-	0.78
-	32	チェコ	-	2,875	-	-	0.72
28	33	エジプト	808	2,800	8.64	0.77	0.70
26	34	イスラエル	903	2,784	7.80	0.86	0.70
20	35	インド	1,150	2,754	5.99	1.09	0.69
37	36	アイルランド	472	2,688	12.30	0.45	0.67
48	37	フィリピン	320	2,450	14.53	0.30	0.61
29	38	ノルウェー	751	2,386	8.01	0.71	0.60
60	39	ニュージーランド	211	2,163	16.78	0.20	0.54
13	40	ブラジル	1,794	2,097	1.05	1.70	0.53
33	41	プエルトリコ	619	1,828	7.94	0.59	0.46
62	42	キプロス	203	1,783	15.59	0.19	0.45
69	43	ハンガリー	160	1,723	17.17	0.15	0.43
30	44	フィンランド	677	1,716	6.40	0.64	0.43
66	45	ドミニカ共和国	168	1,604	16.23	0.16	0.40
31	46	南アフリカ	652	1,595	6.15	0.62	0.40
-	47	クロアチア	-	1,584	-	-	0.40
36	48	バハマ	596	1,346	5.58	0.57	0.34
35	49	チュニジア	601	1,325	5.41	0.57	0.33
70	49	シリア	156	1,325	15.33	0.15	0.33
		世界合計	105,313	399,004	9.29	100.00	100.00

* 統計シリーズ変更のため未算出.
出典：World Tourism Organization (1997) *Yearbook of Tourism Statistics*, 1(49), WTO, Madrid, p.15.

　表 11-4 は各国の観光支出である。オーストラリアは 1980 年に 16 位であったが、1995 年は 18 位であり、順位的にはさほど変わっていない。1980-95 年の年

152

成長率は 6.67%であり、世界平均の 8.67%よりも若干下回っている。なお、先ほどの観光収入と比較すると、興味深い傾向が見られる。1980 年におけるオーストラリアの観光収支は 7 億 8200 万 US ドルの赤字であった。これが 1995 年度には 24 億 9600 万 US ドルの黒字を計上するまでになった。つまり、収支面から見ると、1990 年代におけるオーストラリアは南半球有数の観光大国であるといえる。

表 11-4　国際観光支出（1980・95 年）

順位		国名	観光支出（単位：US100万ドル）		1980/1995 年平均成長率（%）	全世界における割合（%）	
1980年	1995年		1980年	1995年		1980年	1995年
1	1	ドイツ	20,599	50,675	6.19	20.08	14.20
2	2	アメリカ合衆国	10,385	45,855	10.41	10.12	12.85
6	3	日本	4,593	36,792	14.88	4.48	10.31
3	4	イギリス	6,893	24,737	8.89	6.72	6.93
4	5	フランス	6,027	16,328	6.87	5.88	4.57
13	6	イタリア	1,907	12,419	13.30	1.86	3.48
10	7	オーストリア	2,843	11,687	9.87	2.78	3.27
-	8	ロシア	-	11,599	-	-	3.25
5	9	オランダ	4,664	11,455	6.17	4.55	3.21
9	10	カナダ	3,122	10,220	8.23	3.04	2.86
8	11	ベルギー	3,272	9,215	7.15	3.19	2.58
24	12	台湾	818	8,457	16.85	0.80	2.37
12	13	スイス	2,357	7,636	8.15	2.30	2.14
37	14	韓国	350	5,903	20.73	0.34	1.65
36	15	ポーランド	357	5,500	20.00	0.35	1.54
21	16	スウェーデン	1,235	5,422	10.37	1.20	1.52
39	17	シンガポール	322	5,039	20.12	0.31	1.41
16	18	オーストラリア	1,749	4,604	6.67	1.70	1.29
22	19	スペイン	1,229	4,540	9.10	1.20	1.27
18	20	デンマーク	1,560	4,280	6.96	1.52	1.20
23	21	ブラジル	1,160	4,245	9.03	1.13	1.19
20	22	ノルウェー	1,310	4,221	8.11	1.28	1.18
-	23	中国	-	3,688	-	-	1.03
45	24	タイ	244	3,372	19.13	0.24	0.94
7	25	メキシコ	4,174	3,153	-1.85	4.07	0.88
31	26	イスラエル	533	3,148	12.57	0.52	0.88
29	27	フィンランド	544	2,383	10.35	0.53	0.67
19	28	クェート	1,339	2,322	3.74	1.31	0.65
35	29	インドネシア	375	2,172	12.42	0.37	0.61
41	30	ポルトガル	290	2,155	14.31	0.28	0.60
15	31	アルゼンチン	1,791	2,067	0.96	1.75	0.58
27	32	アイルランド	742	2,030	6.94	0.72	0.57
14	33	ベネズエラ	1,880	1,865	-0.05	1.83	0.52
32	34	マレーシア	470	1,791	9.33	0.46	0.50
26	35	南アフリカ	756	1,749	5.75	0.74	0.49
-	36	チェコ	-	1,630	-	-	0.46
49	37	ギリシア	190	1,322	13.81	0.19	0.37
30	38	ニュージーランド	534	1,283	6.02	0.52	0.36
28	39	エジプト	573	1,278	5.49	0.56	0.36
65	40	ハンガリー	88	1,070	18.12	0.09	0.30
56	41	トルコ	115	912	14.80	0.11	0.26
34	42	プエルトリコ	400	833	5.01	0.39	0.23
44	43	コロンビア	250	822	8.26	0.24	0.23
48	44	チリ	195	774	9.63	0.19	0.22
-	45	クロアチア	-	771	-	-	0.22
57	46	ルーマニア	73	695	16.21	0.07	0.19
17	47	イラン	1,700	575	-6.97	1.66	0.16
64	48	パキスタン	90	449	11.31	0.09	0.13
61	49	フィリピン	105	422	9.72	0.10	0.12
40	50	ヨルダン	301	420	2.25	0.29	0.12
		世界合計	102,586	356,947	8.67	100.00	100.00

出典：World Tourism Organization (1997) *Yearbook of Tourism Statistics*, 1(49), WTO, Madrid, p.16.

11.1.2 アジアからの訪問者の動向

　1990年代のオーストラリアにとって観光はまさに基幹産業である。資源大国であるオーストラリアは、外貨収入の少なからぬ部分を鉱産物の輸出が占めていたため、1973年のオイルショック後は先進諸国の省資源化や世界的な鉱産物価格の低迷の影響を受けた。鉱産物に代わりうる外貨収入源の確保や国内産業の活性化のため、1970年代以降は第3次産業へのシフトが加速化し、観光産業などの余暇産業が脚光を浴びた。

　オーストラリアにおける観光収入は1980年代中頃から鉄鉱石の輸出に肩を並べ、1990年代に入ると観光が最大の外貨収入源になった。表11-5は短期間オーストラリアに滞在した訪問者数の変遷である。1987年における同国への訪問者は180万人ほどであり、隣国のニュージーランドが1989年まで最大の供給源であった。1992/93会計年度では、海外からオーストラリアへの訪問者は300万人弱であり、間接的な消費を含めるとこの国における外貨収入の10%を占める84億ドルを落としていった注2。観光の発展は雇用にも大きな影響を与え、1992年には46万5000人が観光産業に携わっていたとされる注3。さらに1996年における観光調査ビューローの統計によると、短期訪問者は同国最大の都市シドニーの人口を上回り、400万人を越えるようになった。訪問者の最大の供給源である日本は1990年以降96年まで常に首位を占めている。

　このような観光客急増の源となっているのは、日本を含むアジア諸国からの観光客増加である。表11-6は1996年における訪問者の上位10カ国を示したものである。訪問者上位のうち、アジア出身者は顕在的であり、日本、韓国、シンガポール、台湾、インドネシア、香港、マレーシアの7カ国まで占めるようになっている。これらアジアの国々からの訪問者は観光客の割合が多いことがその特徴である。特に、日本からの訪問者は観光客が9割近くも占めている。韓国、シンガポール、台湾なども観光客の割合が7割を超えており、ニュージーランド、イギリス、アメリカ合衆国が4割台であるのと対照的である。

注2　朝水宗彦(1996)「オセアニア地域における観光教育機関」『オセアニア教育研究』第3号、オセアニア教育研究会,25頁。

注3　Department of Foreign Affairs and Trade, Overseas Information Branch ed. (1993) *Australia: An Introduction*, Australian Government Publishing Service, Canberra, p. 6.

表 11-5 訪問者数の変遷 (1987-96 年)

国名	1987年	1988年	1989年	1990年	1991年
日本	215,600	352,300	349,500	479,900	528,500
ニュージーランド	427,300	534,300	449,300	418,400	480,600
イギリス	208,700	273,400	285,100	288,300	273,400
アメリカ合衆国	309,000	322,300	260,700	250,700	271,800
訪問者全体	1,784,900	2,249,300	2,080,300	2,214,900	2,370,400

国名	1992年	1993年	1994年	1995年	1996年
日本	629,900	670,800	721,100	782,700	813,100
ニュージーランド	447,500	499,300	480,400	538,400	671,900
イギリス	289,900	310,300	335,300	347,900	367,500
アメリカ合衆国	262,900	281,300	289,700	304,900	316,900
訪問者全体	2,603,300	2,996,200	3,361,700	3,725,800	4,164,800

注: イギリスは 1991 年までアイルランドを含む.
出典：BTR (1993) *International Visitor Survey 1992*,
　　　Australian Government Publishing Service, Canberra, p.16.
　　　BTR (1997) *International Visitor Survey 1996*,
　　　Australian Government Publishing Service, Canberra, p.21.

表 11-6　1996 年における訪問者数上位 10 カ国

	訪問者数 (単位 :1000人)	観光客数 (単位 :1000人)	観光客の割合 (%)
日　本	813.1	726.9	89
ニュージーランド	671.9	302.2	45
イギリス	367.5	146.3	40
アメリカ合衆国	316.9	142.0	45
韓国	227.9	176.7	78
シンガポール	222.8	160.6	72
台湾	159.4	123.9	78
インドネシア	154.5	98.2	64
香　港	153.2	86.2	56
マレーシア	134.4	86.5	64
主要国小計	3,221.6	2,049.5	63
その他	937.0	468.9	50
合計	4,164.8	2,518.4	60

出典：BTR (1997) *International Visitor Survey 1996*, Australian Government Publishing Service, Canberra, p.24.

　オーストラリア観光における最大の牽引力はアジア諸国からの観光客増加であった。しかし、これを裏返せば、近隣諸国の影響を受けやすい体質に変化してきたことを意味している。特に、バブル経済の崩壊以降続く日本経済の停滞は、開発・投資企業と観光客両面からオーストラリアに少なからぬ影響を及ぼすため、観光発展における不安定要因になっている。日系企業はバブル経済の全盛期に、観光地であるクイーンズランド州の土地を買い占め、1998 年 11 月の時点でも 18 万 3000 ヘクタール保有している。土地所有登録件数は約 6000 軒であり、外資系企

業の件数としては同州最大であった。そのうちオーストラリアを代表する観光地であるゴールド・コーストでは、日系企業の保有が2878軒（3800ヘクタール）にのぼり、購入総額は19億0507万ドルにおよんでいる。日本におけるバブル経済崩壊の影響はオーストラリアにも及んだ。1998年の時点でゴールド・コーストにおける日系企業保有の土地は8割方が開発されず、手つかずであるといわれる注4。

日本の不況に加え、1990年代後半における韓国やタイ、マレーシアなどの通貨危機もまた、オーストラリア観光にとってマイナス要因である。アジア経済の盛衰はオーストラリアにおける観光形態の変遷にもまた少なからぬ影響を及ぼしてきた。1980年代におけるアジア諸国の経済成長は外資系企業による大規模リゾート主体の観光開発をもたらしたが、1990年代後半では社会・経済的環境が一変した。そのため、エスニック・ツーリズムやエコツーリズムなど、地元コミュニティを生かした多角的な観光経営へ連邦政府が政策重点を転換したことは、日本を代表とするアジア系企業の不振と投資の低迷が大きな原因の1つであるといえる。

なお、アジア地域の不況のなかで、訪問者の動きには興味深い傾向が見られる。一般的に、観光客は通貨が強い国から通貨が弱い国へ、あるいは物価が高くなりがちな景気の好い国から景気の悪い国へ流れる傾向がある。1990年代前半におけるアジア諸国からオーストラリアへの観光客の激増はこれが主な原因であったと考えられるが、ワーキング・ホリデー客はこの流れと逆行している。ワーキング・ホリデー・ビザの発給数は以下のようになっている（表11-7）。

日本人の発給数は増加傾向であり、バブル崩壊後も5000人台を保っているのに対し、オーストラリア人の発給数は1992年までは急増したが、同年を境に減少傾向である。ワーキング・ホリデー制度のメリットは訪問地で生活費を補助的に稼げることであるため、日本の不景気はマイナス要因として働いたのだと思われる。この制度がオーストラリアにもたらす経済的効果は少なくない。移民・多文化問題省によると、1996/97年度に各国から来豪した5万5000人のワーキング・ホリデー客は4億ドル以上の消費をしたとされる注5。

注4　高木和男(1998)「豪州に日本企業の夢の跡」『朝日新聞』11月20日。
注5　Department of Immigration and Multicultural Affairs (2000) "Temporary Entry: An Overview", *Australian Migration, Settlement Website*, http:// www. immi. gov. au/ welcome. htm. なお、1998/99年度におけるワーキング・ホリデービザの国別発給数は、イギリス(33,850)、アイルランド(10,940)、日本(8,340)、カナダ(4,400)、オランダ(4,200)、韓国(1,800)であった。

表 11-7 ワーキング・ホリデー・ビザの発給数

日本人：		
1981 年（884 人）	1982 年（1,325 人）	1983 年（1,163 人）
1984 年（1,163 人）	1985 年（1,670 人）	1986 年（2,169 人）
1987 年（3,552 人）	1988 年（4,934 人）	1989 年（5,166 人）
1990 年（5,029 人）	1991 年（5,042 人）	1992 年（5,166 人）
1993 年（5,004 人）	1994 年（5,523 人）	1995 年（6,514 人）
オーストラリア人：		
1981 年（227 人）	1982 年（303 人）	1983 年（365 人）
1984 年（350 人）	1985 年（422 人）	1986 年（561 人）
1987 年（629 人）	1988 年（869 人）	1989 年（1,126 人）
1990 年（1,660 人）	1991 年（2,477 人）	1992 年（3,049 人）
1993 年（2,658 人）	1994 年（2,156 人）	1995 年（1,176 人）

（出典：オセアニア交流センター編（1996）
『ワーキング・ホリデー in オーストラリア』三修社 , 8-21 頁 .)

ワーキング・ホリデー客の動向とは逆に、オーストラリアにおける留学生は景気の良いところから流れてくる傾向がある。1996/97 年度、1997/98 年度、1998/99 年度における在豪留学生数を比べると、中国（1934 人・2368 人・3563 人）やアメリカ合衆国（3426 人・4114 人・4891 人）が増加しているのに対し、韓国（9527 人・5100 人・3032 人）や日本（5950 人・5558 人・4915 人）は減少している[注6]。

11.2 観光政策の転換

11.2.1 観光省の再編

1996 年になると、労働党から政権を奪還したハワード保守政権（John Howard: 1996 年 3 月-）は観光省を他の省庁に吸収合併し、寄り合い所帯である産業・科学・観光省 (Department of Industry, Science and Tourism: DIST) にまとめた[注7]。これは、「小さな政府」を目指す同保守政権の縮小政策の一環であり、同年に閣僚 2 名（前年度 30 人）と連邦公務員 1 万 5000 人（前年度 15 万 5000 人）

以上、 Department of Immigration and Multicultural Affairs (2000) "Working Holiday Maker Scheme", *Australian Migration, Settlement Website*, http:// www. immi. gov. au/ welcome.htm.

注6　Department of Immigration and Multicultural Affairs (2000) "Overseas Students in Australia", *Australian Migration, Settlement Website*, http:// www. immi. gov. au/ welcome.htm.

注7　Hall, C. M. et al. (1997) *Tourism Planning and Policy in Australia and New Zealand*, Irwin Publishers, Sydney, p.40.

を減らした[注8]。第1次ハワード政権における観光政策は同省の一部門である国家観光局（The Office of National Tourism）が担当した。1996/97年度版の報告書によると、同局の主要な活動目的は次のようなものであった。

> 経済的に育ちうる、環境的に持続可能な、そして社会的に責任ある産業の開発を支援することによって、オーストラリアの観光産業における国際的な競争を改善する。(Department of Industry, Science and Tourism（1997）*Annual Report 1996-97*, DIST, Canberra, p.43.)

国家観光局はさらに3つの部門に分かれていた。つまり、観光交通・ビジネス開発課（Tourism Transport and Business Development Branch）、国際観光・産業開発課（International Tourism and Industry Development Branch）地域・環境観光課（Regional and Environmental Tourism Branch）が置かれた[注9]。

ハワード政権の観光行政はフレーザー政権のものと共通する点が見られる。表11-7は歴代政権の観光大臣を示したものである。フレーザー政権下では観光関連の独立した省庁が廃止され、産業通商省の一部門に統合された。ハワード政権でもまた、観光は産業部門の省に統合されている。つまり、労働党政権では雇用対策や福利厚生、余暇活動等の一環として観光を総合的に捉えられてきたのに対し、保守政権では産業面が強調され、サービス産業の一種として扱われているようである。しかし、地域・環境観光課に見られるように、ハワード政権で環境面に十分配慮されているところは以前の保守政権と異なっている。なお、ホイットラム労働党政権の時代では、先住民に対する雇用促進策が試みられていたが、観光行政における環境政策は十分に発達していなかったようである。ホーク労働党政権後期から継続して見られる環境重視の観光政策は、1990年代におけるオーストラリア観光政策の大きな特徴である。

注8　寺島洋晶他(1996)「公務員削減」『日本経済新聞』8月13日。

注9　Department of Industry, Science and Tourism (1997) *Annual Report 1996-97*, DIST, Canberra, p.43.

表 11-8　連邦政府における観光関連相・大臣（1966-98 年）

大臣名	役職	就任
チップ（D.L. Chipp）	観光業務相	1966年 12月
ライト（Sen. R.G. Wright）	観光業務相	1968年 2月
ホーソン（P. Howson）	観光活動相	1971年 5月
スチュワート（F.E. Stewart）	観光・レクリエーション大臣	1972年 12月
ライト（Sen. R.G. Wright）	観光・レクリエーション大臣	1975年 11月
産業商務省が観光行政を兼任	観光産業部が担当	
ブラウン（J.J. Brown）	スポーツ・レクリエーション・観光大臣	1983年 3月
ブラウン（J.J. Brown）	芸術・スポーツ・環境・観光・領土大臣	1987年 7月
リチャードソン（Sen. G.F. Richards）	芸術・スポーツ・環境・観光・領土大臣	1988年 1月
ホールディング（A.C. Holding）	芸術・観光・領土大臣	1989年 5月
ケリー（R.J. Kelly）	芸術・スポーツ・環境・観光・領土大臣	1990年 4月
シモンズ（D.W. Simmons）	芸術・観光・領土大臣	1990年 4月
リー（M. Lee）	観光大臣	1991年 12月
ムーア（Hon. J. Moore）	産業・科学・観光大臣	1996年 3月
ケリー（Jackie Kelly）	スポーツ・観光大臣	1998年 10月

注：　1991 年以降は各省の *Annual Report*（各年）等の政府出版物を参照。
出典：Macintyre Clement (1990) *Political Australia*, Oxford University Press, Melbourne, pp.135-156
The Parliament of the Commonwealth of Australia(1978) *House of Representatives Select Committee on Tourism Final Report(Parliamentary Paper No.281/1978)*, Australian Government Publishing Service, Canberra, pp.1-2 から著者が作成。

11.2.2 情報化社会の観光政策

　さらに、ETAS（Electronic Travel Authority System）と呼ばれる電子ビザシステムの導入は、ハワード政権の観光政策で注目される。ETAS とは、インターネットで各国にあるオーストラリア大使館のホームページを開き、申請者のデータを入力すると送られてくる新しいシステムのビザである。日本人の場合、同制度導入以前は観光客がオーストラリアに入国する際に観光ビザが必要であり、大使館でビザを個人申請する場合は平日の午前中に列をなして待たなければならなかった。郵送の場合はビザの発給まで数日間要したが、ETAS の導入により時間が大幅に短縮され、日本中どの地域からも 24 時間観光ビザを申し込めるようになった。

　ETAS が導入された要因として、情報技術の発展と短期訪問者が急増したことが挙げられる。ETAS は 1996 年 9 月にシンガポールで導入され、続いてアメリカ合衆国と日本で用いられた。対象地域はさらに拡大され、1997 年にはマレーシアと韓国、1998 年にはフランスとスペイン、バチカン市国、1999 年には香港と台湾で導入され、1999 年 5 月までに、のべ 470 万件の電子ビザが発給された

のである注10。ETAS の普及は急速に進み、2000 年 1 月時点での普及率は、韓国 (99.5%)、イギリス (99.3%)、日本 (98.8%)、アメリカ合衆国 (98.0%) などとなっている。ETAS は訪問者の 87％が使用しており、約 2 万件の旅行代理店と 55 の航空会社が申請を行った注11。入国管理の電子化に伴い、ビザ発給の無料化や簡素化もまた行われた。ETAS は観光や親戚の訪問、ビジネス会議、コンベンションなど、主に 3 ヶ月以内の滞在期間で就労を伴わない者にビザが発給される。観光客用のビザ（ETA 976）は無料であり、個人のインターネット端末機や旅行代理店、航空会社などから申請が可能になった注12。長期滞在が可能なビジネス用のビザ（ETA 956）は有料であるが、ビザの申請料はインターネットを通してクレジット・カードで払われるようになった注13。

　ETAS の導入に見られるように、インターネットは観光政策に少なからぬ影響を及ぼしている。インターネットによる広報活動はすでに観光省が設置されていたころから見られたが、オーストラリア政府観光局（ATC）のものは省庁の一部門であるのにも関わらず充実したものであった。ホームページによる広報活動は連邦政府だけでなく、クイーンズランド州やニュー・サウス・ウェールズ州などといった州政府の観光局、ATC のような国内外の広報機関も行っている。それぞれのホームページは互いにリンクしており、ネットサーフィンが容易に行える。連邦政府の観光関連省庁は観光統計や調査レポートが充実しており、州政府のものは地域のイベント情報が充実している注14。ATC は観光客のために宿泊施設やレストラン情報の検索機能が備わっているのが特徴である。政府や地方自治体だけでなく、オーストラリア観光カウンシル（Tourism Council Australia: TCA）のように観光業界団体もまた全国的な情報網を備えている注15。国家観光局やニュー・

注10　Department of Immigration and Multicultural Affairs (2000) "The Electoronic Travel Authority", *Australian Migration, Settlement Website*, http:// www. immi. gov. au/ welcome. htm.

注11　Department of Immigration and Multicultural Affairs (2000) "Immigration and Tourism . Working Together", *Australian Migration, Settlement Website*, http:// www. immi. gov. au/ welcome. htm.

注12　2000 年 9 月現在、個人のコンピュータ端末からの ETAS 申請は停止されているため、航空会社や旅行代理店からの申請が望ましい。

注13　Department of Immigration and Multicultural Affairs (2000) "Welcome to the ETA", *Australian Migration, Settlement Website*, http:// www. immi. gov. au/ welcome.htm.

注14　オーストラリア政府観光局のアドレス: http:// tourism. gov. au
　　　ニュー・サウス・ウェールズ州観光局のアドレス : http:// tnsw. cadre. nepean. uws. edu. au/ index. html ATC のアドレス : http:// www. aussie. net. au/

注15　TCA のアドレス: http:// www. tourism. org. au/

サウス・ウェールズ州政府観光局はシドニー・オリンピックに関する情報も提供している。

このように、観光産業にとって有意義な情報化であるが、情報収集・発信力の強化は時には観光客渡航にとってマイナスに働く場合もある。たとえば、クイーンズランド州出身のハンソン議員による人種・民族差別的な発言が瞬く間に世界中に広まり、アジア諸国からの観光客に不快感と同国観光に対する不安感を与えたことは記憶に新しい。

11.2.3 シドニー・オリンピックに向けた観光政策

オーストラリアでは、エアーズ・ロックなどの風景明媚な自然の風景やアボリジニの慣習などの独特で興味深い文化が重要な観光資源とされてきた。これらのように長期間繰り返して見られる観光資源だけでなく、シドニー・オリンピックのように短期的なイベントも貴重な観光資源である[注16]。そして、イベントにもサステイナブル・ツーリズムのコンセプトが生かされている。

シドニー・オリンピックは別名「緑のオリンピック」と呼ばれるほど環境面に考慮している事で知られている[注17]。太陽熱を利用した発電や水のリサイクル、再生紙の使用などはエコツーリズム的な特徴である。シドニーでのオリンピック開催は誘致の計画段階から徹底した環境管理を行っていたため、環境保護団体のグリンピースから賞賛された[注18]。さらに、シドニー・オリンピックでは共生という理念が掲げられているが、これは自然と共に生きるというのと同時に、様々な

注16　シドニー・オリンピック関連の資料には以下のようなものがある。
オリンピックにおける観光の貢献について: Tourism New South Wales *ed.* (1996) *Fact Sheet: Sydney 2000; Tourism and the 2000 Games*, Tourism NSW, Sydney. 2000年オリンピックの基礎知識: Berry, Kevin (1998) *2000 Things You Didn't Know about the Olympic Games*, Ironbark, Sydney. 2000年オリンピックの前哨戦 (水泳): Linnell, Garry (1999) "Swimming s new change", *The Bulletin*, 117(6190), September 7, pp. 22-26. 2000年オリンピックの前哨戦 (陸上): Linnell, Garry(2000) "True Colours", *The Bulletin*, 118(6234), July 25, pp. 28-32. 過去のオリンピックにおけるオーストラリアの活躍: Gordon, Harry (1994) *Australia and The Olympic Games*, University of Queensland Press, Brisbane.

注17　Sydney Organising Committee for the Olympic Games *ed.* (1996) *Fact Sheets*, SOCOG. Sydney. 詳しくは同コミッティのアドレス: http:// www. sydney. olympic. org を参照されたい。

注18　シドニーが開催地として選ばれる過程で、北京との熾烈な競争があった。全部で4回投票があったが、最終投票以外シドニーは次点に終わっている。最終投票で得票を伸ばしたのは、環境保護団体による支援の影響が大きかったといわれる。以上、McGeoch, R. (1995) *The BID: Australia's Greatest Marketing Corp*, Reed Books Australia, Melbourne, p. 303.

第 11 章 転換期におけるオーストラリア観光-1990 年代を中心に -

個性を持っているすべての人々が共に生きる社会を象徴している。つまり、多様性のなかの調和を目指すこれらの考え方は、オーストラリアの多文化社会を形成した際の基本的な理念と共通している注19。 2000 年 9 月 15 日から 10 月 1 日までの間に開催されたシドニー・オリンピックは史上最多の 28 競技が予定された。ニュー・サウス・ウェールズ州政府観光局によると、オリンピック開催期間中には海外から 11 万人もの観光客がシドニーを訪問するとされた注20。なお、オリンピックでは短期間に多くの訪問者が殺到することが想定された。そのため、選手やコーチ、IOC の職員など、オリンピック関係者には OTA (Olympic Travel Authorities) と呼ばれる特別の入国枠が用意された注21。

観光省を廃止したハワード政権であるが、シドニー・オリンピックは国際的な一大イベントである。そのため、1998 年 10 月に組閣された第 2 次ハワード政権では、産業・科学・観光省から再編された産業・科学・資源省(Department of Industry, Science and Resources) 内のいくつかの大臣ポストの 1 つとして、スポーツ・観光大臣(Minister for Sport and Tourism) を設立し、同大臣にケリー(Jackie Kelly) が任命された。なお、1 つの省庁に複数の大臣がいることからわかるように、同政権における観光政策はかなり変則的である。スポーツ・観光大臣はシドニー・オリンピック首相補佐大臣(Minister Assisting the Prime Minister for the Sydney 2000 Games) も兼任している。さらに、同省内の観光部門には国家スポーツ・レクリエーション政策局(The National Office of Sport and Recreation Policy: NOSARP) が設置され、オリンピックを迎えるための行政的な整備が進められていった注22。

オリンピックを始め、2000 年を迎えるに当たってオーストラリアでは国家的なイベントが目白押しであった。2001 年にはオーストラリア連邦結成 100 年を迎えるが、その一大イベントのために芸術・連邦 100 周年担当大臣(Minister for the Arts and the Centenary of Federation) が設けられ、マクゴーラン(Peter McGauran) が就任した。なお、環境問題は第 2 次ハワード内閣でも重要事項である。そのた

注 19 Ibid., p.66. シドニー・オリンピックの本来のテーマは諸民族の精神を分かち合うこと (share the spirit) であった。
注 20 高木和男 (1998)「シドニー五輪あと 2 年 上」『朝日新聞』9 月 11 日。
注 21 Department of Immigration and Multicultural Affairs (2000) "Preparing for the Sydney 2000 Games", *Australian Migration, Settlement Website*, http:// www. immi. gov. au/ welcome.htm.
注 22 同局の URL を参照されたい。http:// www. dist. gov. au/ nosarp/ about.html.

め、環境・遺産大臣（Minister for Environment and Heritage）のポストが設けられ、ヒル（Sen Robert Hill）が就任した[注23]。歴代の保守政権は開発主導型であるとされるが、1998年12月に世界遺産であるカカドゥ国立公園内のウラン鉱山開発が予定を延期されるなど、ハワード政権において環境保護は一定の考慮をされるようになった[注24]。

11.3 自然と文化の架け橋

11.3.1 環境に優しい先住民文化

　自然のなかで独特の生活習慣を保ってきたアボリジニの存在は、オーストラリア観光の独自性を引き立たせているのと同時に、アボリジニ文化は1990年代における観光形態の2つの大きなトレンドを包括している。つまり、1つは先述の環境保護、もう1つは諸民族の共生である。環境保護の立場から見ると、自然破壊を伴ったかつての大規模リゾート開発の反省から、自然に優しいエコツーリズムは世界的に注目を浴びている。エスニック政策の立場から見ると、多文化社会であるオーストラリアでは諸民族の共生が進み、エスニック・ツーリズムが発展しつつある。アボリジニ観光はエスニック・ツーリズムとエコツーリズムを融合したものであり、自然環境と人間の社会や文化を繋ぐ架け橋であるといえる。

　ホエール・ウォッチングや国立公園の散策などといったオーストラリアにおける持続可能観光の解釈は多義的である。持続可能観光の代表的な例としてエコツーリズムがあるが、リゾートや日帰り行楽地も対象としたシドニー工科大学のハリス（Rob Harris）の研究に見られるように、持続可能観光は必ずしも狭義のエコ

注23　オーストラリアWEB(1998)「オーストラリア連邦政府第二次ハワード内閣名簿」http://www. australia. or. jp/ cgi-bin/ qweb/ nph-qweb. p1/10 government/ cabinet. htm の資料を参考。

注24　カカドゥにおける開発と環境保護の関係は以下の文献を参照されたい。Carson, Richard *et al.* (1994) "Valuing the Preservation of Australia s Kakadu Conservation Zone", *Oxford Economic Papers*, Vol. 46, pp. 727-749. なお、連邦政府の見解は、ウラン採掘を行わないが、坑道準備工事は継続するという中庸なものであった。以上、伊藤孝司(2000)『日本が破壊する世界遺産』風媒社、54頁。

ツーリズムを意味しない注25。それどころか、エコツーリズムでさえも自然に害の少ない観光のみを指しているのではない。たとえば、1994年にオーストラリアの連邦政府の観光省によって発行された『エコツーリズム国家戦略』においても、エコツーリズムには環境の保護と持続可能な開発に加えて、地元コミュニティの経済的利益、アボリジニなどの文化的活動の活性化、生態系理解のための教育普及などの様々な効果が挙げられている注26。言い換えれば、環境のみならず、マイノリティ・グループなどの文化的要素を重要なファクターとして融合させていることがオーストラリア型持続可能観光の特徴である。

　キャンベラのサイエンス・リソース・ビューローのカフレイ（Judy Coughlay）が行った研究でも環境保護におけるアボリジニの役割を重視しているが、実際にいくつかのツアーでは自然と先住民文化の両方を体験できる注27。カカドゥやウルルなどの国立公園のいくつかでは、現地の自然に詳しい先住民がレンジャーやガイドとして活躍している。さらに、カカドゥ国立公園内のワラジャン・アボリジナル文化センター（Warradjan Aboriginal Cultural Centre）では先住民文化に触れながら現地の生態系を学ぶことが可能である注28。ラトローブ大学のビートン（Sue Beeton）もまた、地方のコミュニティ活性のためにエコツーリズムの普及を説いているが、エコツーリズムに必要な環境を理解するための知識の多くは地元に暮らすアボリジニからもたらされている注29。

　ハーバード大学のブル（Catherine J. Bull）は博士論文のテーマとしてオーストラリアの遠隔地におけるサステイナブル・ツーリズムの研究を行っており、そのなかのケース・スタディの1つとしてウルル国立公園を挙げている。遠隔地における観光地形成には独特の自然と共に、先住民の伝統文化やオーストラリアらし

注25　*See*, Harris, Rob and Leiper, Neil *eds.* (1995) *Sustainable Tourism*, Butterworth- Heinemann Australia, Chatswood, NSW.

注26　Commonwealth Department of Tourism *ed.* (1994) *National Ecotourism Strategy*, Australian Government Publishing Service, Canberra, p.3.

注27　Coughley, Judy *et al.* (1996) *Sustainable Use of Wildlife by Aboriginal People and Torres Strait Islanders*, Australian Government Publishing Service, Canberra, pp.7-8.

注28　カカドゥ国立公園や公園内の施設について以下の文献を参照されたい。Miles, Greg (1996) *Kakadu National Park, Buscome Printers*, Melbourne.

注29　*See*, Beeton, Sue (1998) *Ecotourism - A practical guide for rural communities*, Landlink Press, Collingwood, Vic.

さが重要な要素であるとしている注30。つまり、観光地へのアクセスが良くない地域では、観光客誘致のために地元のアボリジニによる生きた文化という付加価値を自然環境の魅力に織り込んでいくことが望ましいとしており、実際このようなコンセプトは先住民文化を前面に出したウルルのビジターセンター運営に生かされている。

11.3.2 先住民観光政策

　自然のなかで独特の生活習慣を保ってきた先住民アボリジニーの存在は、オーストラリア観光の独自性を引き立たせている。オーストラリア観光で重要な役割を演じる先住民の活躍を把握するため、連邦政府はアボリジナル・ツーリズムに関連するいくつかの調査を行っている。オーストラリア遺産委員会（Australian Heritage Commission）は1994年に『観光とアボリジニ文化地区の保護』（Tourism and the Protection of Aboriginal Cultural Sites）を出版している注31。この報告書は多文化政策と観光政策の双方に関わる分野の観光形態が普及してきたことを物語っている。より複雑化した観光形態を調査した報告書もある。たとえば、連邦政府の先住民調査委員会による調査報告書『アボリジニおよびトーレス島嶼人観光における国家戦略』（National Aboriginal and Torres Strait Islander Tourism Strategy）は、先住民の雇用機会や経済的な貢献を以下のように調査目的としていた。

- 主流観光政策・・・主流観光産業における先住民のため、より大きな雇用機会を創出することを支援する国家戦略のための情報を提供する。
- 先住民観光政策・・・観光企業を所有する新規および既存の先住民を成長促進させる国家戦略のため、情報を提供する。

注30　Bull, Catherin Jane (1991) *Sustainable tourism in remote Australia*, Harvard University Graduate School of Design, UMI, pp.141-145. なお、エアーズ・ロックを地質学から研究したものは以下の文献を参照されたい。Sweet, I. P. and Crick, I. H. (1992) *Uluru & Kata Tjuta: A geological history*, Australian Government Publishing Service, Canberra. James, Jane A. (1992) "Geological tourism, the under-utilised Australian tourist resource" in Weiler, Betty *ed. Ecotourism: incorporating the global classroom*, BTR, Canberra, pp. 38-43.

注31　See, Australian Heritage Commission (1994) *Tourism and the Protection of Aboriginal Cultural Sites*, Australian Government Publishing Service, Canberra.

> (National Centre for Studies in Travel and Strategy (1994) *National Aboriginal and Torres Strait Islander Tourism Strategy*, Aboriginal and Torres Strait Islander Commission, Canberra, p.20.)

　アボリジナル・ツーリズムの経済的な面に加え、同報告書では文化面や環境面なども考慮していた。

> －文化の共有を通じて、(先住民に対する)尊重を向上させることに伴う利益を加え、文化のプロフィールを高めるための意義を創造する。
> －伝統的な技術や価値といった知識を持つコミュニティの再活性を可能にする。
> －他の文化とより多くの交流を可能にする。
> －自己尊重の本質的な開発のための環境整備をする。
> －健全な環境経営の技術などを供給可能にする。
> －自然を保全し、環境を健全化することにより収入を創出する。
> (National Centre for Studies in Travel and Strategy (1994) *National Aboriginal and Torres Strait Islander Tourism Strategy*, Aboriginal and Torres Strait Islander Commission, Canberra, p.35.)

　上記の報告書に見られるように、連邦政府は先住民の観光における文化面および自然環境面双方の貢献を期待している注32。ここからはアボリジニがエコツーリズムとエスニック・ツーリズムという本来異なった形態の観光を連結させる役目を果たしていることが伺える。1970年代半ばの時点では、多文化主義と観光開発、環境保護運動の3者は別々のもので、時には対立することもあった。1980年代半ばになると多文化主義と観光が結びつき、エスニック・ツーリズムが形成されていった。同時に観光と環境保護運動が結びつくことによってエコツーリズムが普及していった。さらに、1990年代半ばになると、エスニック・ツーリズムとエコツーリズムが融合することにより、文化面や環境面などの多面性を持った複

注32　National Centre for Studies in Travel and Tourism ed. (1994) *National Aboriginal and Torres Strait Islander Tourism Strategy*, Aboriginal and Torres Strait Islander Commission, pp. 470-473.

合型のサステイナブル・ツーリズムが形成されつつある。このプロセスでは先住民の少なからぬ役割が考えられる。

【参考文献】

朝水宗彦 (1996)「オセアニア地域における観光教育機関」『オセアニア教育研究』第3号, オセアニア教育研究会, 25-34 頁

Australian Heritage Commission (1994) *Tourism and the Protectio of Aboriginal Cultural Sites*, Australian Government Publishing Service, Canberra

Beelon, Sue (1998)*Ecotourism - A practical guide for rural communities*, Landlink Press,Collingwood, Vic

Berry, Kevin (1998) *2000 Things You Didn't Know about the Olympic Games*, Ironbark,Sydney

Bull, Catherin Jane (1991) *Sustainable tourism in remote Australia*, Harvard University,Graduate School of Design, UMI

Carson, Richard et al. (1994)" Valuing the Preservation of Australia s Kakadu Conservation Zone" *Oxford Economic Papers*, Vol. 46, pp. 727-749

Commonwealth Department of Tourism ed. (1994) *National Ecoturism Strategy*, Australian Government Publishing Service, Canberra

Coughley, Judy et al. (1996) *Sustainable Use of Wildlife by Aboriginal People and Torres Strait Islandes*, Australian Government Publishing Service, Canberra

Department of Foreign Affairs and Trade, Overseas Information Branch ed. (1993) *Australia: An Introduction, Australia*n Government Publishing Service, Canberra

Department of Industry, Science and Tourism (1997) *Annual Report 1996-97*, DIST,Canberra

Gordon, Harry (1994) *Australia and The Olympic Games*, University of Queensland Press,Brisbane

James, Jane (1992) "Geological tourism, the under-utilised Australian tourist resource" in Weiler, Betty ed. *Ecotourism: incorporating the global classroom,*

Bureau of Tourism Research, Canberra, pp.38-43.

Linnell, Garry (1999) "Swimming s new change" *The Bulletin*, 117(6190), September 7, pp.22-26

Miles, Greg (1996) *Kakadu National Park*, Buscombe Printers, Melbourne

McGeoch, R. (1995) *The BID:Australia's Greatest Marketing Corp*, Reed Books Australia,Melbourne

National Centre for Studies in Travel and Strategy (1994) *National Aboriginal and Torres Strait Islander Tourism Strategy*, Aboriginal and Torres Strait Islander Commission,Canberra

Sweet, I. P. and Crick, I. H. (1992) *Uluru & Kata Tjuta: A geological History*, Australian Government Publishing Service, Canberra

World Tourism Organization (1997) *Yearbook of Tourism Statistics*, 1(49), WTO, Madrid

第12章

オーストラリア観光の現在

　オーストラリアは日本人にとって馴染み深い渡航先である。シドニーオリンピックが開催された 2000 年には 70 万人弱の日本人が同国へ訪問し、そのうち 63 万人弱が観光目的であった（朝水 2003: p.179）。しかし、来客数が出国者数を大幅に超えるようになったのは 1980 年代のことであり、60 年代の時点では現在の日本のように出超の状態が続いていた。

　オーストラリアにおける観光政策は 1991 年の観光省設立時に大きな転機を迎えた。それまでの観光は大規模なビーチリゾートやゴルフ場の開発が盛んに行われ、時に自然破壊を伴うものであった。しかしながら 1990 年代初期における観光政策は経済的な重要性のみならず、エコツーリズムやアボリジナル・ツーリズムのコンセプトがすでに盛り込まれていた。つまり、観光産業の多様化及び持続可能性（sustainability）を十分考慮に入れたものであった（朝水 2001:pp. 147-148）。

　以下の資料では、オーストラリア政府統計局（ABS）のデータをもとに、オーストラリアにおける観光産業の重要性について概説したい。

12.1　オーストラリアを訪れる人々

　シドニーオリンピックは「緑のオリンピック」と称されるほど環境保護に力点を置いた。加えてアボリジニをイベントの最前線で活躍させることにより、諸民族の共生社会というイメージを世界的にアピール[注1]することに成功したと思われる。

　たしかに、シドニーオリンピックで活躍したフリーマン（Cathy Freeman）の

注1　安井倫子，藤川隆男 (2004)「アボリジナルとスポーツ」藤川隆男編・監修『オーストラリア辞典』有斐閣, CD-ROM 1202 を参照。

ように、アボリジニのスポーツにおける貢献は目覚しい。しかし、スポーツの領域でも、長い間アボリジニに対する厳しい差別が存在していた。安井氏によると、その差別には2つの形態があったとされる。

　第一に構造的なものであり、政治的・社会的地位の低さが原因でアボリジニはスキーロッジやゴルフコースなどには近寄れなかった。第二は施設的なものであり、アボリジニの居住区やミッションは芝生、プール、体育館などの設備に恵まれておらず、コーチや奨学金などはアボリジニと無縁であった。同氏によると、より寛容な参加型の民主主義が、スポーツの世界で始まったのは1980年代の半ばであるとされる。1990年になるとフリーマンがオークランドのコモンウェルス大会で金メダルを獲得し、さらにシドニーオリンピックでは開会式で最終の聖火ランナーを務めた。同オリンピックで金メダルを獲得した彼女は連邦政府とアボリジニの旗を掲げ注目を浴び、多文化社会オーストラリアの文字通りのアイコンとなったのである。

　ただし、これらのことはオーストラリアが首尾一貫して環境保護に力を入れてきたこと、あるいはアボリジニに対する差別や偏見がすべて払拭されたということを必ずしも意味しない。特にアボリジニ問題は歴史的、社会的に根が深かったため、表面的だけでも諸民族の共生をアピールすることは対外的にプラスのイメージをもたらす。

　旧イギリス植民地のなかで、先住民政策が比較的寛容だった例としてニュージーランド、過酷だった例としてオーストラリアがしばしば挙げられる。アボリジニの人口はイギリス人の入植前に30-50万人いたとされるが1960年代は5万人ほどに減少した。なかには剥製にされて博物館に展示されたタスマニア最後の純血アボリジニのように悲惨な結末を迎えたものもいる。現在は30万人ほどのアボリジニがいるが、これは人口が急増したのではなく、差別が少なくなり、なおかつアボリジニに対する社会保障が整備されたため、混血アボリジニが自己申請するようになったことが大きな要因であるとされる。

　シドニーオリンピックは世界的に注目されたが、同年をピークにオーストラリアへ訪問する人数の伸びが停滞している。それでも2002年における来豪者数は484万人である。この数値は同国最大の都市であるシドニーの人口をも上回っている（表12-1）。

表 12-1　海外からの訪問者数

年	訪問者 (千人)	前年度との変化 (%) (カレンダー年度)
1992	2603.3	9.8
1993	2996.2	15.1
1994	3361.7	12.2
1995	3725.8	10.8
1996	4164.8	11.8
1997	4317.9	3.7
1998	4167.2	-3.5
1999	4459.5	7.0
2000	4931.4	10.6
2001	4855.7	-1.5
2002	4841.2	-0.3

出典 :ABS *ed.* (2004) *Tourism International inbound tourism*, Cat. No. 1301.0, Canberra

12.2　出入国者数の差

　逆に、オーストラリア人の海外旅行客数は 346 万人であり、先述の訪問者数の方がこの数を大きく上回っている（表 12-2）。同国は南半球を代表する観光地としてのイメージが強いが、連邦政府が本格的に国際観光政策に取り組んだのは 1956 年のメルボルンオリンピック以降であり、1967 年に設立されたオーストラリア政府観光局（ATC: Australian Tourist Commission）の活躍にもかかわらず、1960・70 年代における国際観光客数は現在の日本と同様に流出超過であった。

　バブル経済崩壊後の不景気が長引いた日本では、外貨の流出を伴う国際観光客の過度な流出が政府の懸念材料であった。つまり、不景気時における外貨流出は国内産業の発展のためにマイナス要因であるのと同時に、政府にとってただでさえ少なくなった税収の機会が狭められることを意味する。日本政府は海外観光客受け入れ強化策としてようやく 2003 年にビジット・ジャパン・キャンペーンを行ったが、現在のオーストラリアのように望ましい結果が現れるまでおそらく長い年月がかかることであろう[注2]。オーストラリアの国際受け入れ観光が主要産業

注 2　ウェルカムプラン 21 とビジット・ジャパン・キャンペーンはどちらともインバウンド観光を盛んにするための政策であり、観光客の出身地域別のマーケティング・リサーチや PR 活動が行われていた。地方における国際コンベンションの誘致や外国人向けディスカ

になるまで発展したのはようやく1980年代のことであり、特に急成長を遂げたのは日本のバブル経済期のことであった。

表12-2　オーストラリア人海外渡航者

年度	（千人）	前年度との変化
1992	2276.3	8.4
1993	2267.1	-0.4
1994	2354.3	3.8
1995	2518.6	7.0
1996	2732.0	8.5
1997	2932.8	7.3
1998	3161.1	7.8
1999	3210.0	1.5
2000	3498.2	9.0
2001	3442.6	-1.6
2002	3461.0	0.5

出典:ABS *ed.* (2004) *TourismI nternational outbound tourism,* Cat. No. 1301.0, Canberra

12.3　観光による外貨収入

　海外から多数の訪問者が来豪するということは、運輸業や宿泊業、旅行業、飲食産業などに外貨による利益をもたらすことを意味する。さらに、日本のバブル経済期には、日本人観光客による旺盛な消費活動のみならず、日本人観光客をターゲットとした日系企業による大規模なリゾート開発や投資もオーストラリアで活

ウント・チケット（JRや博物館など）の導入なども共通している。しかし、首相や国土交通大臣が自らコマーシャルに登場したり、国土交通省以外の省庁や民間企業へもキャンペーンの重点を置いたりすることはウェルカムプラン21より進歩していると思われる。2004年7月に長崎県佐世保市でAPTA（アジア太平洋観光学会）の世界大会があったが、中央政府のみならず、九州運輸局や地方自治体も独自の政策や数値目標を掲げていることからビジット・ジャパン・キャンペーンの力の入れ具合が感じられる。しかしながら、主要観光客受け入れ諸国と比べると政府広報費が少ないことや、観光政策が独立した観光省ではなく、古典的に運輸部門の省庁が行っていることなど、多くの問題点を抱えているのも事実である。

発に行われた[注3]。

2002-03会計年度における海外からの訪問者による消費金額は約167億ドルであり、オーストラリアにおける総輸出額の11.2％を占めていた（表12-3）。なお、現在のオーストラリア観光における外貨収入は、日本人観光客を対象としたリゾート開発の依存をもはや脱却しつつある。たとえば、現在オーストラリア観光の主流になりつつあるエコツーリズムは少ない地元資本でも十分開発が可能である。なおかつ自然にやさしい持続可能な開発は1992年の地球サミット以降世界的に注目を浴びている。

地球サミット以外にも世界遺産や国立公園などは自然環境と観光を強く結び付けている。もちろん国立公園やナショナルトラスト、世界遺産などは本来保全や保護を目的としているが、ある場所が登録されたために世界的に知名度が上がることによって観光客が急に増加することがある。単なる観光客の増加は時として環境破壊につながるが、オーストラリアのウルルやカカドウなどでは入園料の一部を環境の保全のために活用している。

表12-3　観光による財とサービスの外貨収入

単位（％）

	1997-98年	1998-99年	1999-00年	2000-01年	2001-02年	2002-03年
石炭	8.4	8.3	6.6	7.0	8.8	8.1
鉄やその他の金属	6.3	6.2	7.0	6.6	6.3	5.9
食品と家畜	14.1	13.8	13.4	13.5	14.6	12.4
観光産品とサービス	11.2	12	11.6	11.1	11.1	11.2

出典：ABS ed. (2004) *Australian National Accounts: Tourism Satellite Account* Cat. No. 5249.0, Canberra

注3　バブル期には1987年にリゾート法が整備され、日本国内でもリゾート開発が盛んであった。今は計画の8割以上が破綻してしまったが、同法はリゾートマンションやゴルフ場、スキー場、マリーナなどを乱立させ、現在考えると不必要な乱開発をもたらした悪法の一つであろう。たとえば、本来国立公園や国有林の開発は厳しく制限されていたが、旧シーガイアのように官民が一体となった第3セクターには大幅な規制緩和が認められていた。ただし、当時の地方自治体から見れば、経済的に貧しい地域の開発は企業誘致や雇用の創出につながり、都市部並みの生活をもたらすものであると考えていたため、時代背景を考えると一概に非難することはできない。現在有効だと思われるグリーンツーリズム法もまた農地開発の規制緩和法であるため、今後もし成功が続かなければ将来の人々が下す評価は厳しいものになろう。

12.4　輸出産業における観光の割合

　オーストラリアの主要輸出産品は第二次世界大戦前では羊毛であったが、戦後相次いで鉱山開発が進んだため、オイルショック期まで鉱産物の輸出が急速に発展した。しかし、オイルショック以降世界的に省エネ化が進んだため、オーストラリアでも資源消費型の産業からサービス産業へと転換していった。それまでの資源輸出型産業からサービス産業に転換した理由として、環境保護運動の高まりもまた考えられよう。たとえば、世界最大の砂の島といわれるフレーザー島は本来アボリジニのガビガビ族（Gabi-Gabi）が住んでいた。三木によると、1860年に約3000人のアボリジニのための居留地として指定され、後にキリスト教布教の拠点が建設された。しかし、1890年までにアボリジニの人口は約300人まで減少し、1904年に布教団が引き上げた後に生き残ったアボリジニも本土各地へ移住していった。1860年代には木材伐採場が造られ、第2次世界大戦時に兵士の訓練場が作られた後、1949年に鉱石採掘用に土地が貸し出された。1970年代になると環境保護団体の抗議が高まり、1977年に鉱石輸出を禁じた連邦政府は島の多くをグレイト・サンディー国立公園（Great Sandy NationalPark）に指定した。フレーザー島は1992年に世界遺産に指定されている[注4]。

　1980年代末になるとオーストラリアにおける国際受け入れ観光は石炭や鉄鉱石の輸出と並ぶ外貨収入源にまで発展したが、90年代も同国における観光の経済的な重要性は安定的に推移した。

　しかし、2000年代に入ると、好景気に支えられ、オーストラリアはアウトバウンド観光国に変わりつつある（**図** *12-1*）。オーストラリアからの短期出国者数が同国への短期訪問者数を上回るようになっただけでなく、国際観光による支出（Tourism Imports）も収入（Tourism Exports）を上回るようになった（**図** *12-2*）。

注4　三木一太朗、藤川隆男 (2004)「フレイザ島」藤川隆男編・監修『オーストラリア辞典』有斐閣、CD-ROM 0403 を参照。

174

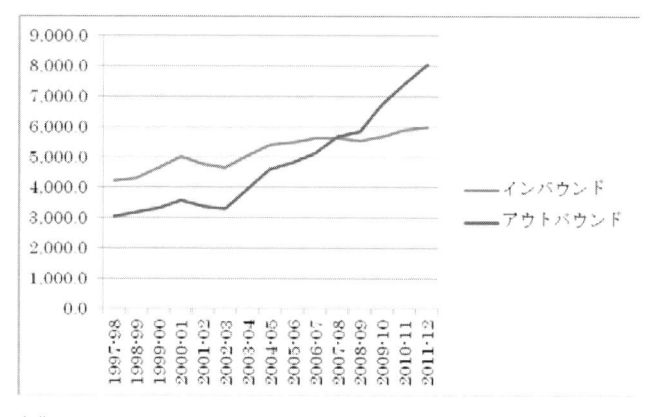

出典：ABS (2013) *TOURISM SATELLITE ACCOUNT*, Cat. No. 5249.0, pp.40-41 から作成。

図 12-1　インバウンドとアウトバウンド

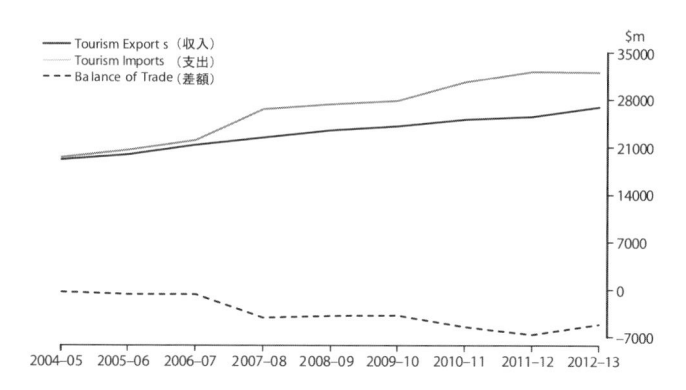

出典：ABS (2013) *TOURISM SATELLITE ACCOUNT*, Cat. No. 5249.0, p.10 から作成。

図 12-2　収入と支出

12.5　観光産業の経済規模

　オーストラリアにとって観光は一大産業である。ABSの調査によると、観光はシドニーオリンピックが行われた2000-01会計年度に国内総生産（GDP）の4.6%を占めていた。しかし、オリンピック以降、観光GDPの割合は下がりつつある。2008-09年度以降3%を割り込むようになり、2011-12年度は2.8%であった（*図12-3*）。

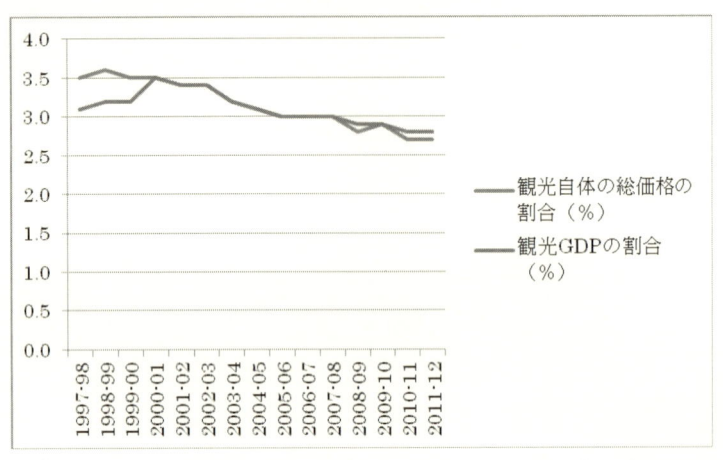

第 12 章 オーストラリア観光の現在

出典：ABS (2013) "Tourism industry share of gross domestic product", Database

図 12-3　観光総価格と観光 GDP

　他方、観光産業は政府にとって重要な税収源であるだけでなく、労働市場の創出という重要な役割も果たしている。オイルショック以降、オーストラリアは高い失業率に悩まされてきたが、2002-03 会計年度に観光は 54 万人の雇用を生んだとされる（ABS 2004: Cat. No. 5249.0）。特にアボリジニの失業問題が著しかったが、アボリジナル・ツーリズムやエコツーリズムの発展は自然環境に造詣が深かった彼らに対して少なからぬ経済的な恩恵をもたらしたとされる。

　なお、観光客用に作られたイメージと現実のギャップも存在する。アボリジニといえばオーストラリア内陸部の砂漠や北部の熱帯に住んでいる狩猟採集民というイメージが強いが、現在は都市部で現代的な生活している者の方が多い。たとえば、シドニーのレッドファーン地区にアボリジニが多く居住している。街並みを見ただけでは一見他の地区と区別がつかない。なお、オーストラリア政府が社会保障の対象としているアボリジニの定義は広い。アボリジニのコミュニティが一員と認めた純血の人だけでなく、本人がアボリジニとしてのアイデンティティを持った混血の人々も含む。そのため、外見では認識が困難なアボリジニがいることも現実である。

　以上の統計資料で見てきたように、オーストラリアにとって観光は巨大な基幹

産業である。さらに、観光は経済だけでなく政治や社会にも強い影響を及ぼしている。しかし、華やかなシドニーオリンピックの陰に様々な社会問題を抱えていたように、「観光」にも見えない「影」の部分がある。たとえば、今まで何度か述べてきたオーストラリア観光におけるアボリジニの活躍の裏には、オーストラリア国内の民族問題や近隣諸国との外交問題、日豪間の経済情勢などが隠れている。オーストラリアの観光をより良く理解するためには普段目にする表面的な光の部分だけでなく、社会的な背景である影の部分をも見ようとする心構えが大切である。あるいは歴史的な背景である「根」の部分まで掘り下げることにより、刹那的な楽しさよりもさらに興味深い体験を得ることが可能であろう。

【参考文献】

ABS *ed*.(2004) *Australian National Accounts:Tourism Satellite Account*, Cat. No. 5249.0, Canberra

朝水宗彦 (2003)『オーストラリアの観光と食文化』(改訂版),学文社

朝水宗彦 (2001)「多文化社会オーストラリアにおけるエスニック・ツーリズム形成過程に関する研究」くんぷる

藤川隆男編・監修 (2004)『オーストラリア辞典』有斐閣 CD-ROM

進藤敦丸 (1999)『観光行政と政策』明現社

第13章

オーストラリアにおける短期研修旅行

　1972年の観光・レクリエーション省設立以降本格化したオーストラリアの観光産業は量的な増大だけでなく、質的な多様化も遂げた。同国の観光産業が後発的でありながら外貨収入の首位を占めるまでに急激な成長を遂げた事や、多文化主義の普及や自然環境に対する意識の向上などのような社会的な変容を観光形態の多様化に反映している事は興味深い[注1]。さらに、このように興味深い同国の観光産業について現地での体験を通して学ぶ事は大いに価値があると思われる。

　他方、1980年代から90年代にかけて、国際化の名の下に日本各地の大学は盛んに留学や海外研修を行った[注2]。なかでもオーストラリアは英語圏である事と比較的治安の良いことから、優良な派遣先として見なされてきた。バブル経済全盛の頃の大学による学生の海外派遣は比較的期間が長く、高額なものも少なくない。これには、大学の華やかな国際交流をアピールし、優雅な生活を希望する学生獲得の有効な手段とするためにあえて贅沢なものにしたという側面もある。しかしながら、景気悪化の煽りを受けて贅沢な行事への参加者が激減したために、一部の大学では長年続けてきた海外派遣事業を中止する事態に陥っている[注3]。そこ

注1　オーストラリアにおける観光産業の変遷について、以下の文献を参照されたい。拙著（2001）『多文化社会オーストラリアにおけるエスニック・ツーリズム形成過程に関する研究』くんぷる、119-168頁。

注2　学校主催による旅行といえば修学旅行が代表的なものとして挙げられる。本論は主に大学の事例について述べるため修学旅行について詳しく扱わないが、中等教育における国際交流旅行に関して以下の文献を参照されたい。拙著（2001）『北アメリカ・オセアニアのエスニシティと文化』くんぷる、150-151頁。

注3　たとえば北海道に立地する筆者の元勤務先の場合、2001年度の夏休みに予定されていたカナダ研修（1ヶ月派遣）と韓国研修（1週間派遣）が参加者不足のため中止になっている。参加者の確保が困難なのは大学の事業だけではなく、地方自治体が主催する海外派遣事業でも見られる。地方都市で行われた派遣事業での定員確保の困難さについて、以下の文献を参照されたい。拙稿（2000）「地方自治体における国際交流旅行」『日本観光研究学会全国大会研究発表論文集』第15号、日本観光研究学会, 137-140頁。

第 13 章 オーストラリアにおける短期研修旅行

で、不景気下に低コストで行った海外交流の実践例として、2001 年に桜美林大学で行われた短期研修旅行を挙げたい。

13.1　オーストラリアにおける訪問者

　オーストラリアには移民よりもはるかに多い世界各地からの訪問者が存在する。特に観光客が規模の大きい訪問者として知られているが、シドニーでオリンピックが開催された 2000 年には前年より 10.9％多い 495 万人が来豪した。同年におけるオーストラリアの国際観光収入は 150 億ドルであり、外貨収入の 11％以上を占めた。観光産業は 51 万 3000 人の雇用を生み、オーストラリアの労働人口の 6％を占めている注4。

　観光産業のように、留学産業もまたオーストラリアの重要な外貨収入源である。同国がその経済的な効果を重視して留学生の受け入れに力を注いできた結果、1999 年の留学産業の規模は 30 億 8500 万ドルに達した注5。オーストラリアには世界各地から留学や研修を目的とする人々が集まっている。日豪プレスによると、オーストラリアでは 2000/01 年度に 18 万 8277 人もの留学生を受け入れており、前年度と比べると 2 万人以上増加、14 年間で 25 倍に増加したとされる注6。同国への留学生数はシンガポールの 2 万 866 人、香港の 2 万 739 人、マレーシアの 1 万 9602 人など、旧イギリス植民地が多くなっている注7。

　なお、2000/01 年度におけるオーストラリアの学生ビザの発給数は 14 万 6577 件であった。その上位国は中国 8886 人、アメリカ合衆国 7426 人、マレーシア 6236 人、インドネシア 6070 人、香港 5740 人になっている注8。先程の数値と異なっているが、集中英語コースの ELICOS などで 3 ヶ月未満の語学研修をする場合、学

注4　Department of Immigration and Multicultural Affairs ed. (2001) *OVERSEAS STUDENTS IN AUSTRARIA*, DIMA, FACT SHEET60.

注5　日豪プレス編（2001）『オーストラリア留学事情』第 2 号, 日豪プレス, 1 頁。

注6　同上, 2 頁。

注7　同上。

注8　Department of Immigration and Multicultural Affairs ed. (2001) *OVERSEAS STUDENTS IN AUSTRARIA*, DIMA, FACT SHEET 56. なお, オーストラリアにおける留学事情について以下の文献を参照されたい。
　　Harris, G.T. and Jarrett, F.G. (1990) *Educating Overseas Students in Australia*, Allen & Unwin Pty Ltd, Sydney

生ビザが不要な事から違いが生じていると考えられる。ブンダーセン（Christine Bundersen）によると、1997年のELICOS受講生で学生ビザを持っていた者は2万4882人であり、それ以外に4万人以上の他のビザによる受講生がいたとされる[注9]。さらに、ブンダーセンによると、1996年の留学産業は28億ドルの外貨収入があったが、ELICOSだけでも6億6000万から7億4000万ドルを稼いだとされる[注10]。

学生ビザを取得する日本人はさほど多くないが、3ヶ月未満の語学研修が可能なワーキング・ホリデー・ビザの発給数は多い。1980年12月に始った日豪間のこの制度は人気が高まり、2001年8月に10万件目のビザが在日オーストラリア大使館によって発給された[注11]。オーストラリアでは2000/01年度に7万6500人分のワーキング・ホリデーの枠が設けられ、日本の他にもカナダ、アイルランド、マルタ、オランダ、韓国、イギリス、ドイツ、スウェーデン、デンマーク、ノルウェー、香港などと協定が結ばれている[注12]。2000/01年度におけるワーキング・ホリデー・ビザの上位発給国はイギリス3万9554人、アイルランド1万1426人、日本9200人、カナダ5498人、オランダ5111人であった。さらに、ワーキング・ホリデー参加者はオーストラリアに年間13億ドルもの外貨収入をもたらすとされる[注13]。

むろん、英語圏諸国からの来豪者はオーストラリアでの語学研修を希望するものが極めて少ないと思われるので、ELICOSにおける日本人ワーキング・ホリデー参加者は比較的高い割合であろうと想定できる。言うまでもないことだが、日本

注9 Bundersen, Christine (2001) *Case Study-Australia's* Export English Sector: ELICOS, http://www.immi.gov.au/amep/reports/pubs/papers/bundersen.htm.

注10 *Ibid.*

注11 日豪プレス編 (2001)『NICHIGO PRESS』25(290), 日豪プレス，12頁。

注12 同上。なお，日本人滞在者について以下の文献を参照されたい。Bell, Martin and Carr, Rick (1994) *JAPANESE TEMPORARY PRESIDENTS THE CAIRNS TOURISM INDUSTRY*, Australian Government Publishing Service, Canberra

注13 Department of Immigration and Multicultural Affairs *ed.* (2001) *WORKING HOLIDAY MAKER SCHEME*, DIMA, FACT SHEET 55 同資料によると，ワーキング・ホリデー・ビザの発給数は以下のとおりである。
1996/97年度5万5000件,1997/98年度5万7000件,1998/99年度6万5000件,1999/2000年度7万4450件,2000/01年度7万6570件なお、オーストラリアにおけるワーキング・ホリデー事情について、以下の文献を参照されたい。Joint Standing Committee on Migration (1997) *Working Holiday Makers: More Than Tourists*, Australian Government Publishing Service, Canberra

人参加者の方が英語圏諸国の人々よりも学習に費やす時間とそれに伴う経済的な負担が大きいのではなかろうか。加えて、英語力が十分ではない者が多いとされる日本からのワーキング・ホリデー参加者は、オーストラリアにおいて英語圏諸国の人々とは異なった仕事や生活形態を持っていると考えられる。実際、俗説では日本からのワーキング・ホリデー参加者は日本人相手のツアーガイドや飲食店で働くものが多いとされる。

13.2　研修旅行の日程

　本章の事例は学生ビザが必要な長期の留学ではなく、観光ビザでも可能な短期の研修である。その期間は、上記のワーキング・ホリデー参加者のELICOS研修と比べても極めて短い。資料13-1の広告に挙げるように、桜美林大学における「観光産業実習」は2001年8月29日から9月3日までオーストラリア東海岸にて行われた。同実習はタイ、バリ島、アメリカ西海岸、中国など、年によって派遣先が異なっている。

　さらに、実習はあくまでも同大学ビジネスマネージメント学科内の集中型セメスター授業の1つであり、交換留学などのように提携校へ全学を代表して交流を行う事業とは異なる[注14]。そのため、この実習を運営できるスタッフの数はごく少数に限られており、運用資金も1人あたり14万7000円の参加者負担によってまかなわれた。企画、引率を行った者は常勤教員、非常勤教員、OBのわずか3名である[注15]。旅行会社によるサポートは最小限に抑えられ、特別講義の講師、現地での移動手段として用いたバスの運転手、移動の際に必要な手続きを代行するガイドのみに留まった。訪問先の大学との手続きは引率スタッフが行い、自由研修のテーマ決定は学生が各自行った。

注14　今では珍しくなくなったが、開学当初から国際交流が盛んだった桜美林大学ではセメスター制やポイント制などをいち早く取り入れた柔軟なカリキュラム構成に特色がある。これらの柔軟な制度は日本人学生の海外派遣だけでなく、留学生の受入れにも有効に働いているようである。

注15　常勤教員は初来豪であったが、イギリスでの生活が長かったため英語の運用能力が極めて高い。非常勤教員は観光研究の専門家であり、オーストラリアには休暇でしばしば訪れている。OBは学部時代交換留学生として1年間ブリスベンに滞在し、その後オーストラリア各地を研究対象としている。

資料 13-1 「観光産業実習」広告

オーストラリア研修旅行のお知らせ

夏休みにオーストラリアへ研修旅行はいかがですか。研修先はクイーンズランド州グリフィス大学、日程は8月29日から9月3日まで、費用は14万7000円を予定しています。

8月29日 成田	QF-60（20：15）にてシドニーへ（翌日8：20 到着）。
8月30日 シドニー	近畿日本ツーリストシドニー支店担当者によるセミナー。
8月31日 ゴールドコースト	QF-516（10：05）にてゴールドコーストへ。グリフィス大学にて研修。
9月1日 ゴールドコースト	同地にて滞在。
9月2日 ゴールドコースト	同地にて滞在。
9月3日 ブリスベン	QF-369（9：00）にて成田へ（当日16：50 到着）。

詳しくは徳久または朝水までお尋ね下さい。

　なお、後で述べるがニューサウスウェールズ大学およびグリフィス大学は共に桜美林大学の提携校ではない。前者は非常勤講師の、後者はOBの知り合いを通して研修旅行の依頼を行い、あくまでも個人的な結びつきにより事業の実施に至った。なお、2001年度における桜美林大学の姉妹校は資料13-2のとおりである。

　この研修旅行の企画は旅行業者ではなく、大学教員という旅行の素人が仕事の片手間に行ったため、資料13-3に見られるように当初の計画と実際の日程が異なっているところもある。さらに、この実習は低コストで抑えるため、交換留学

第 13 章 オーストラリアにおける短期研修旅行

制度はおろか、一般の短期英語研修制度と比べても短い。しかもシドニー滞在はわずか1泊のみであり、その限られた時間内でニューサウスウェールズ大学を訪問し、シドニー各地の観光地を見て回っている。限られた時間のなかで多くの予定をこなすため、大学の行事としてはかなり過密なスケジュールになっている。

資料 13-2　桜美林大学の姉妹校

<イギリス>
イングランド・バース市 Bath Spa University College, イングランド・ケンブリッジ市 Hemerton College University of Cambridge, イングランド・オックスフォード市 Oxford Brooks University, イングランド・シェフィールド市 Sheffield Hallam University, ウェールズ・デフィド市 University of Wales Lampeter, イングランド・レディング市 University of Reading, イングランド・ノーウィッチ市 University of East Anglia, イングランド・カンタベリー市 University of Kent

<アメリカ>
テキサス州 Baylor University, ニューヨーク州 Hart wick College, イリノイ州 Iiinois Wesleyan University, ノースカロライナ州 Johnson C. Smith Univeri, ノースカロライナ州 Meredith College, オハイオ州 Oberlin College, オハイオ州 Ohio Dominican College, ノースカロライナ州 Pfeiffer University, ノースカロライナ州 Salem College, カンザス州 University of Kansas, ミズーリ州 University of Missouri, St.Louris. ノースカロライナ州 University of North Carolina at Charlotte, テキサス州 University of Texas at Austin,　ワシントン州 Western Washington University, カリフォルニア州 Whittier College, ワシントン州 Skagi t Valley College, マサチューセッツ州 Fisher College, ニュージャージー州 Centenary College

<カナダ>
ブリティッシュコロンビア州 University College of the Cariboo, ブリティッシュコロンビア州 Malaspina College—University

<ニュージーランド>
クライストチャーチ市 Christchurch Politecnic

<オーストラリア>
ニューサウスウェールズ州 University of Wollongong, ニューサウスウェールズ州 University of Technology, Sydney

<中国>
上海市上海外国語大学、長春市東北師範大学、北京市北京第二外国語学院、上海市上海師範大学、北京市北京外国語大学、北京市中央民族大学、北京市北京師範大学、北京市北京語言文化大学、北京市北京大学、北京市首都師範大学 (旧北京師範大学)、大連市遼寧師範大学、大連市大連外国語大学、上海市復旦大学、哈爾浜市黒龍江大学、深圳市深圳大学

<台湾>
台北市台湾師範大学　台中市東海大学

出典：桜美林大学 (2001)『桜美林大学ホームページ』http://obirin.ac.jp

他方、ゴールドコーストでの行事は日程的に偏っているが、これは計画の原案を立てた者が土曜日に授業の無いオーストラリアの教育事情に明るくなかった事、短いシドニーの滞在時間をカバーするために同市で予定されていた近畿日本ツーリストによる講義をゴールドコーストに移動した事などがその理由である。さらに、8月31日がゴールドコーストの祝日である事を知らずに計画を修正したため、グリフィス大学の訪問先もまた観光研究が盛んなゴールドコースト・キャンパスからブリスベンの本校に変更となった[注16]。

現地へ訪問したことのある方はすぐに気がつくと思うが、この企画にはいくつかの不備な点がある。シドニーの宿泊先は南半球を代表する繁華街であるキングスクロスであり、英語が達者な桜美林大学の学生にとっていささか刺激が強すぎたのではないだろうか。逆に、ゴールドコーストの滞在先は郊外のリゾートホテルであり、市内への公共交通機関のアクセスが不便である。そのため、自由研修日である週末にはタクシーの相乗りや免税店の無料送迎車を活用する者が少なくなかった。

加えて実施時期の8月は南半球の冬季であり、マリンリゾートに訪問するのには相応しい季節とはいえない。しかしながら、引率者の勤務先が多忙な私立大学であり、入試業務等で春休みを活用できないためにこのような時期の研修となった。さらに、情報機器に明るくない責任者に代わり、他校で勤務するOBが母校とオーストラリアの大学との間を電子メールで勤務時間外に連絡した。そのため、連絡にタイムラグが生じるのと同時に情報伝達に誤差が生じる危険性も孕んでいた。このような不備の少なくない状況のなかで「観光産業実習」は実行された。

注16 オーストラリアの高等機関における観光教育に関して、次の文献を参照されたい。拙稿（2001）「オーストラリアの観光教育」徳久球雄，安村克己編『観光教育』くんぷる、77-94頁。

第 13 章 オーストラリアにおける短期研修旅行

資料 13-3　実際の日程

日時	年 月 日	発着地／滞在地名	発着現地時間	交通機関名	スケジュール	
1	2001 年 平成13年 8月29日 （水）	成田発	17：45 20：15	QF-60	成田空港集合 空路、ケアンズ乗換えシドニーへ （機中泊）	機
2	8月30日 （木）	ケアンズ着 ケアンズ発 シドニー着	04：30 05：30 08：20 午前 ～ 午後 14：00頃	QF-50 専用バス	入国手続き後、 10：30（市内見学の途中、ニューサウスウェールズ大学訪問） シドニー市内視察／各下車：オペラハウス、ハーバーブリッジ、サーキュラー・キーホテル着 （シドニー泊）	機機
3	8月31日 （金）	シドニー発 ブリスベン着 ゴールドコースト	08：00 10：05 11：30 午後 17：00 ～	専用バス QF-516 (1時間25分) 専用バス	空港へ 空路、ブリスベンへ 13：00～14：00　グリフィス大学訪問 15：00～16：00　カランビン自然動物園見学（入場） 17：00～18：00　近畿日本ツーリスト　ゴールドコースト支店によるレクチャー（ナラリゾートホテル内会議室） （ゴールドコースト泊）	
4	9月1日 （土）	ゴールドコースト滞在	終日		自由研修 OP：午前　ファームツアー （ゴールドコースト泊）	
5	9月2日 （日）	ゴールドコースト滞在	終日		自由研修 OP：シーワールド・ドルフィン体験ツアー （ゴールドコースト泊）	
6	9月3日 （月）	ゴールドコースト発 ブリスベン発 成田着	06：00 09：00 16：50	専用バス QF-369 （JL）	ブリスベン空港へ 空路、成田へ 通関手続き後、解散	機機

13.3　参加者の傾向

　かなり無理を伴う計画であったのにも関わらず、「観光産業実習」の参加者は32人集まった。その内訳は男性7人、女性25人である。2001年度における桜美林大学の在学生は男性2,780人、女性3,489人、計6,269人であり、女性の割合が高

い大学ではあるが、その男女比を考慮しても参加者の女性の割合が高い[注17]。留学生の多い大学であるため中国出身の学生も参加したが、日本人参加者の年齢が19-22歳なのに比べ、中国人留学生の年齢は22-29歳と若干高めになっている。

　これらの参加者の傾向をさらに詳しく調べるため、最終日にゴールドコーストからブリスベン空港へ向かうバスのなかで資料13-4のアンケート用紙を配った。アンケートは本来無記名で行う事が多いが、授業の一環であるという特殊な事情から、回答者の属性を明らかにする書式になっている。移動中のバスの中という限られた時間での記入を想定したため、質問事項は意図的にシンプルなものにした。念のため調査者の連絡先を表示したが、実際回収した場所はほとんどが移動後の空港内であり、帰国後郵送回答した者は全く無かった。

　記入項目は
1）参加理由、
2）海外旅行の経験、
3）来豪回数、
4）参加前のイメージ、
5）印象深い体験、
6）気に入った訪問先、
7）将来の来豪希望、
8）自由記入欄
である。

　1)、2)、3)、4)は今回の来豪前における参加者の性質を確認するものであり、その属性の違いによって体験後の感想にどのような変化が生じるか調べるために用いた。5)、6)、7)は体験後の感想を調べるものであり、さらに調査項目から漏れた感想を知るために8)の項目を設けた。

　なお、このアンケートはあくまでも他校で働く筆者の私的な調査であり、授業の単位修得に必要な課題レポートとはいっさい関係がない。出発日まで筆者と面識が無く、しかも回答は任意であるため、表13-5に見られるように回収数は全

注17　Yahoo 学習情報（http://dir.yahoo.co.jp/Education/Universities）に基づく。なお、あくまでも筆者の個人的な経験であるが、2000年5月に北見市の海外派遣事業を調査した時も男性2人、女性10人の参加数であり、男女比が著しく異なっていた。以上、拙稿 (2001)「国際理解のための視察旅行」『異文化間教育学会第22回大会発表抄録』異文化間教育学会、50-51頁。

第 13 章 オーストラリアにおける短期研修旅行

参加者より少ない 24 枚になっている。

　このうち、M1、F20、F21 は中国人留学生であるため、海外旅行経験欄に日本を記入している。F13 と F15 はオーストラリア旅行のリピーターであり、特に後者はタスマニア以外の州を全て回った筆者の次に渡豪経験が豊富である。加えて、M4、M6、F2、F8、F9、F16、F17、F23、F25 も海外旅行の経験者である。重複するが、先述の F15 の訪問国数は筆者よりも多く、かなり旅慣れていると思われる。今までの渡航先はトルコやイタリア、韓国、東南アジア諸国などが見られるが、全般的に英語圏諸国への訪問者が多い。

　参加理由を見ると、海外に興味があったために参加した者は 19 人（M1、M3、M4、M6、F5、F6、F7、F9、F10、F11、F13、F14、F15、F16、F17、F20、F21、F23、F25）おり、なかでもオーストラリアに興味があった者は 9 人（M1、M3、M4、M6、F7、F9、F13、F16、F25）いた。必ずしもオーストラリアだけに興味があったのではなく、海外の研修であったから参加した者が少なくない事が分かる。職業研修など、学習効果を期待した参加した者は 15 人（M2、M3、F2、F6、F8、F9、F12、F14、F15、F17、F20、F21、F23、F24、F25）であり、単位を目当てに参加したと思われる者も 3 人（F2、F7、F8）いた。

　参加前のオーストラリアのイメージはきれいや明るいといった肯定的なものが多く、動植物などの自然についてイメージを持っていた者が 14 人（M4、F2、F6、F8、F9、F10、F11、F13、F16、F17、F20、F21、F24、F25）いた。多民族性（M4）や先住民のアボリジニ（M4、F8、F17）、日豪関係（M6）、オーストラリア人気質（F15）、治安の良さなど（F6）、同国の社会背景についてある程度の知識を持っている者も若干見られた。F14 が初めての訪豪ということで心配しているのと F17 がアボリジニの社会問題を挙げているが、それ以外は旅行先としての不安材料は資料から特に見られない。

資料 13-4　アンケート内容

観光産業実習オーストラリア研修旅行アンケート
2001年8月29日 – 9月3日

　　　　　　　　　　　　　　　　　　　氏　　名　：
　　　　　　　　　　　　　　　　　　　学年・クラス：
　　　　　　　　　　　　　　　　　　　年齢・性別　：

以下の質問にお答え下さい。

1）この企画になぜ参加しましたか。

2）今までどの国に行った事がありますか。

3）オーストラリアに来たのは何回目ですか。また、オーストラリアのどの地域に来た事がありますか。

4）今回の企画に参加する前、オーストラリアについてどのようなイメージを持っていましたか。

5）今回の企画で印象深かった体験は何ですか。

6）今回の企画でどの訪問先が気に入りましたか。

7）今度オーストラリアに来る時、何をしたいですか。あるいはどこへ行きたいですか。

8）その他、ご意見ご感想をご自由にお聞かせ下さい。

　　　　　　　　　　　　　　　以上です。ご協力有り難うございました。

13.4　参加者の感想

　次に、「観光産業実習」の終了時におけるアンケートから実習の印象深い体験を見ると、その答えは多様である。参加前のイメージと同様に、事後の感想でもコアラやカンガルーなどの野生動物、あるいは農場に関するものが多く、11件（M3、F2、F5、F9、F11、F14、F16、F17、F21、F23、F24）あった。気に入った訪問先はサーファーズパラダイスやオペラハウスなどの観光スポットを挙げたものが9件（F5、F6、F8、F13、F14、F15、F16、F21、F25）あり、比較的多い。教員側かアレンジした研修先である大学を挙げたものは興味深い体験と気に入った訪問先を合わすと7件（M1、M6、F2、F12、F13、F24、F25）あるが、観光スポットと比べるとさほど多いわけではない。より多くの参加者にアピールするためには大学訪問だけではなく、オプショナルツアーの充実が重要であろう。

　とはいえ、研修である以上、教育的な効果を上げなければならない。様々なタイプの大学に触れるため、都市部のニューサウスウェールズ大学と自然に恵まれたグリフィス大学に訪問した。ニューサウスウェールズ大学では日本語の流暢な観光学の講師を迎え、講演と観光関連の施設案内に参加した。ここではホスピタリティ実習用のバーのカウンターや研修施設を見学した。グリフィス大学では日本語教員を中心とした応用言語学のスタッフが講演を行い、現地の学生とキャンパスツアーに参加した。グリフィス大学では現地で日本語を習っている学生や留学中の日本人との交流を目的としたアフタヌーンティを設けたため、そこでの触合いについてのコメントも若干見られる。F13が日本人留学生の多さに驚いているが、これも恐らくグリフィス大学での感想であろう。

　将来の来豪希望を見ると。せっかくの海浜リゾートに訪問したのにも関わらず、季節柄泳げなかったため、海やマリンスポーツに関する要望が10件（M1、F2、F8、F9、F10、F12、F14、F17、F24、F25）あった。南半球では日本と季節が逆になるため冬休みを活用するか、あるいはより緯度の低い地域を研修先として選ぶ事もできるだろう。エアーズロックやアリススプリングスなど内陸への訪問を希望しているのも6件（M3、M4、M6、F5、F14、F15）ある。予算や期間の制約があり、内陸部への訪問は難しいが、ワーキングホリデー希望者へ対する情報提供などによってある程度カバーできそうである。

13.4 参加者の感想

資料 13-5（1）　アンケート回答（1）

参加者	性別 年齢	参加理由	海外旅行経験	来豪回数	参加前のイメージ
M1	男性 22歳	オーストラリアに行きたかった	日本	初回	きれいなところ
M2	男性 22歳	研修で行くと身につく事が多い	-	初回	生活スタイルがアメリカと似ている
M3	男性 20歳	オーストラリアに行きたかった，研修として身につく事が多い	-	初回	-
M4	男性 20歳	オーストラリアに行きたかった	トルコ，シンガポール	初回	多民族国家，自然の国，アボリジニ
M5*	男性 20歳				
M6	男性 20歳	オーストラリアに興味があった	アメリカ，カナダ	初回	日本との交流が多い
M7*	男性 19歳				
F1*	女性 20歳				
F2	女性 20歳	観光について何かの勉強になる，単位も取れる	ニュージーランド，イギリス，シンガポール	初回	広大，大自然，のどか
F3*	女性 20歳				
F4*	女性 21歳				
F5	女性 20歳	日本では味わえない体験をしたかった		初回	広くてきれい
F6	女性 19歳	海外に行った事が無い，研修がためになると思った		初回	広い，自然がたくさん，治安が良い
F7	女性 19歳	必要だった，オーストラリアに興味があった	-	初回	明るい
F8	女性 20歳	単位を取りたかった	ニュージーランド	初回	コアラ，カンガルー，アボリジニ，サーフィン
F9	女性 20歳	オーストラリアに行ってみたかった，視野を広げたかった	サイパン	初回	自然が多い
F10	女性 20歳	外国に興味があった	-	初回	コアラ，カンガルー

第13章 オーストラリアにおける短期研修旅行

資料13-5（2）　アンケート回答（2）

F11	女性 19歳	海外旅行をしたかった	-	初回	自然，動物
F12	女性 20歳	ホスピタリティ系の職につきたい	-	初回	-
F13	女性 20歳	以前オーストラリアに来て良かったから	オーストラリア（ケアンズ，ブリスベン）	2目	広くて海がきれい
F14	女性 19歳	海外の旅行産業を実際に感じてみたかった		初回	広くて良い，海外という事で少し恐い，のんびり
F15	女性 20歳	研修を通して海外のホスピタリティを知りたかった	シンガポール，マーシア，インドネシア，タイ，グアム，アメリカ，カナダ，イタリア，イギリス，オーストラリア（メルボルン，キャンベラ，ダーウィン，パース）	4回	オーストラリアの人達は友好的なので旅行者にとって旅行しやすい
F16	女性 19歳	オーストラリアに行ってみたかった，自然や動物とふれあいたかった	ハワイ，アメリカ，香港	初回	自然や野生の動物が多い
F17	女性 20歳	外国で観光を学ぶところにひかれた	アメリカ（ハワイ，グアム）	初回	広大な自然，動物がたくさんいる，アボリジニとの問題を抱えている
F18*	女性 19歳				
F19*	女性 20歳				
F20	女性 28歳	将来観光に関する仕事をしたいので自分の国以外の事も知りたい	日本	初回	豊かな自然と珍しい動物
F21	女性 29歳	将来観光について仕事をしたい，海外旅行をしたい	日本	初回	海がきれい
F22*	女性 20歳				
F23	女性 20歳	海外研修	韓国，イタリア，イギリス	初回	大陸
F24	女性 20歳	観光という分野に興味を持った，昨年のツアー内容が良かったという先輩の話しを聞いた	-	初回	自然が多く土地が広大，海がきれい，オージービーフ
F25	女性 19歳	オーストラリアに行ってみたかった，外国の大学に興味があった，海外旅行が好き，旅行業やホテル業に興味があった	韓国	初回	広大な土地，コアラやカンガルー，海がきれい

192

資料 13-5（3） アンケート回答（3）

参加者	性別・年齢	印象深い体験	気に入った訪問先	将来の来豪希望	その他
M1	男性 22 歳	英語を少し勉強した	大学訪問	海に行きたい	楽しかった
M2	男性 22 歳	店員とのやりとり	シドニー	英語力を付けて現地の人とのコミュニケーション	
M3	男性 20 歳	ファームツアーのパフォーマンス	ファームツアー	内陸に行ってみたい	良い企画だと思う
M4	男性 20 歳	-	-	内陸に行きたい, アリススプリングス等	こちらに来て自分でツアーを探すのが大変だったので、あらかじめ日本でツアーのパンフがほしい
M5*	男性 20 歳				
M6	男性 20 歳	ゴールドコーストを上空から見た	グリフィス大学 ゴールドコースト	エアーズロックを見たい	もっと英語を使って話したい
M7*	男性 19 歳				
FI*	女性 20 歳				
F2	女性 20 歳	コアラを抱けた, スピードボードに $10 で乗れた	グリフィス大学, 学生と交流が持てた事	シドニーをもう少し見たい, 真夏に来たい	
F3*	女性 20 歳				
F4*	女性 21 歳				
F5	女性 20 歳	カンガルーの餌付け, 直接触れた	オペラハウス, ハーバーブリッジ	シドニーの夜景, エアーズロック	オーストラリアの人が温かくて良いところだった, 何回でも来たい
F6	女性 19 歳	オーストラリアの人がフレンドリーだった	オペラハウス, ハーバーブリッジ, サーファースパラダイスの海	語学留学, NSW 大学の附属学校で勉強したい	ますます留学したくなった。初めての海外で良い経験が出来た。
F7	女性 19 歳	ゴールドコーストに日本人が多い	ファーム	グレートバリアリーフ	想像以上に良いところだ。機会があれば留学したい
F8	女性 20 歳	パラセーリング	シーワールド, サーファースパラダイス	マリンスポーツ, グレートバリアリーフでダイビング	
F9	女性 20 歳	ファーム体験, コアラと記念写真	ファーム	グレートバリアリーフ, 海のきれいなところで泳ぎたい	忙しかったが楽しかった, 来年こういう授業があったら参加したい
F10	女性 20 歳	全て	ファーム	夏の時に海で遊びたい, カジノを見学したい	毎日が楽しくてあっという間に終わってしまった, またオーストラリアに来たい

第 13 章 オーストラリアにおける短期研修旅行

資料 13-5（4）　アンケート回答（4）

F11	女性 19 歳	ファームツアー	ゴールドコースト	ゴールドコーストに来たい	
F12	女性 20 歳	大学見学で他の国の人達と交流できた		サーファーズパラダイスで泳ぎたい	
F13	女性 20 歳	日本人留学生が多い事に驚いた	サーファーズパラダイス	英語勉強のための留学, サーファーズパラダイスへ戻ってきたい	何回来ても飽きない, もう少し長くいたかった
F14	女性 19 歳	ドリームワールドでコアラを抱いて記念撮影, カランビンでカンガルーを触った, オーストラリアの動物を実際に見れた	ドリームワールド	今回は海にいる時間が短かったので夏に来て海水浴を楽しみたい, エアーズロックを見たい	個人的にゴールドコーストで市バスに乗ったりシドニーで電車に乗れた事が良い経験だった
F15	女性 20 歳	現地の人がとても親切で色々教えてもらった, 市バスを使ってサーファーズパラダイスからパシフィックスクエアーに行った	ドリームワールド	ケアンズ, エアーズロック	シドニーは店員以外に日本人が少ないが, ゴールドコーストは観光地化されているため日本人の店や観光客が多かった, 知らない人でも挨拶するのが良い習慣だと思う（日本はそういう人が少なくてバリアを張っている）, 短いけど良い経験ができた
F16	女性 19 歳	カンガルーに触れた	オペラハウス（テレビとは違ってとても景色がきれいで空気がおいしかった）	シーワールド（時間が無かったので行けなかったが日本とオーストラリアの水族館の違いを見つけたい）	オーストラリアはとてもきれいな国だった, セミや野良猫などを見かけなかった
F17	女性 20 歳	初めて見る動物との触合い, 小人数での行動	ゴールドコースト	スキューバダイビング, ツチボタルを見に行く	シドニーでもう 1 泊したかった, オペラハウスやカランビンなどもう少し時間が欲しかった
F18*	女性 19 歳				
F19*	女性 20 歳				
F20	女性 28 歳	英語を勉強したかった	シドニー	国々は色々違うのでオーストラリア人の生活やどういう所が観光地になったのか知りたい	色々なところを照会されて楽しかった, 英語を勉強して上達したい, アメリカに行きたい
F21	女性 29 歳	動物園	オペラハウスと海岸	またシドニーに行きたい	時間が短い, コースの中にもっと何か内容が入って欲しい
F22*	女性 20 歳				
F23	女性 20 歳	牧場	ゴールドコースト	ゴールドコーストで長期滞在しながらのんびり過ごす	
F24	女性 20 歳	カンガルーに触れた, コアラをだっこした	カランビン野鳥園, NSW 入学	ゴールドコーストでボディボード, ケアンズ, グレートバリアリーフ, 海で泳ぎたい	感動した, とても楽しかった
F25	女性 19 歳	オーストラリアの大学の学生と交流を持った事	ドリームワールドでコアラを抱いて写真を撮った, サーファーズパラダイス	語学力をもっとつけて外国人との交流を深めたい, 海で泳ぎたい, 長期滞在したい	他の国にも行きたくなった（イギリス, イタリア, ハワイ, グアム, アメリカ,etc.）すごく勉強になった。

194

短い訪問であったが、M2やF6、F13、F25のように、この企画を通して学習意欲をかき立てられ、語学研修や留学を希望するものが若干見られるのは今後の展開に期待できる。

これらの質問項目の他に自由に感想を述べられる欄を設けたが、好意的な感想の他に厳しいコメントも見られる。F13やF17、F21などのコメントで見られるように、日程が短くて忙しく、シドニーの滞在期間が十分でなかったことは大いに反省すべき点として挙げられる。同じ期間でも曜日をずらす事によって短い時間を十分に活用するための改善が可能だったのではなかろうか。さらに、M4の感想のように出発前に十分現地情報を提供すれば現地でより有意義な時間を送れたかもしれない。

とはいえ、今回の研修旅行から得られたものも少なくない。その他の欄でも、M6やF6、F7、F9、F20のように、英語や留学についての意欲向上に関するコメントが見られるのは引率者の1人として嬉しい限りである。オーストラリアを好意的に受け止めてくれた参加者に加え、今回の訪問を通して同国のみならず、F20やF25のように他国にも関心を持った者がいることは国際理解教育を進める上で注目に値するだろう。

上記のように「観光産業実習」は素人の手によって企画されたものであり、不備な点が多い。なかでも季節や曜日の設定は改善すべき点が多く、参加者の感想にも反映されている。筆者はこの企画を立案したわけではないが、実際に現地の引率者として運用に携わったため、参加者の要望に対して真摯に考えていきたい。たしかに今回の旅行は大学の国際交流の専門スタッフが企画した姉妹校訪問や旅行会社のパックツアーと比べると見劣りするだろう。しかし、不景気で予算やスタッフが削減される時世のなかでより多くの学生に異文化を理解させるため、このような安上がりな企画を実行する事も1つの選択肢として挙げる事も可能なのではなかろうか。本章が今後の研修旅行の立案・計画において多少なりとも貢献できれば幸いである注18。

注18 桜美林大学の海外研修制度には学生個人の企画立案に対して単位を認定する制度がある。本来は提携校以外で語学を学ぶ学部生の研修や任意の対象地域の高等教育機関で現地調査を行う大学院生のための制度であり、報告書の提出を行う事によって期間に応じた単位が認定される。

【参考文献】

朝水宗彦（2001）『多文化社会オーストラリアにおけるエスニック・ツーリズム形成過程に関する研究』くんぷる

朝水宗彦（2001）『北アメリカ・オセアニアのエスニシティと文化』くんぷる

朝水宗彦（2001）「国際理解のための視察旅行」『異文化間教育学会第22回大会発表抄録』異文化間教育学会

朝水宗彦（2000）「地方自治体における国際交流旅行」『日本観光研究学会全国大会研究発表論文集』第15号，日本観光研究学会

Bell, Martin and Carr, Rick (1994) *JAPANESE TEMPORARY PRESIDENTS THE CAIRNS TOURISM INDUSTRY*, Australian Government Publishing Service, Canberra

Department of Immigration and Multicultural Affairs *ed.* (2001) *OVERSEAS STUDENTS IN AUSTRARIA*, DIMA, FACT SHEET 56

Department of Immigration and Multicultural Affairs *ed.*(2001) *TEMPORARY ENTRY:AN OVERVIEW*, DIMA, FACT SHEET 60

Department of Immigration and Multicultural Affairs *ed.* (2001) *WORKING HOLIDAY MAKER SCHEME*, DIMA, FACT SHEET 55

Harris, G.T. and Jarrett, F.G. (1990) *Educating Overseas Students in Australia*, Allen & Unwin Pty Ltd, Sydney

Joint Standing Committee on Migration (1997) *Working Holiday Makers: More Than Tourists*, Australian Government Publishing Service, Canberra

日豪プレス編（2001）『オーストラリア留学事情』第2号，日豪プレス

德久球雄，安村克己編（2001）『観光教育』くんぷる

第14章

オーストラリアにおける教育観光

　オーストラリアにおける観光のトレンドは今日では多様化している。日本のバブル経済崩壊後、オーストラリアでは日本以外のアジア諸国から積極的に観光客を受け入れるようになった。それと同時に個人の特別な目的を十分満たす、団体旅行とは異なった様々な旅の形態が発展し、観光の多様化が進んでいった。

　オーストラリアにおける観光研究の専門家の間で、SIT (Special Interest Tour または Special Interest Tourism) と呼ばれる特別な目的を伴う旅行が注目されている[注1]。SITにはエコツーリズムやグリーンツーリズム、遺産観光、産業観光、医療観光、コンベンションなど、様々な形態が挙げられる[注2]。なお、オーストラリアにおけるSITの近年の傾向の1つとして、「教育観光」(Study Tourism, Education Tourism, Educational Tourism) が重要になりつつある。たとえばオーストラリア政府観光局（TA=Tourism Australia）は教育観光に関するWebサイトを有しているが、すでに2007年に『教育観光レポート』(Study Tourism Report) を出版している。同様に、オーストラリア政府は2009年に短期滞在者向けの『教育観光ファクトシート』(Education Tourism Factsheet) を出版している。

　正規の教育課程における外国人の受け入れとして、他の国々と同様に、オーストラリアでは留学が行われてきた。第二次世界大戦後のオーストラリアでは日本と同様にコロンボ・プランによる公費留学生の受け入れが中心であったが、1989年以降私費留学生を本格的に受け入れるようになり、現在では重要な外貨収入源

注1　たとえば、関連した市販書として以下のものがあげられる。DOUGLAS, Norman et al. eds. *Special Interest Tourism*, John Wiley & Sons Australia Ltd, Brisbane, 2001.

注2　たとえば関連した報告書として以下のものがあげられる。
　　　Commonwealth Department of Tourism, *National Ecotourism Strategy*, Australian Government Publishing Service, Canberra, 1994.
　　　WEILER, Betty ed., *Ecotourism*, BTR, Canberra, 1992.

になるまでいわゆる「留学産業」が成長している。しかしながら、教育観光の参加者はいわゆる正規留学生と異なっており、なおかつ従来の観光客とも異なっている。本研究では、オーストラリアにおける教育観光について注目し、インバウンドの訪問者としての経済的な影響を中心に考察したい。

14.1　本章における教育観光の概念

本章で扱う「教育観光」とは、主に大学や専門学校、高校などの教育機関が学習目的で提供している移動を伴うプログラムとその社会的な現象を指す。「Study Tourism」を直訳すればおそらく「学習観光」になるが、日本語ではあまりなじみの無い表現なので本研究では「Education Tourism」や「Educational Tourism」と同様に、便宜上「教育観光」を訳語として用いる。

「Study Tourism」の類義語として「Study Tour」があるが、本研究では前者は個々の事例である後者の総体として扱う。さらに、「Study Tourism」の名称はオーストラリア政府観光局や同国におけるいくつかの観光関係の団体が用いており、徐々に普及しつつあるようであるが、一般的に「Education Tourism」あるいは「Educational Tourism」とも呼ばれる。同様に「Education Tour」や「Educational Tour」などの表現もあるが、本研究ではこれらの個々の諸事例と先述の諸総体を「教育観光」として扱う。なお、本研究で扱う「教育観光」とは、観光を学問として研究する「Tourism Studies」、あるいは観光に関する技能を身につける「観光教育」（Tourism Education）ではない。

14.2　本章に関する先行研究

本章のテーマである教育観光であるが、オーストラリアにおける「観光」研究は日本でも少なからぬ研究が行われている。たとえば光武（2002）は第二次世界大戦以前の黎明期におけるビクトリア州の温泉観光について歴史的な考察を行っている[注3]。恩地（2001）は日本人観光客が急増する前後の1980年代におけるクイー

注3　光武幸「スパツーリズム 過去・現在・将来展望」『日本国際観光学会論文集』第9号,2002,50-55頁。

ンズランド州の観光政策について日豪両サイドの社会背景を含めた分析を行っている[注4]。オーストラリアにおける観光に関する研究は近年さらに多様化が進んでおり、たとえば鈴木（2007）は「食文化を活用した国際ツーリズム振興」の一部で同国のフード・ツーリズムの事例を扱っている[注5]。

本章は「観光」だけでなく、「教育」（特に留学）の分野にも少なからず関係している。山中（2010）は SIT 研究の一環として、近年のオーストラリアにおける教育観光やビジネス観光の重要性について言及している[注6]。南出（2010）は教育観光のうち、日本の高校生によるオーストラリアへの修学旅行についていくつかケース・スタディを行っている[注7]。西川（2009）はオーストラリアへ訪問した日本人修学旅行生のうち、ファームスティに関する事例をいくつか紹介している[注8]。

オーストラリアにおける留学であるが、1989 年の私費留学生（俗に full-fee student と呼ばれる）の受け入れ緩和後、実に多くの研究が行われている。特に進学準備段階である英語集中コース（ELICOS：English Language Intensive Course for Overseas Students）の研究が少なからず見られ[注9]、正規留学であっても編入やツイニング・プログラム、ダブル・ディグリーなど、俗にオフショア（off shore）

注4　恩地宏「政策の変更が観光振興にもたらす影響に関する考察」『宮城大学事業構想学部紀要』第 4 号,2001 年,107-120 頁。

注5　鈴木勝「食文化を活用した国際ツーリズム振興」『大阪観光大学紀要』第 7 号,2007 年,15-23 頁。

注6　山中雅夫「オーストラリアのツーリズムと産業政策」『オーストラリア研究紀要』第 36 号,2010 年,35-38 頁。

注7　南出眞助「日本の高校のオーストラリア修学旅行」『オーストラリア研究紀要』第 36 号,2010 年,27-28 頁。

注8　西川喜朗「オーストラリアにおけるファームスティについて」『オーストラリア研究紀要』第 35 号,2008 年,83-88 頁。

注9　ELICOS に関する課外活動の報告は少なからず行われているが、たとえば以下の団体による一般向け報告を参照されたい。
Australian Learning and Teaching Council, *Academic Learning and Teaching in Educational Tourism*, Australian Learning and Teaching Council, 2009.
Australian-Universities.com, *Study Tourism in Australia*, http://www.australian-universities.com/study/australia/tourism/, Accessed August 5, 2009, n.d.

と呼ばれる様々な形態に関する研究が発達した注10。外国人向け教育機会の多様性はオーストラリアにおける留学生受け入れに有利に働き、留学はオーストラリアにとって一大産業になった。そのため、現在ではオーストラリア政府国際教育機構（AEI：Australia Education International）など、外貨収入の点から留学に関する報告を行う機関や研究者が少なからず見られる。

さらに、大学やTAFE（Technical and Further Education）などで学んでいる外国人学生の余暇活動を調査した報告書も少なくない。たとえば、スピークス等（2005）はグリフィス大学ゴールドコースト校で学ぶ外国人学生の余暇や観光活動について調査している注11。より大規模な調査も行われており、ダビットソン等（2010）はオーストラリア各地の大学やTAFE、語学学校などで学ぶ外国人学生が行う余暇や観光活動について研究している注12。

14.3　オーストラリアにおける国際観光の変遷

ここで、オーストラリアにおける国際的な教育観光が発展した背景の一つとして、国際観光、特にインバウンドの変遷について概観したい。オーストラリアへのインバウンド訪問者は1988年に225万人注13、1992年に260万人であったものが、1996年には416万人に増加した注14。

同国へのインバウンド訪問者は2000年オリンピック以降大きな増減があった

注10　オーストラリアの高等教育機関によるオフショアを伴う海外交流には、たとえば以下の研究が挙げられる。
　　　竹腰千絵「オーストラリアにおけるトランスナショナル・エデュケーション」『オセアニア教育研究』第16号,2010年,8-21頁。
　　　我妻鉄也「オーストラリア高等教育のマレーシアにおけるオフショアプログラム展開」『オセアニア教育研究』第14号,2008年,20-35頁。
　　　杉本和弘「アジア太平洋地域におけるオーストラリア高等教育のグローバル戦略」『オセアニア教育研究』第11号,2005年,17-28頁。
注11　See, SPEAKS, Beverly et al, *STUDY TOURISM ON THE GOLD COAST 2003*, CRC for Sustainable Tourism Pty Ltd, Gold Coast, 2005.
注12　See, DAVIDSON, Michael et al, *INTERNATIONAL EDUCATION VISITATION - TOURISM OPPORTUNITIES*, CRC for Sustainable Tourism Pty Ltd, Gold Coast, 2010.
注13　ABS, *OVERSEAS ARRIVALS AND DEPARTURES, AUSTRALIA JANUARY 1989*, ABS CATALOGUE NO. 3401.0, 1989.
注14　BTR, *International Visitor Survey 1996*, BTR, Canberra, 1997. p.21

が、2000年代の後半は550-560万人前後で推移している（**表**14-1）。インバウンド観光は2009年度の場合247億豪ドルの経済価値がある大きな産業に発展した。

表 14-1　オーストラリアへの訪問者

年度	訪問者数（人）	前年度比（%）	TIEV（10億豪ドル）
2000	4,931,300	10.6	17.7
2001	4,855,800	-1.5	18.7
2002	4,841,200	-0.3	19.2
2003	4,745,800	-2.0	18.4
2004	5,215,000	9.9	19.4
2005	5,499,100	5.4	19.5
2006	5,532,400	0.6	21.5
2007	5,644,000	2.0	22.6
2008	5,585,700	-1.0	24.5
2009	5,584,000	0.0	24.7

TIEV: Total Inbound Economic Value
出典：Department of Resources, Energy and Tourism (2010) *TOURISM INDUSTRY FACTS &FIGURES AT A GLANCE MAY 2010*, DRET, p.14

14.4　オーストラリアにおける教育観光の特徴

14.4.1　教育観光の日豪概要

　日本からの来豪者はピーク時と比べると数を減らしたが、オーストラリアにおけるいくつかの観光分野では今でも目立った存在である。たとえば団塊世代の定年退職に伴うシニア層についてオーストラリア政府観光局（TA）が調査を行っており、『日本：オーストラリア訪問旅行者のトレンドの変化』（*Japan: Changing trends in travel to Australia*）にて知的好奇心の充足を求める新たなタイプの日本人観光客の発掘を試みている[注15]。

注15　日本からの近年の来豪者のトレンドに関しては以下の報告書を参照されたい。
　　　Tourism Australia, *Japan: Changing trends in travel to Australia*, Tourism Australia, Canberra, 2009.

他方、多くの日本人にとって教育観光と言えば従来から修学旅行がよく知られており、海外へのゼミ旅行もまた馴染みが深いだろう。ただし、日本における観光形態が団体旅行から個人旅行へと変化していったように、日本から海外への教育観光もその形態を変えてきた。日本ではバブル経済期の1980年代後半から1990年代前半にかけて、高校生のための全校的な海外修学旅行や大学生のための海外提携校における語学研修プログラムなどが盛んに行われていた。1986年からは文部科学省が「高等学校における国際交流等の状況」にて海外修学旅行や海外研修を隔年で調査するようになったが、近年では高校生向けの海外プログラムは目的地が選択可能な小グループ旅行が広まりつつあり、大学生の場合でも海外提携校が仲介する職場体験ツアーやボランティア活動など、より体験型のプログラムが人気を高めている[注16]。「高等学校における国際交流等の状況」によると、2010年度において、外国への修学旅行を実施した日本の高等学校等は延べ1,357校（公立529校、私立828校）であった。行先は34カ国・地域にわたっていたが、参加生徒数から見るとオーストラリアが最も多く（29,662人）、アメリカ合衆国（26,752人）、韓国（26,306人）、シンガポール（24,826人）が続いた[注17]。

いくつかの英語圏の国々にとって教育観光は個々の教育機関の問題だけではない。たとえばオーストラリアやカナダ、ニュージーランドにおいて国際的な教育観光はすでに社会現象として顕在化している。さらに、マレーシアやフィリピンなど比較的英語が普及している国々でも国外からの教育観光客を積極的に受け入れている[注18]。非英語圏の国々でも、教育と観光の結びつきはアウトバウンドだ

注16 文部科学省「平成20年度高等学校等における国際交流等の状況について」
http://www.koryuren.gr.jp/download/2010.1.28.pdf, 2011年11月30日閲覧, 2010年。
なお、日本人による海外インターンシップは英語力の問題により困難な場合が多く、代替措置としてより間口の広い教育目的のボランティア・ツアーに参加しているということも想定される。インドや東南アジアからオーストラリアへインターンシップに訪問する事例は以下の資料を参照されたい。
MISTILIS, Nina, *Education Tourism and the University Internship Study*, Australian School of Business, Sydney, n.d.

注17 文部科学省(2010) 前掲稿。

注18 オーストラリア以外の諸外国は本稿の主なテーマでは無いので詳細は省略するが、たとえば以下の資料を参照されたい。
マレーシア：
Tourism Malaysia, "MALAYSIA PROMOTES EDUCATION TOURISM IN VIETNAM",
http://www.tourismmalaysia.gov.my/corporate/mediacentre.asp?news
_id=321&page=news_desk&subpage=archive, Accessed August 17, 2009, March 2009.

けでなくインバウンドの視点からも優良な SIT の1つとして徐々に広まりつつあるようである。たとえば、日本でも海外の高校生を受け入れるため、文部科学省によりフレンドシップ・ジャパンが 2005 年に開始された[注19]。先述の「高等学校における国際交流等の状況」によると、2010 年度に外国から日本へ訪問した教育観光客[注20]を受け入れた高等学校等は、延べ 1,429 校（公立 959 校、私立 470 校）にのぼる。同調査による訪問者は 53 カ国・地域にわたり、韓国からの訪問者（8,910 人）が最も多く、台湾（7,320 人）、中国（6,294 人）、アメリカ合衆国（2,832 人）の順となっている[注21]。

14.4.2 オーストラリアにおける教育産業の概要

オーストラリアはすでに教育目的の観光について少なからぬ実績を残している。たとえば先述のように、オーストラリア政府観光局（TA）は 2007 年に『教育観光レポート』を出版し、大学主催の外国人向けスタディツアーやエクスカーションを取り入れた集中英語コースなど、少なからぬ成功事例を紹介している。

オーストラリアにとってインバウンド教育は観光と同様に重要な産業である。先述のオーストラリア政府国際教育機構（AEI）によると、2008 年の時点で学生ビザを持っているオーストラリア在住の国際学生は 435,263 人であった（AEI 2009a: Research Snapshot）。このうち最も多いのが中国出身の 96,753 人で、以下インドが 75,390 人、韓国が 28,296 人と続く（AEI 2009b: Research Snapshot）。参考まで同年の日本における留学生数を挙げると 123,829 人であり、オーストラリアと比べれば遙かに少ない（JASSO n.d.: web）。

逆にオーストラリアから海外へ留学する学生はそれほど多くないようである。

Tourism Malaysia, "Education Tourism", http://www.tourism.gov.my/en/activities/default.asp?activity_id=15, Accessed August 17, 2009, n.d.
フィリピン:
Philippine Educational Tourism Services, "About Us", http://educationaltourism.info /index.php?option=com_content&task=view&id=16&Itemid=41, Accessed August 17, 2009, n.d.
Philippine Information Agency, "Commentary: Make way for CHEDs education tourism", http://www.pia.gov.ph/?m=12&fi=p070702.htm&date=07/02/2007, Accessed August 17, 2009, n.d.

注19 文部科学省『文部科学白書 2008』文部科学省,2008 年,286 頁。
注20 文部科学省 (2010) 前掲載。当該統計は引率者と生徒で構成される団体旅行のみで、留学など個人的なものは除く。
注21 同上

たとえばオーストラリアの高等教育機関から海外の高等教育機関へ留学する学生は2007年の時点で約1万人であった（AEI 2009c: Research Snapshot）。この数値はTAFEなどの職業訓練校や初等・中等教育機関からの留学を含まないので単純には比較できないが、オーストラリアにおける国際学生の動態はインバウンドがアウトバウンドを大幅に上回っているようである。

オーストラリアは2008年にインバウンド教育により155億豪ドルの外貨収入を得た。そのうち中国出身者は34億豪ドル、インド出身者は24億豪ドル、韓国出身者は11億豪ドルをもたらした（AEI 2009d: Research Snapshot）。図 *14-1* は州別の教育による外貨収入を示したものである。大学やTAFEなどの教育機関が集まっているニューサウスウエールズやビクトリア、クイーンズランドなどの外貨収入が多い。

出典：AEI (2009d) *Export Income to Australia from Education Services in 2008*, AEI, Research Snapshot

図14-1　州別国際教育収入（2008年）

次に、図 *14-2* に見られるように同国における教育による外貨収入は順調に伸びており、1995/06年度から2005/06年度まで4倍に増加している。オーストラリアにとって教育産業は巨大な存在であるだけでなく、優良な成長株でもある。

外国人に対する教育サービスと言えば第一に留学が挙げられる。しかしながら、様々な教育サービスが発達したオーストラリアでは学位修得を目的としたいわゆ

(単位：10億豪ドル)

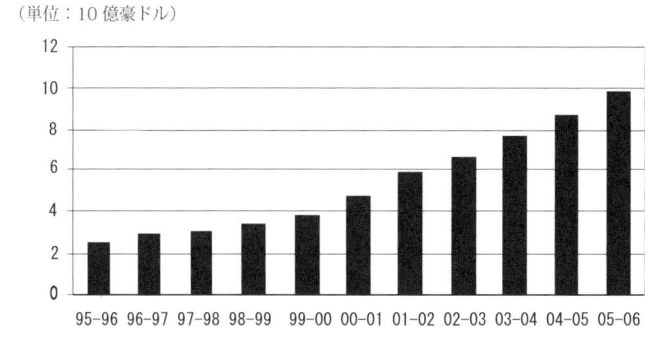

出典：Perry HOBSON (2007) *Education and Tourism*, Australian International Education Conference, p.4

図14-2　オーストラリアにおける教育による外貨収入（単位：10億豪ドル）

る「正規留学」だけではなく、ELICOSと呼ばれる英語コースにおける語学研修や外国人向けのスタディツアーなども充実している。そのため、図14-3に見られるように、いわゆる「正規留学生」が多い中国からの訪問者だけでなく、学位修得目的の留学生が少ない日本からの訪問者もオーストラリアの教育産業では目立った存在である。

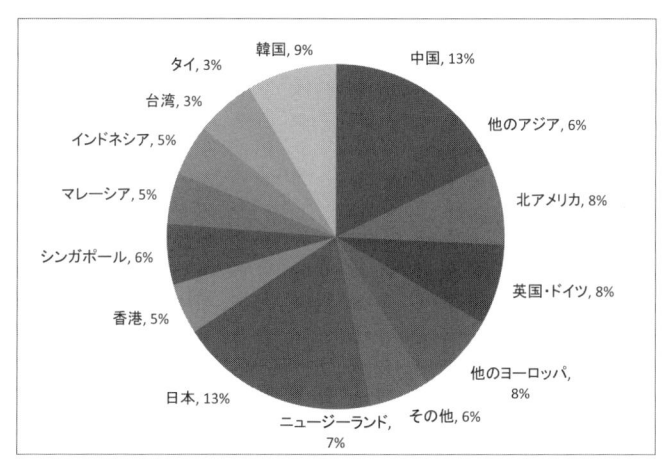

出典：Tourism Australia (2007) *Study Tourism Report*, TA, p.12

図14-3　オーストラリアにおける教育目的の訪問者数（2006年）

205

教育目的のオーストラリア訪問には様々な形態がある。たとえば 2008 年における中国からの学生ビザを有する留学生の場合、40.9 % が大学などの高等教育機関に在籍している。同年のインドからの留学生は 51.1 % が TAFE などの職業訓練校に在籍している。他方、バブル期の日本で海外語学研修が流行したように、ウォンが強くなった韓国にとって海外での研修はもはや高嶺の花ではない。2008 年の韓国からオーストラリアへの留学生は 36.2 % が ELICOS に在籍している（AEI 2009b: Research Snapshot）。

14.4.3 オーストラリアにおける教育観光の重要性

現在のオーストラリアはヨーロッパの主要国と肩を並べるインバウンド教育大国に成長した。しかしながら、1960・70 年代のオーストラリアは国費・公費での留学生受け入れが中心であったため、アメリカ合衆国やイギリスと比べると私費留学生の受け入れの点では後発的であった。オーストラリアにおける高等教育機関で私費留学生の受け入れが活発になったのは 1989 年の高等教育における規制緩和以降である。

オーストラリアにおける 1989 年の高等教育の規制緩和では私費留学生受け入れの大綱化が行われたが、それと同時に大学の新設や改組が相次いだ。特に財政基盤の弱い新設大学にとって学費収入をもたらす私費留学生の受け入れは重要事項であった。しかしながら、同国における新設大学は一部の分野を除くとアメリカ合衆国やイギリスの伝統的な大学ほど知名度が高くない。より多くの学生に注目してもらうため、オーストラリアの諸大学では編入プログラムや ELICOS での語学研修、大学主催のスタディツアーなど、通常の学位留学より期間が短く、参加しやすい教育プログラムを開発した。

ELICOS の本来の役割は非英語圏の学生に英語を教えることであるが、少なくとも 1990 年代からは教室での座学に加え、学外でのエクスカーションに力を入れている場合も見られる。さらに、フルタイムで 10 週間以上学習を行わなければオーストラリアでは学生ビザが必要でないため、先進国やそれに準じた国々からオーストラリアへ教育目的の渡航を行う場合、学外でのアクティビティを重視する場合も考えられる。集中英語コースはオーストラリア以外の国々にも存在するため、様々なアクティビティでコースの付加価値を付けることは「消費者」である学生を引きつける上で確かに重要であろう。

他方、オーストラリアにおける教育観光は国内向けにも発展しており、すでに1990年代には十分な知識と経験が蓄積されていた。日本における修学旅行が国内から海外へ発展したように、オーストラリアでも教育観光の重要性はインバウンドのプログラムが発達する前から国内で見られる。たとえば首都のキャンベラは海岸線を持たないためビーチリゾートの開発ができないが、教育観光を通して政治を学べるメリットがある[注22]。従来からキャンベラには観光教育に関する専門家や業界団体が少なからず存在していたが、さらに組織的な取り組みが行われるようになった。たとえば1997年11月に同市にて教育観光に関する学術会議が行われ、1999年12月に首都教育観光プロジェクト（National Capital Educational Tourism Project：NCETP）が設立された（NCETP n.d.: web）。

現在のオーストラリアにおける教育観光はオーストラリア人や特定の出身国の訪問者を対象としたものだけでなく、さらに多様化が進んでいる。そのため、TAは海外からの教育目的の訪問者の調査を包括的に行い、2007年に先述の『教育観光レポート』を出版した。学生ビザを有する留学生の数や教育機関に在学する留学生の数は今までもオーストラリア統計局（ABS：Australian Bureau of Statistics）やAEIが発表してきた。しかしながら、従来の統計では学生ビザを持たない短期の語学研修生やオーストラリアの教育機関を介さないスタディツアーなどが対象外であったため、TAの試みは画期的であると言えよう[注23]。

『教育観光レポート』によると、教育を目的としたオーストラリアへの訪問者は2006年には36万5000人であった（TA 2007: 1）。この数は同国における同年の訪問者の7％であり、絶対数としてはそれほど大きくない（TA 2007: 5）。しかしながら、参加者1人あたり1万3000豪ドル弱の高い消費があったため、同年のインバウンド観光消費の33％を占めている（TA 2007: 5）。

さらに同レポートによると、オーストラリアにおける同年の教育目的の訪問者のうち、学生ビザを伴わないインフォーマルな訪問者は分かっているだけでも9

注22 たとえば以下のような一般向けの事業案内がある。Australian Capital Tourism, *Education Tourism*, Australian Capital Tourism, Canberra, n.d.
さらに、キャンベラにおける教育観光は以下のニュースでも取り上げられている。
ABC News Online, "Canberra hoping for educational tourism boost", http://www.abc.net.au/news/stories/2005/03/23/1329976.htm, Accessed August 17, 2009, March 23, 2005.

注23 ただし、可能ならば単発の報告書ではなく、定期的な統計調査を複数回実施されることが望ましい。

万 2000 人であった（TA 2007: 1）。同国における同年の国際教育観光市場は 40 億豪ドル規模にまで成長し、国際教育市場の規模を考えれば目立った存在である（TA 2007: 1）。

　以上、近年のオーストラリアにおける教育観光の重要性について考察してきた。前半ではオーストラリアにおける国際観光について概説し、後半ではそのうち同国にとって有望な外貨収入源である「教育観光」について注目した。ここでは、教育機関が学習目的で提供している移動を伴うプログラムとその社会的な現象の両方の視点から考察してきた。
　学生ビザを伴わない短期の語学研修やスタディツアーなど、インフォーマルな教育プログラムは学位留学と比べれば統計的な調査が十分整備されてこなかった。しかしながら同プログラムは提供する教育機関にとって副収入になるだけでなく、所属学生の国際交流活性化や将来における優秀な人材獲得など、いくつかのメリットも挙げられる。さらに個々の教育機関にとってメリットがあるだけでなく、オーストラリア全体的に見ても知豪派を増やすことになり、なおかつ経済的にも十分な貢献が期待できる。
　オーストラリアにおける教育観光の重要性は TA の『教育観光レポート』にも現れている。『教育観光レポート』は学生ビザを伴わない短期の語学研修やスタディツアーなどを含み、従来の調査よりも包括的である。なおかつ観光関連の政府機関が教育と文化交流を有望な市場とみなしていること自体が注目的であり、観光教育の世界的な潮流に対して少なからぬ影響を与える可能性を持っている。
　ただし、AEI の留学生調査である『リサーチ・スナップショット』シリーズとは異なり、本研究で参考にしてきた『教育観光レポート』は単発の調査である。そのため、従来から統計調査が十分行われてきた留学生や観光客とは異なり、同レポートのみでは教育観光客の数を複数の年で比較して各時代のトレンドを導き出すことが困難である。他方、本研究では十分活用できなかったが、先述の簡易版『教育観光ファクトシート』は引き続き刊行される可能性がある。他にも各大学や TAFE 等が独自にビザなし教育プログラムに関する記録を残している可能性もあるので、教育観光の時代的なトレンド分析や未来図については今後の課題にしたい。

【参考文献】

ABC News Online,"Canberra hoping for educational tourism boost", http://www.abc.net.au/news/stories/2005/03/23/1329976.htm, Accessed August 17, 2009, March 23, 2005.

ABS, *OVERSEAS ARRIVALS AND DEPARTURES, AUSTRALIA JANUARY 1989*, ABS CATALOGUE NO. 3401.0, 1989.

Australian Capital Tourism, *Education Tourism*, Australian Capital Tourism, Canberra, n.d.

Australian Education International, *Transnational education in the higher education sector*, Australian Education International, Canberra, 2009a.

Australian Education International, *International student numbers 2008*, Australian Education International, Canberra, 2009b.

Australian Education International, *Australian student mobility in the higher education sector*, Australian Education International, Canberra, 2009c.

Australian Education International, *Export Income to Australia from Education Services in 2008*, Australian Education International, Canberra, 2009d.

Australian Government, *Education Tourism Factsheet*, Australian Government, Canberra, 2009.

Australian Learning and Teaching Council, *Academic Learning and Teaching in Educational Tourism*, Australian Learning and Teaching Council, Sydney, 2009.

Australian-Universities.com, "Study Tourism in Australia" ,http://www. australian-universities.com/study/australia/tourism/, Accessed August 5, 2009, n.d.

BTR *International Visitor Survey 1996*, BTR, Canberra, 1997.

Commonwealth Department of Tourism, *National Ecotourism Strategy*, Australian Government Publishing Service, Canberra, 1994.

Department of Resources, Energy and Tourism, *TOURISM INDUSTRY FACTS &FIGURES AT A GLANCE MAY 2010*, DRET, Canberra, 2010.

DAVIDSON, Michael et al *INTERNATIONAL EDUCATION VISITATION - TOURISM OPPORTUNITIES*, CRC for Sustainable Tourism Pty Ltd, Gold Coast, 2010.

DOUGLAS, Norman et al. eds. *Special Interest Tourism*, John Wiley & Sons Australia Ltd, Brisbane, 2001.

HOBSON, Perry, *Education and Tourism*, Australian International Education Conference, Melbourne, 2007.

JASSO, "Shift of Number and Percentage of International Students", http://www.jasso.go.jp/statistics/intl_student/ref08_01_e.html, Accessed April 22, 2009, n.d.

南出眞助「日本の高校のオーストラリア修学旅行」『オーストラリア研究紀要』第36号, 2010年, 21-29頁.

MISTILIS, Nina, *Education Tourism and the University Internship Study*, Australian School of Business, Sydney, n.d.

光武幸「スパツーリズム 過去・現在・将来展望」『日本国際観光学会論文集』第9号, 2002, 50-55頁.

文部科学省「平成20年度高等学校等における国際交流等の状況について」http://www.koryuren.gr.jp/download/2010.1.28.pdf, 2011年11月30日閲覧, 2010年.

文部科学省『文部科学白書2008』文部科学省, 2008年.

National Capital Educational Tourism Project, "Background", http://www.ncetp.org.au/about/background.html, Accessed August 17, 2009, n.d.

西川喜朗「オーストラリアにおけるファームスティについて」『オーストラリア研究紀要』第35号, 2008年, 83-88頁.

恩地宏「政策の変更が観光振興にもたらす影響に関する考察」『宮城大学事業構想学部紀要』第4号, 2001年, 107-120頁.

Philippine Educational Tourism Services, "About Us", http://educationaltourism.info/index.php?option=com_content&task=view&id=16&Itemid=41, Accessed August 17, 2009, n.d.

Philippine Information Agency, "Commentary: Make way for CHED s education tourism", http://www.pia.gov.ph/?m=12&fi=p070702.htm&date=07/02/2007, Accessed August 17, 2009, n.d.

SPARKS, Beverley, FREDLINE, Liz and NORTHROPE, Chelsea, *Study Tourism on the Gold Coast*, CRC for Sustainable Tourism Pty Ltd, Gold Coast, 2003.

杉本和弘「アジア太平洋地域におけるオーストラリア高等教育のグローバル戦略」『オセアニア教育研究』第11号, 2005年, 17-28頁.

鈴木勝「食文化を活用した国際ツーリズム振興」『大阪観光大学紀要』第7号, 2007

年, 15-23 頁。

竹腰千絵「オーストラリアにおけるトランスナショナル・エデュケーション」『オセアニア教育研究』第 16 号, 2010 年, 8-21 頁。

Tourism Australia, *Study Tourism Report*, Tourism Australia, Canberra, 2007.

Tourism Australia, *Japan: Changing trends in travel to Australia*, Tourism Australia, Canberra, 2009.

Tourism Malaysia,"MALAYSIA PROMOTES EDUCATION TOURISM IN VIET NAM", http://www.tourismmalaysia.gov.my/corporate/mediacentre. asp?news _id=321&page=news_desk&subpage=archive, Accessed August 17, 2009, March 2009.

Tourism Malaysia, "Education Tourism", http://www.tourism.gov.my/en/ activities/default.asp?activity_id=15, Accessed August 17, 2009, n.d.

我妻鉄也「オーストラリア高等教育のマレーシアにおけるオフショアプログラム展開」『オセアニア教育研究』第 14 号, 2008 年, 20-35 頁。

WEILER, Betty ed., *Ecotourism*, BTR, Canberra, 1992.

山中雅夫「オーストラリアのツーリズムと産業政策」『オーストラリア研究紀要』第 36 号, 2010 年, 31-48 頁。

Appendix

関連法規

観光立国推進基本法

（平成十八年十二月二十日法律第百十七号）

　観光基本法（昭和三十八年法律第百七号）の全部を改正する。
　観光は、国際平和と国民生活の安定を象徴するものであって、その持続的な発展は、恒久の平和と国際社会の相互理解の増進を念願し、健康で文化的な生活を享受しようとする我らの理想とするところである。また、観光は、地域経済の活性化、雇用の機会の増大等国民経済のあらゆる領域にわたりその発展に寄与するとともに、健康の増進、潤いのある豊かな生活環境の創造等を通じて国民生活の安定向上に貢献するものであることに加え、国際相互理解を増進するものである。
　我らは、このような使命を有する観光が、今後、我が国において世界に例を見ない水準の少子高齢社会の到来と本格的な国際交流の進展が見込まれる中で、地域における創意工夫を生かした主体的な取組を尊重しつつ、地域の住民が誇りと愛着を持つことのできる活力に満ちた地域社会の実現を促進し、我が国固有の文化、歴史等に関する理解を深めるものとしてその意義を一層高めるとともに、豊かな国民生活の実現と国際社会における名誉ある地位の確立に極めて重要な役割を担っていくものと確信する。
　しかるに、現状をみるに、観光がその使命を果たすことができる観光立国の実現に向けた環境の整備は、いまだ不十分な状態である。また、国民のゆとりと安らぎを求める志向の高まり等を背景とした観光旅行者の需要の高度化、少人数による観光旅行の増加等観光旅行の形態の多様化、観光分野における国際競争の一層の激化等の近年の観光をめぐる諸情勢の著しい変化への的確な対応は、十分に行われていない。これに加え、我が国を来訪する外国人観光旅客数等の状況も、国際社会において我が国の占める地位にふさわしいものとはなっていない。
　これらに適切に対処し、地域において国際競争力の高い魅力ある観光地を形成するとともに、観光産業の国際競争力の強化及び観光の振興に寄与する人材の育成、国際観光の振興を図ること等により、観光立国を実現することは、二十一世紀の我が国経済社会の発展のために不可欠な重要課題である。

ここに、観光立国の実現に関する施策を総合的かつ計画的に推進するため、この法律を制定する。

前文

第一章　総則（第一条―第九条）
第二章　観光立国推進基本計画（第十条・第十一条）
第三章　基本的施策
　第一節　国際競争力の高い魅力ある観光地の形成（第十二条―第十四条）
　第二節　観光産業の国際競争力の強化及び観光の振興に寄与する人材の育成（第十五条・第十六条）
　第三節　国際観光の振興（第十七条・第十八条）
　第四節　観光旅行の促進のための環境の整備（第十九条―第二十五条）
第四章　国及び地方公共団体の協力等（第二十六条・第二十七条）
附則

第一章　総則

（目的）
第一条　この法律は、二十一世紀の我が国経済社会の発展のために観光立国を実現することが極めて重要であることにかんがみ、観光立国の実現に関する施策に関し、基本理念を定め、並びに国及び地方公共団体の責務等を明らかにするとともに、観光立国の実現に関する施策の基本となる事項を定めることにより、観光立国の実現に関する施策を総合的かつ計画的に推進し、もって国民経済の発展、国民生活の安定向上及び国際相互理解の増進に寄与することを目的とする。
（施策の基本理念）
第二条　観光立国の実現に関する施策は、地域における創意工夫を生かした主体的な取組を尊重しつつ、地域の住民が誇りと愛着を持つことのできる活力に満ちた地域社会の持続可能な発展を通じて国内外からの観光旅行を促進することが、将来にわたり豊かな国民生活の実現のため特に重要であるという認識の下に講ぜられなければならない。
2　観光立国の実現に関する施策は、観光が健康的でゆとりのある生活を実現す

る上で果たす役割の重要性にかんがみ、国民の観光旅行の促進が図られるよう講ぜられなければならない。

3　観光立国の実現に関する施策は、観光が国際相互理解の増進とこれを通じた国際平和のために果たす役割の重要性にかんがみ、国際的視点に立って講ぜられなければならない。

4　観光立国の実現に関する施策を講ずるに当たっては、観光産業が、多様な事業の分野における特色ある事業活動から構成され、多様な就業の機会を提供すること等により我が国及び地域の経済社会において重要な役割を担っていることにかんがみ、国、地方公共団体、住民、事業者等による相互の連携が確保されるよう配慮されなければならない。

（国の責務）

第三条　国は、前条の施策の基本理念（次条第一項において「基本理念」という。）にのっとり、観光立国の実現に関する施策を総合的に策定し、及び実施する責務を有する。

（地方公共団体の責務）

第四条　地方公共団体は、基本理念にのっとり、観光立国の実現に関し、国との適切な役割分担を踏まえて、自主的かつ主体的に、その地方公共団体の区域の特性を生かした施策を策定し、及び実施する責務を有する。

2　地方公共団体は、前項の施策を実施するに当たっては、その効果的な実施を図るため地方公共団体相互の広域的な連携協力に努めなければならない。

（住民の役割）

第五条　住民は、観光立国の意義に対する理解を深め、魅力ある観光地の形成に積極的な役割を果たすよう努めるものとする。

（観光事業者の努力）

第六条　観光に関する事業（第十六条において「観光事業」という。）を営む者（以下「観光事業者」という。）は、その事業活動を行うに際しては、住民の福祉に配慮するとともに、観光立国の実現に主体的に取り組むよう努めるものとする。

（法制上の措置等）

第七条　政府は、観光立国の実現に関する施策を実施するため必要な法制上、財政上又は金融上の措置その他の措置を講じなければならない。

（年次報告等）

第八条　政府は、毎年、国会に、観光の状況及び政府が観光立国の実現に関して講じた施策に関する報告を提出しなければならない。
2　政府は、毎年、交通政策審議会の意見を聴いて、前項の報告に係る観光の状況を考慮して講じようとする施策を明らかにした文書を作成し、これを国会に提出しなければならない。
（交通政策審議会への諮問等）
第九条　交通政策審議会は、国土交通大臣又は関係各大臣の諮問に応じ、観光立国の実現に関する重要事項を調査審議する。
2　交通政策審議会は、前項に規定する事項に関し、国土交通大臣又は関係各大臣に意見を述べることができる。
3　交通政策審議会は、前二項に規定する事務を遂行するため必要があると認めるときは、関係行政機関の長に対し、資料の提出、意見の表明、説明その他必要な協力を求めることができる。

第二章　観光立国推進基本計画

（観光立国推進基本計画の策定等）
第十条　政府は、観光立国の実現に関する施策の総合的かつ計画的な推進を図るため、観光立国の実現に関する基本的な計画（以下「観光立国推進基本計画」という。）を定めなければならない。
2　観光立国推進基本計画は、次に掲げる事項について定めるものとする。
一　観光立国の実現に関する施策についての基本的な方針
二　観光立国の実現に関する目標
三　観光立国の実現に関し、政府が総合的かつ計画的に講ずべき施策
四　前三号に掲げるもののほか、観光立国の実現に関する施策を総合的かつ計画的に推進するために必要な事項
3　国土交通大臣は、交通政策審議会の意見を聴いて、観光立国推進基本計画の案を作成し、閣議の決定を求めなければならない。
4　国土交通大臣は、前項の規定による閣議の決定があったときは、遅滞なく、観光立国推進基本計画を国会に報告するとともに、公表しなければならない。
5　前二項の規定は、観光立国推進基本計画の変更について準用する。

(観光立国推進基本計画と国の他の計画との関係)
第十一条　観光立国推進基本計画以外の国の計画は、観光立国の実現に関しては、観光立国推進基本計画を基本とするものとする。

第三章　基本的施策

第一節　国際競争力の高い魅力ある観光地の形成

(国際競争力の高い魅力ある観光地の形成)
第十二条　国は、国際競争力の高い魅力ある観光地の形成を図るため、地方公共団体と観光事業者その他の関係者との連携による観光地の特性を生かした良質なサービスの提供の確保並びに宿泊施設、食事施設、案内施設その他の旅行に関連する施設(以下「旅行関連施設」という。)及び公共施設の整備等に必要な施策を講ずるものとする。
(観光資源の活用による地域の特性を生かした魅力ある観光地の形成)
第十三条　国は、観光資源の活用による地域の特性を生かした魅力ある観光地の形成を図るため、史跡、名勝、天然記念物等の文化財、歴史的風土、優れた自然の風景地、良好な景観、温泉その他文化、産業等に関する観光資源の保護、育成及び開発に必要な施策を講ずるものとする。
(観光旅行者の来訪の促進に必要な交通施設の総合的な整備)
第十四条　国は、観光旅行者の国際競争力の高い魅力ある観光地への来訪の促進に必要な交通施設の総合的な整備を図るため、国際交通機関及びこれに関連する施設並びに国際競争力の高い魅力ある観光地及びその観光地間を連絡する経路における空港、港湾、鉄道、道路、駐車場、旅客船その他の観光の基盤となる交通施設の整備等に必要な施策を講ずるものとする。

第二節　観光産業の国際競争力の強化及び観光の振興に寄与する人材の育成

(観光産業の国際競争力の強化)
第十五条　国は、観光産業の国際競争力の強化を図るため、観光事業者相互の有機的な連携の推進、観光旅行者の需要の高度化及び観光旅行の形態の多様化に対応したサービスの提供の確保等に必要な施策を講ずるものとする。

（観光の振興に寄与する人材の育成）
第十六条　国は、観光の振興に寄与する人材の育成を図るため、観光地及び観光産業の国際競争力の強化に資する高等教育の充実、観光事業に従事する者の知識及び能力の向上、地域の固有の文化、歴史等に関する知識の普及の促進等に必要な施策を講ずるものとする。

第三節　国際観光の振興

（外国人観光旅客の来訪の促進）
第十七条　国は、外国人観光旅客の来訪の促進を図るため、我が国の伝統、文化等を生かした海外における観光宣伝活動の重点的かつ効果的な実施、国内における交通、宿泊その他の観光旅行に要する費用に関する情報の提供、国際会議その他の国際的な規模で開催される行事の誘致の促進、外国人観光旅客の出入国に関する措置の改善、通訳案内のサービスの向上その他の外国人観光旅客の受入れの体制の確保等に必要な施策を講ずるものとする。
（国際相互交流の促進）
第十八条　国は、観光分野における国際相互交流の促進を図るため、外国政府との協力の推進、我が国と外国との間における地域間の交流の促進、青少年による国際交流の促進等に必要な施策を講ずるものとする。

第四節　観光旅行の促進のための環境の整備

（観光旅行の容易化及び円滑化）
第十九条　国は、観光旅行の容易化及び円滑化を図るため、休暇に関する制度の改善その他休暇の取得の促進、観光旅行の需要の特定の時季への集中の緩和、観光事業者の不当な営利行為の防止その他の観光に係る消費者の利益の擁護、観光の意義に対する国民の理解の増進等に必要な施策を講ずるものとする。
（観光旅行者に対する接遇の向上）
第二十条　国は、観光旅行者に対する接遇の向上を図るため、接遇に関する教育の機会の提供、旅行関連施設の整備、我が国の伝統のある優れた食文化その他の生活文化、産業等の紹介の強化、我が国又は地域の特色を生かした魅力ある商品の開発等に必要な施策を講ずるものとする。

（観光旅行者の利便の増進）

第二十一条　国は、観光旅行者の利便の増進を図るため、高齢者、障害者、外国人その他特に配慮を要する観光旅行者が円滑に利用できる旅行関連施設及び公共施設の整備及びこれらの利便性の向上、情報通信技術を活用した観光に関する情報の提供等に必要な施策を講ずるものとする。

（観光旅行の安全の確保）

第二十二条　国は、観光旅行の安全の確保を図るため、国内外の観光地における事故、災害等の発生の状況に関する情報の提供、観光旅行における事故の発生の防止等に必要な施策を講ずるものとする。

（新たな観光旅行の分野の開拓）

第二十三条　国は、新たな観光旅行の分野の開拓を図るため、自然体験活動、農林漁業に関する体験活動等を目的とする観光旅行、心身の健康の保持増進のための観光旅行その他の多様な観光旅行の形態の普及等に必要な施策を講ずるものとする。

（観光地における環境及び良好な景観の保全）

第二十四条　国は、観光地における環境及び良好な景観の保全を図るため、観光旅行者による自然体験活動を通じた環境の保全に関する知識の普及及び理解の増進、屋外広告物に関する制限等に必要な施策を講ずるものとする。

（観光に関する統計の整備）

第二十五条　国は、観光立国の実現に関する施策の策定及び実施に資するため、観光旅行に係る消費の状況に関する統計、観光旅行者の宿泊の状況に関する統計その他の観光に関する統計の整備に必要な施策を講ずるものとする。

第四章　国及び地方公共団体の協力等

（国及び地方公共団体の協力等）

第二十六条　国及び地方公共団体は、観光立国の実現に関する施策を講ずるにつき、相協力するとともに、行政組織の整備及び行政運営の改善に努めるものとする。

（団体の整備）

第二十七条　国は、観光立国の実現に関し、民間の活力が十分に発揮されるよう

観光立国の実現に関する団体の整備に必要な施策を講ずるものとする。

附　則　抄
（施行期日）
第一条　この法律は、平成十九年一月一日から施行する。

エコツーリズム推進法

(平成十九年六月二十七日法律第百五号)

最終改正:平成二三年八月三〇日法律第一〇五号

(目的)
第一条　この法律は、エコツーリズムが自然環境の保全、地域における創意工夫を生かした観光の振興及び環境の保全に関する意識の啓発等の環境教育の推進において重要な意義を有することにかんがみ、エコツーリズムについての基本理念、政府による基本方針の策定その他のエコツーリズムを推進するために必要な事項を定めることにより、エコツーリズムに関する施策を総合的かつ効果的に推進し、もって現在及び将来の国民の健康で文化的な生活の確保に寄与することを目的とする。

(定義)
第二条　この法律において「自然観光資源」とは、次に掲げるものをいう。
一　動植物の生息地又は生育地その他の自然環境に係る観光資源
二　自然環境と密接な関連を有する風俗慣習その他の伝統的な生活文化に係る観光資源
2　この法律において「エコツーリズム」とは、観光旅行者が、自然観光資源について知識を有する者から案内又は助言を受け、当該自然観光資源の保護に配慮しつつ当該自然観光資源と触れ合い、これに関する知識及び理解を深めるための活動をいう。
3　この法律において「特定事業者」とは、観光旅行者に対し、自然観光資源についての案内又は助言を業として行う者(そのあっせんを業として行う者を含む。)をいう。
4　この法律において「土地の所有者等」とは、土地若しくは木竹の所有者又は

土地若しくは木竹の使用及び収益を目的とする権利、漁業権若しくは入漁権（臨時設備の設置その他一時使用のため設定されたことが明らかなものを除く。）を有する者をいう。

（基本理念）
第三条　エコツーリズムは、自然観光資源が持続的に保護されることがその発展の基盤であることにかんがみ、自然観光資源が損なわれないよう、生物の多様性の確保に配慮しつつ、適切な利用の方法を定め、その方法に従って実施されるとともに、実施の状況を監視し、その監視の結果に科学的な評価を加え、これを反映させつつ実施されなければならない。
2　エコツーリズムは、特定事業者が自主的かつ積極的に取り組むとともに、観光の振興に寄与することを旨として、適切に実施されなければならない。
3　エコツーリズムは、特定事業者、地域住民、特定非営利活動法人等、自然観光資源又は観光に関し専門的知識を有する者等の地域の多様な主体が連携し、地域社会及び地域経済の健全な発展に寄与することを旨として、適切に実施されなければならない。
4　エコツーリズムの実施に当たっては、環境の保全についての国民の理解を深めることの重要性にかんがみ、環境教育の場として活用が図られるよう配慮されなければならない。

（基本方針）
第四条　政府は、基本理念にのっとり、エコツーリズムの推進に関する基本的な方針（以下「基本方針」という。）を定めなければならない。
2　基本方針には、次の事項を定めるものとする。
一　エコツーリズムの推進に関する基本的方向
二　次条第一項に規定するエコツーリズム推進協議会に関する基本的事項
三　次条第二項第一号のエコツーリズム推進全体構想の作成に関する基本的事項
四　第六条第二項のエコツーリズム推進全体構想の認定に関する基本的事項
五　生物の多様性の確保等のエコツーリズムの実施に当たって配慮すべき事項その他エコツーリズムの推進に関する重要事項

3　環境大臣及び国土交通大臣は、あらかじめ文部科学大臣及び農林水産大臣と協議して基本方針の案を作成し、閣議の決定を求めなければならない。

4　環境大臣及び国土交通大臣は、基本方針の案を作成しようとするときは、あらかじめ、広く一般の意見を聴かなければならない。

5　環境大臣及び国土交通大臣は、第三項の規定による閣議の決定があったときは、遅滞なく、基本方針を公表しなければならない。

6　基本方針は、エコツーリズムの実施状況を踏まえ、おおむね五年ごとに見直しを行うものとする。

7　第三項から第五項までの規定は、基本方針の変更について準用する。

（エコツーリズム推進協議会）

第五条　市町村（特別区を含む。以下同じ。）は、当該市町村の区域のうちエコツーリズムを推進しようとする地域ごとに、次項に規定する事務を行うため、当該市町村のほか、特定事業者、地域住民、特定非営利活動法人等、自然観光資源又は観光に関し専門的知識を有する者、土地の所有者等その他のエコツーリズムに関連する活動に参加する者（以下「特定事業者等」という。）並びに関係行政機関及び関係地方公共団体からなるエコツーリズム推進協議会（以下「協議会」という。）を組織することができる。

2　協議会は、次の事務を行うものとする。

一　エコツーリズム推進全体構想を作成すること。

二　エコツーリズムの推進に係る連絡調整を行うこと。

3　前項第一号に規定するエコツーリズム推進全体構想（以下「全体構想」という。）には、基本方針に即して、おおむね次の事項を定めるものとする。

一　エコツーリズムを推進する地域

二　エコツーリズムの対象となる主たる自然観光資源の名称及び所在地

三　エコツーリズムの実施の方法

四　自然観光資源の保護及び育成のために講ずる措置（当該協議会に係る市町村の長が第八条第一項の特定自然観光資源の指定をしようとするときは、その旨、当該特定自然観光資源の名称及び所在する区域並びにその保護のために講ずる措置を含む。以下同じ。）

五　協議会に参加する者の名称又は氏名及びその役割分担
六　その他エコツーリズムの推進に必要な事項
4　市町村は、その組織した協議会が全体構想を作成したときは、遅滞なく、これを公表するよう努めるとともに、主務大臣に報告しなければならない。
5　前項の規定は、全体構想の変更又は廃止について準用する。
6　特定事業者等は、市町村に対し、協議会を組織することを提案することができる。この場合においては、基本方針に即して、当該提案に係る協議会が作成すべき全体構想の素案を作成して、これを提示しなければならない。
7　特定事業者等で協議会の構成員でないものは、市町村に対して書面でその意思を表示することによって、自己を当該市町村が組織した協議会の構成員として加えるよう申し出ることができる。
8　前各項に定めるもののほか、協議会の組織及び運営に関して必要な事項は、協議会が定める。
9　協議会の構成員は、相協力して、全体構想の実施に努めなければならない。

（全体構想の認定）
第六条　市町村は、その組織した協議会が全体構想を作成したときは、主務省令で定めるところにより、当該全体構想について主務大臣の認定を申請することができる。
2　主務大臣は、前項の規定による認定の申請があった全体構想が次に掲げる基準に適合すると認めるときは、その認定をするものとする。
一　基本方針に適合するものであること。
二　自然観光資源の保護及び育成のために講ずる措置その他の全体構想に定める事項が確実かつ効果的に実施されると見込まれるものであること。
3　主務大臣は、二以上の市町村から共同して第一項の規定による認定の申請があった場合において、自然的経済的社会的条件からみて、当該市町村の区域において一体としてエコツーリズムを推進することが適当であると認めるときは、当該申請に係る全体構想を一体として前項の認定をすることができる。
4　主務大臣は、第二項の認定をしたときは、その旨を公表しなければならない。
5　市町村は、その組織した協議会が第二項の認定を受けた全体構想を変更しよ

うとするときは、主務省令で定めるところにより、当該変更後の全体構想について主務大臣の認定を受けなければならない。

6　主務大臣は、第二項の認定（前項の変更の認定を含む。以下同じ。）を受けた全体構想（以下「認定全体構想」という。）が基本方針に適合しなくなったと認めるとき、又は認定全体構想に従ってエコツーリズムが推進されていないと認めるときは、その認定を取り消すことができる。

7　第二項及び第四項の規定は第五項の変更の認定について、第四項の規定は前項の規定による認定の取消しについて準用する。

（認定全体構想についての周知等）

第七条　主務大臣は、インターネットの利用その他の適切な方法により、エコツーリズムに参加しようとする観光旅行者その他の者に認定全体構想の内容について周知するものとする。

2　国の行政機関及び関係地方公共団体の長は、認定全体構想を作成した協議会の構成員である特定事業者が当該認定全体構想に基づくエコツーリズムに係る事業を実施するため、法令の規定による許可その他の処分を求めたときは、当該エコツーリズムに係る事業が円滑かつ迅速に実施されるよう、適切な配慮をするものとする。

（特定自然観光資源の指定）

第八条　全体構想について第六条第二項の認定を受けた市町村（第十二条を除き、以下単に「市町村」という。）の長（以下単に「市町村長」という。）は、認定全体構想に従い、観光旅行者その他の者の活動により損なわれるおそれがある自然観光資源（風俗慣習その他の無形の観光資源を除く。以下この項において同じ。）であって、保護のための措置を講ずる必要があるものを、特定自然観光資源として指定することができる。ただし、他の法令により適切な保護がなされている自然観光資源として主務省令で定めるものについては、この限りでない。

2　市町村長は、前項の指定をしようとするときは、あらかじめ、当該特定自然観光資源の所在する区域の土地の所有者等の同意を得なければならない。

3　市町村長は、第一項の指定をするときは、その旨、当該特定自然観光資源の

名称及び所在する区域並びにその保護のために講ずる措置の内容を公示しなければならない。

4　市町村長は、第一項の指定をしたときは、当該特定自然観光資源の所在する区域内にこれを表示する標識を設置しなければならない。

5　市町村長は、第一項の指定をした場合において、当該特定自然観光資源が同項ただし書の主務省令で定める自然観光資源に該当するに至ったときその他その後の事情の変化によりその指定の必要がなくなり、又はその指定を継続することが適当でなくなったと認めるときは、その指定を解除しなければならない。

6　市町村長は、前項の規定による指定の解除をするときは、その旨を公示しなければならない。

（特定自然観光資源に関する規制）

第九条　特定自然観光資源の所在する区域内においては、何人も、みだりに次に掲げる行為をしてはならない。

一　特定自然観光資源を汚損し、損傷し、又は除去すること。

二　観光旅行者その他の者に著しく不快の念を起こさせるような方法で、ごみその他の汚物又は廃物を捨て、又は放置すること。

三　著しく悪臭を発散させ、音響機器等により著しく騒音を発し、展望所、休憩所等をほしいままに占拠し、その他観光旅行者その他の者に著しく迷惑をかけること。

四　前三号に掲げるもののほか、特定自然観光資源を損なうおそれのある行為として認定全体構想に従い市町村の条例で定める行為

2　市町村の当該職員は、特定自然観光資源の所在する区域内において前項各号に掲げる行為をしている者があるときは、その行為をやめるよう指示することができる。

3　前項の職員は、その身分を示す証明書を携帯し、関係者の請求があるときは、これを提示しなければならない。

第十条　市町村長は、認定全体構想に従い、第八条第一項の規定により指定した特定自然観光資源が多数の観光旅行者その他の者の活動により著しく損なわれる

おそれがあると認めるときは、主務省令で定めるところにより、当該特定自然観光資源の所在する区域への立入りにつきあらかじめ当該市町村長の承認を受けるべき旨の制限をすることができる。ただし、他の法令によりその所在する区域への立入りが制限されている特定自然観光資源であって主務省令で定めるものについては、この限りでない。
2　前項の規定による制限がされたときは、同項の承認を受けた者以外の者は、当該特定自然観光資源の所在する区域に立ち入ってはならない。ただし、非常災害のために必要な応急措置を行うために立ち入る場合及び通常の管理行為、軽易な行為その他の行為であって主務省令で定めるものを行うために立ち入る場合については、この限りでない。
3　第一項の承認は、立ち入ろうとする者の数について、市町村長が定める数の範囲内において行うものとする。
4　市町村の当該職員は、第二項の規定に違反して当該特定自然観光資源の所在する区域に立ち入る者があるときは、当該区域への立入りをやめるよう指示し、又は当該区域から退去するよう指示することができる。
5　第八条第二項から第六項までの規定は、第一項の制限について準用する。この場合において、同条第三項中「その保護のために講ずる措置の内容」とあるのは「立入りを制限する人数及び期間その他必要な事項」と、同条第五項中「同項ただし書の主務省令で定める自然観光資源」とあるのは「第十条第一項ただし書の主務省令で定める特定自然観光資源」と読み替えるものとする。
6　前条第三項の規定は、第四項の職員について準用する。

（活動状況の公表）

第十一条　主務大臣は、毎年、協議会の活動状況を取りまとめ、公表しなければならない。

（活動状況の報告）

第十二条　主務大臣は、市町村に対し、その組織した協議会の活動状況について報告を求めることができる。

（技術的助言）
第十三条　主務大臣は、広域の自然観光資源の保護及び育成に関する活動その他の協議会の活動の促進を図るため、協議会の構成員に対し、必要な技術的助言を行うものとする。

（情報の収集等）
第十四条　主務大臣は、自然観光資源の保護及び育成を図り、並びに自然観光資源についての案内又は助言を行う人材を育成するため、エコツーリズムの実施状況に関する情報の収集、整理及び分析並びにその結果の提供を行うものとする。

（広報活動等）
第十五条　国及び地方公共団体は、広報活動等を通じて、エコツーリズムに関し、国民の理解を深めるよう努めるものとする。

（財政上の措置等）
第十六条　国及び地方公共団体は、エコツーリズムを推進するために必要な財政上の措置その他の措置を講ずるよう努めるものとする。

（エコツーリズム推進連絡会議）
第十七条　政府は、環境省、国土交通省、文部科学省、農林水産省その他の関係行政機関の職員をもって構成するエコツーリズム推進連絡会議を設け、エコツーリズムの総合的かつ効果的な推進を図るための連絡調整を行うものとする。

（主務大臣等）
第十八条　この法律における主務大臣は、環境大臣、国土交通大臣、文部科学大臣及び農林水産大臣とする。
2　この法律における主務省令は、環境大臣、国土交通大臣、文部科学大臣及び農林水産大臣の発する命令とする。

（罰則）
第十九条　次の各号のいずれかに該当する者は、三十万円以下の罰金に処する。
一　第九条第二項の規定による市町村の当該職員の指示に従わないで、みだりに同条第一項第一号から第三号までに掲げる行為をした者
二　第十条第四項の規定による市町村の当該職員の指示に従わないで、当該特定自然観光資源の所在する区域へ立ち入り、又は当該区域から退去しなかった者

第二十条　第九条第一項第四号の規定に基づく条例には、同条第二項の規定による市町村の当該職員の指示に従わないでみだりに同号に掲げる行為をした者に対し、三十万円以下の罰金に処する旨の規定を設けることができる。

附　則

（施行期日）
第一条　この法律は、平成二十年四月一日から施行する。ただし、次条の規定は、公布の日から施行する。

（施行前の準備）
第二条　環境大臣及び国土交通大臣は、この法律の施行前においても、第四条第一項から第四項までの規定の例により、エコツーリズムの推進に関する基本的な方針の案を作成し、これについて閣議の決定を求めることができる。
2　環境大臣及び国土交通大臣は、前項の基本的な方針について同項の閣議の決定があったときは、遅滞なくこれを公表しなければならない。
3　第一項の規定により定められた基本的な方針は、この法律の施行の日において第四条第一項から第四項までの規定により定められた基本方針とみなす。

（検討）
第三条　政府は、この法律の施行後五年を経過した場合において、この法律の施行の状況について検討を加え、必要があると認めるときは、その結果に基づいて所要の措置を講ずるものとする。

附　則　（平成二三年八月三〇日法律第一〇五号）　抄

（施行期日）
第一条　この法律は、公布の日から施行する。

（罰則に関する経過措置）
第八十一条　この法律（附則第一条各号に掲げる規定にあっては、当該規定。以下この条において同じ。）の施行前にした行為及びこの附則の規定によりなお従前の例によることとされる場合におけるこの法律の施行後にした行為に対する罰則の適用については、なお従前の例による。

（政令への委任）
第八十二条　この附則に規定するもののほか、この法律の施行に関し必要な経過措置（罰則に関する経過措置を含む。）は、政令で定める。

あとがき

　本書では持続可能な開発の多様性について概観した。さらに、持続可能な開発の一事例として、アジア太平洋地域における観光政策について、日本とオーストラリアを中心に述べてきた。両国の事例から見てわかるように、観光を国や地域の重要な産業として育成することは容易ではない。たとえ国内観光の育成策であっても、複雑な現代社会では世界的な変化の波を受けやすい。むろん流動性の大きい国際観光では社会環境の急激な変化の影響をより強く受ける。

　日本における戦前の国力を示すための国際観光政策は経済的に見るとかなり背伸びをしたものであり、バブル経済期に施行された観光関連の諸政策もまたバブルの崩壊とともにその多くが失敗に終わった。インバウンド観光振興策のビジット・ジャパン・キャンペーンはポスト・バブルの景気低迷からの救世主として期待されているが、不幸なことに導入のはじめからSARSの悪影響に悩まされることになった。

　オーストラリアにおける初期の観光政策もまた将来の入植者になり得る移民に同地を示すという目的があった。第二次世界大戦後、高度経済成長と大量生産が続いた日本は資源開発が進みつつあったオーストラリアにとって良きパートナーとなり、さらにオイルショック後のオーストラリアの経済的な低迷期でもまた日本は観光産業を通して良好な関係を続けた。バブル崩壊後の日本経済の低迷はオーストラリアにおける観光政策の持続的でなおかつ現実的な多角化の大きな要因の一つになったと思われるが、戦後築きあげてきた両国の友好関係はたとえ相対的に弱まったとしてもいまだ健在である。

　本書は日本を失敗事例、オーストラリアを成功事例として挙げているように一見感じられるかも知れない。しかし、観光政策が時の政府によって変えられるのは両国共通のことであり、両政府とも国内外の諸事例から観光について学んできたことが少なくない。鉱産物輸出の低迷に悩んだオーストラリアは観光を基幹産業の一つにまで発展させたが、同国が今後とも成功を続けるという保障が無いのと同様に、バブル崩壊後に経済が低迷している日本における観光産業の将来もまた、現実を謙虚に受け止める余地がある限り必ずしも悲観的に見ることは無い。危機は不幸な出来事であるが、新たな発展をもたらすイノベーションのためのチャンスでもある。歴史的な教訓から学び、長期的な視野で基本的な政策を立案することと同時に、時には自他の失敗を即座に分析し、社会的な変容に十分対応しうる応用的な柔軟性を兼ね備えることもまた今後の課題として重要であろう。

索　引

C
CAAS（Civil Aviation Authority of Singapore）・・・・・・・・・・・・・・・・・・・・33

E
ETAS ・・・・・・・・・・・・・・・・・・・・・・・・ 159

P
PM2.5 ・・・・・・・・・・・・・・・・・・・・・・ 13, 22

S
SARS ・・・・・・・・・・・・・・・・・・・ 27, 31, 34
SIT ・・・・・・・・・・・・・・・・・・・・・・・・・・ 197
STB（Singapore Tourism Board）・・・・33
Study Tourism ・・・・・・・・・・・・・・・・・ 198

T
TAT（Tourism Authority of Thailand）・・・・・・・・・・・・・・・・・・・・・・・・・・・・・・ 28

ア
愛知万博 ・・・・・・・・・・・・・・・・・・・・・・・・21
アグリツーリズム ・・・・・・・・・・・・・・・・76
アジェンダ21 ・・・・・・・・・・・・・・・・・・143
アボリジナル・ツーリズム ・・・・・136, 169
アボリジニ ・・・・・・114, 115, 119, 131, 163, 174

イ
イエローストーン国立公園 ・・・・・・・・・・44
伊勢参り ・・・・・・・・・・・・・・・・・・・・・・・・40
一村一品運動 ・・・・・・・・・・・・・・・・・・・・80
異文化体験 ・・・・・・・・・・・・・・・・・・・・・・90

エ
エアーズ・ロック ・・・・・・・120, 132, 134
駅弁 ・・・・・・・・・・・・・・・・・・・・・・・・・・・43
エコツーリズム ・・・・・・26, 29, 76, 145, 156, 163, 166
エコツーリズム国家戦略 ・・・・・・・・・・145
エコミュージアム ・・・・・・・・・・・・・・・・76
エドモントン ・・・・・・・・・・・・・・・・・・・・83

オ
オーストラリア遺産委員会 ・・・・・・・・・165
オーストラリア公園管理学会 ・・・・・・・114
オーストラリア政府観光局 ・・・・・110, 160
オーストラリア全国旅行協会 ・・・・・・・108
オーストラリア保全基金 ・・・・・・・・・・144
オゾン層 ・・・・・・・・・・・・・・・・・・・・・・・13
オリンピック ・・・・・・・・・・・・・・・・・・・93
温泉法 ・・・・・・・・・・・・・・・・・・・・・・・・52

カ
海外修学旅行 ・・・・・・・・・・・・・・・・・・202
海外旅行客数 ・・・・・・・・・・・・・・・・・・171
カカドゥ ・・・・・・・・・・・・・120, 132, 164
学生ビザ ・・・・・・・・・・・・・・・・・・・・・・180

235

索引

カブラマッタ観光協会 ………… 140
カルチュラル・ツーリズム ……… 136
環境基本法 ………………… 16, 78
環境破壊 ……………………… 13
観光・レクリエーション省 … 105, 116, 120, 132, 179
観光閣僚カウンシル ……………… 109
観光基本法 …………… 49, 53--55
観光教育 ………………………… 198
観光産業部 …………………… 132
観光支出 ……………………… 152
観光収入 ……………………… 150
観光大臣（Minister for Tourism）… 110

キ

喜賓会 ………………………… 44
キャプリコン・インターナショナル … 128
教育観光 ………………… 197, 207
教育観光ファクトシート ……… 197
京都議定書 …………………… 15

ク

クイーンズランド ……… 75, 106, 124
クイーンズランド州政府観光局 … 137
グランド・ツアー ………………… 40
グリーン・イノベーション ………… 22
グリーン・ツーリズム ………… 26, 76
グリーンツーリズム法 …… 71, 78, 80
グレート・バリア・リーフ海洋公園法 ……………………………… 118

コ

公害対策基本法 ………………… 13
豪日交流基金 …………………… 134
ゴールド・コースト … 128, 133, 156, 185
語学研修 ………………… 180, 202, 206
国際観光収入 …………………… 180

国際観光振興会（JNTO）……… 54
国際観光ホテル整備法 ………… 52
国際教育観光市場 ……………… 208
国立公園法 ……………………… 44
国連環境計画 …………………… 14
国連気候変動枠組条約 ………… 15
国連人間環境会議 ……………… 14
国家観光局 …………………… 158

サ

サステイナブル・ツーリズム … 76, 145, 161, 164
酸性雨 ……………………… 13, 14

シ

寺社詣 …………………………… 40
持続可能な開発 ………………… 143
シドニー ………………… 106, 131, 195
シドニー・オリンピック … 161, 162, 169
修学旅行 ……………………… 202
首都教育観光プロジェクト …… 207
巡礼 …………………………… 40
植民地政策 ……………………… 25
植民地ホテル …………………… 42
シンガポール …………………… 32

ス

スタディツアー ………………… 208
スポーツ・レクリエーション・観光省 ……………………………… 135
スポーツ大会 …………………… 95

セ

生物多様性条約 ………………… 15
世界遺産 ………………… 76, 173
世界遺産会議 …………………… 143
世界遺産条約 …………………… 14

索引

全国総合開発計画 16
先住民政策 170

ソ
総合保養地域整備法 57, 58, 71
ゾーン開発 43
ソブリン・ヒル 134

タ
第3セクター 72, 73
タスマニア 170
多文化社会 131, 170
タラムンディ 75
短期研修旅行 180

チ
地球サミット 19, 143

ツ
通訳案内業法 52

テ
ディスカバー・ジャパン・キャンペーン
.... 49
電子ビザシステム 159
伝統芸能 98
伝統舞踊 30
テンミリオン計画 128

ト
東京オリンピック 49, 55
トーマス・クック 25, 46
トーマス・クック社 46, 106
特別外貨 51
渡航自由化 49

ナ
ナシゴレン 30
ナマジラ 114

ニ
日本交通公社 51
日本旅行協会 44
ニュー・サウス・ウェールズ州政府観光局
.... 160, 162

ハ
パッケージ・ツアー 40
パフォーミング・アート 29
ハブ空港 33
バリ島 29, 34

ヒ
ビクトリア州 134
ビジット・ジャパン・キャンペーン ... 171
ヒンドゥ文化 29

フ
富士屋ホテル 42

ヘ
ヘリテージ・ツーリズム 28, 76

ホ
ホエール・ウォッチング 163
ホスト・コミュニティ 25
ボランティア 96

マ
マーライオン 32
マイノリティ文化 131
マスツーリズム 25, 26, 29, 34, 76

237

索引

マリン・レジャー 41
満韓修学旅行 46

ミ
ミーゴレン 30
緑のオリンピック 161, 169

メ
メルボルン 106, 108
メルボルン・オリンピック ... 111, 171

モ
モントリオール議定書 15

ラ
ラムサール条約 14

リ
リゾート法 50, 59, 71, 80
リゾートホテル 41

留学生 180, 198
旅館業法 52
旅行あっ旋業法 53
旅順ヤマトホテル 42

ル
ルーラル・ツーリズム 74

レ
レルヒ少佐 50

ロ
鹿鳴館 39, 42
ロック・アート 114

ワ
ワーキング・ホリデー ... 134, 156, 181
ワールドカップ 80
ワールドゲームズ 93, 95, 99

著者略歴

朝水宗彦　博士（学術）

　1969 年生まれ
　秋田大学教育学部社会科卒業
　桜美林大学大学院国際学研究科修了
　北海学園北見大学・立命館アジア太平洋大学専任講師を経て
　現在　山口大学大学院東アジア研究科准教授

主な著作

『オーストラリアの観光と食文化』学文社，1999 年
『オーストラリアのエスニシティ』文芸社，2000 年
『地域・観光・文化』（共編）嵯峨野書院，2001 年
『多文化社会オーストラリアにおけるエスニック・ツーリズム形成過程に関する研究』（博士論文）くんぷる，2001 年
Introduction to Multicultural Tourism, Shinpusha, 2002
『持続可能な開発と日豪関係』くんぷる，2004 年
World Travel and Japanese Tourists, Gakubunsha, 2005
『開発と環境保護の国際比較』嵯峨野書院，2007 年
Japan's Globalization (eds.), Kumpul, 2007
『アジア太平洋の人的移動』（編）オフィス SAKUTA，2008 年
Global Mobility (ed.), Kumpul, 2008
Global Tourism (eds.), Kumpul, 2010
『新版 北アメリカ・オセアニアのエスニシティと文化』くんぷる，2012 年

新版 持続可能な開発と日豪関係

発行日	2014年2月5日初版発行
著者	朝水宗彦
発行所	（有）くんぷる
印刷・製本	互恵印刷株式会社
定価	本体価格2300円＋税

本書に関するお問い合わせはメールにてお願いいたします。info@kumpul.co.jp

ISBN978-4-87551-199-1